桜美林大学叢書 vol.024

アメリカの日本研究
その戦略と学知の遺産

中生勝美
NAKAO Katsumi

はじめに

　1999年12月に、国立民族学博物館で、人類学史の第一人者であるジョージ・ストッキングを招聘して、人類学史の国際シンポジウムが開催された。この時のテーマは、「ヨーロッパ中心の人類学から世界人類学へ」で、その成果は清水昭俊とヤン・ブレーメン編により英文の論文集が出版された（Shimizu and Bremen 2003）。この時、人類学史の第一人者であるストッキングに直接質問できる千載一遇のチャンスとして、会議の期間中、参加者は、様々な質問を投げかけた。その中の一人で、共同研究者として出席していたソウル大学の全京秀教授は、ストッキングが編集した人類学史のシリーズに、欧米以外で展開された人類学、つまりアジアの人類学が全く視野に入っていないと指摘した時、ストッキングは言葉に詰まっていた。全教授の質問の意図は、人類学が、決して欧米だけのものではなく、人類学はアジアにも根を下ろし、欧米の人類学と連携を取りながら、独自に発展を遂げたのであって、ストッキングの編纂した人類学史は欧米中心主義があるという批判でもあった。ストッキングは、素直にそれを認め、アジアに展開する人類学にも目を向けるべきであった、と答えていたのが印象に残った。

　人類学史研究は、人類学の成り立ちがヨーロッパに始まり、アメリカで展開したのだから、ストッキングの人類学史の研究は、欧米を主軸に展開していた。しかし、1930年代以降は、世界各地に人類学の研究拠点が築かれ、日本、中国にも人類学の研究機関が整備されてきた。そして、大きな転機となったのは第二次世界大戦であり、この時期の人類学は、従来の未開社会の研究から、戦闘が及ぶ地域、そして敵国の研究に大きく変容を遂げた。そして人類学を専門とする研究者の多くは、イギリス、アメリカともに現地軍の指揮官として、そして情報機関の分析官などの仕事に動員された。とくにアメリカでは、ベネディクトの『菊と刀』に代表されるように、敵国日本の研究が重視された。

　アメリカの人類学会では、日本の人類学研究として、エンブリー（John Fee Embree、1908-1950）の『須恵村』（1939年）以降、ミシガン大学の『日本村

はじめに　1

落（Village Japan）』（1959年）が評価の高い民族誌であると認識されていると、アメリカ帰りの研究者は語る。その間には、ベネディクトの『菊と刀』（1946年）があるが、第二次世界大戦中に、総力を挙げて敵対国としての日本の研究をおこない、天皇制の存続も含めた研究をしていたのが、日本占領統治で人類学者が全く関与していなかったのか、という疑問があった。

　前著の『近代日本の人類学史』（中生 2016）では、日本の旧植民地、および占領地におけるフィールドワークが、日本の人類学史に重要な役割を果たした歴史をまとめたものである。この本のあとがきに、次のように書いた。

　　　本書は戦前の日本を中心にしたが、戦後、植民地にいた人類学者が引き揚げて、多くが GHQ の調査部門で助手をしていたことに気付いた。そこで占領軍にいたアメリカの人類学者をたどると、戦時中のアメリカにおける日本研究が、戦後、形を変えて人類学に深く浸透している事実に遭遇した。次の著作では、戦中から戦後にかけてのアメリカの日本研究を基軸にしたアメリカの人類学史を書きたいと思っている。

　本書は、前著の継続といえる著作である。前著での石田英一郎（1903-1968）の話を聞くため、東北大学に杉山晃一（1932-2014）を訪ねた時、石田が戦後 GHQ の民間情報教育局（Civil Information and Education Section：CIE）で働いていて、石田の上司であったイシノ・イワオ（Ishino Iwao（石野巌）1921-2012）が健在であることを知った。彼は、その時アメリカ日系人人類学者でミシガン州立大学名誉教授だったが、1963年に東京大学の客員教授として人類学のフィールドワーク論を授業していた。戦後の人類学教育に関わっていたので、杉山晃一以外に川田順三（1934-2025）なども受講していた。

　この話に興味を持ち、GHQ の民間情報教育局を調べてみると、国会図書館憲政資料室に、アメリカ公文書館所蔵のアーカイブがマイクロフィルムで閲覧できることを知り、その資料を見た。占領・戦後史の研究者にも話を聞くと、アメリカの公文書館には、さらに多くの資料があることがわかり、科

写真1　イシノの1963年東京大学客員教授時代。
中央がイシノ、その右が杉山、一番左が田中（畑中）幸子。この写真は川田順三が撮影した。イシノ所蔵写真、川田順三に人物確認。

学研究費を取得して、2003年にアメリカの公文書館で調査をすることができた。それを機会に、2003年8月にミシガン州のイースト・ランシングのイシノ・イワオ宅を訪ねた。

　イシノは、杉山を通じて日本時代の話を聞きたいとコンタクトを取ると、大変喜んで迎えてくれた。この時、イシノは82歳だったが、デトロイトの空港まで自動車で迎えに来てくれ、イースト・ランシングの自宅に迎え入れてくれた。そして、ホテルはどこかと尋ねられた。地元に不案内だから先生に紹介してもらいたいとお願いすると、自宅にゲストルームがあるから泊まりなさい、と2泊3日宿泊させてもらった。自宅滞在中は、自身が持っている資料のファイルを示して、自由に見てよいと許可され、写真を撮らせてもらった。

　彼は、戦時中から戦後にかけて、アメリカの対日戦略から日本占領まで現場に居合わせていたので、彼のオーラル・ヒストリーは驚きの連続だった。そして、その聞き取りが本書の根幹となっている。彼は、戦争中にアリ

はじめに　3

写真2　イシノの調査資料（筆者撮影）

ゾナ州のポストン収容所（Postin Relocation Camp）に収容されていたとき、アレキサンダー・レイトン（Alexander H. Leighton、1908-2007）が主催する調査に加わり、その後ワシントンD.C.の戦時情報局（Office of War information：OWI）で対日戦略の仕事に従事した。同じセクションにルース・ベネディクト（Ruth Benedict、1887-1948）も在籍していて、隣の席だったという。そのときの上司がクラックホーン（Clyde Kluckhohn、1905-1960）だったので、戦後彼の推薦でハーバード大学人類学部の博士課程へ進学した。イシノは高校を出て商業専門学校を卒業した頃に日系人キャンプに入ったのであるが、戦時情報局の経歴を学歴に換算し、直接ハーバード大学人類学部の博士課程に入学したのである。彼がコースを終えた時、ハーバード大学からGHQに派遣されていたジョン・ペルゼル（John Campbell Pelzel、1914-1999）が帰国するので、その後任として、GHQに赴任した経験があった。

　イシノ・イワオのたどった経歴は、そのままアメリカ人類学の日本研究が政治的な背景から始まったことを物語っている。1933年に日本が国際連盟を脱退してから、日米関係が悪化した。そこで、アメリカでは敵対する日本を知る必要性があると認識していたが、具体的に日本研究をするアメリカの研究者は大変限られていた。九州の須恵村でフィールドワークをおこなって民族誌『須恵村』を執筆したエンブリーは、例外的に日本に住み込んで調査

をおこなった人類学者だった。エンブリー以外にも、日本をフィールドに研究したアメリカの人文科学の研究者は、非常に少数だった。その中の一人に、ミシガン大学の地理学を専攻したロバート・ホール（Robert Burnett Hall、1896-1975）がいた。ホールは、1928・29・31・33・36年に日本へ渡航し、柳田國男（1875-1962）とも親交があった人文地理学者であった。ミシガン大学は、戦時中に陸軍日本語学校が設置され、戦後いち早く日本研究センターを創設したことでも、アメリカの日本研究で重要な地位を占める。

　人類学的な日本研究として広く知られているのはルース・ベネディクトの『菊と刀』であるが、その背後に、総力戦として様々な形での日本研究が展開していた。本書は、戦時中の日本研究が、どのように戦後の占領期に引き継がれたのかを、日本とアメリカをまたぐ人類学史の視点から、オーラル・ヒストリーとアーカイブを利用して、これまでとは異なった角度で研究をまとめたものである。

　2024年12月

中生 勝美

目　次

はじめに …………………………………………………………………………… 1

第1章　序 論：応用人類学の戦争協力

はじめに……………………………………………………………………… 10
第1節　アカデミズムと国家戦略の媒介者：クラックホーン ………… 13
第2節　国民性研究：エンブリー、ミード、ベネディクト……………… 18
第3節　日系人強制キャンプの調査：レイトン…………………………… 33

第2章　ミシガン大学の日本研究：戦中の陸軍日本語学校

第1節　ミシガン大学の陸軍日本語学校………………………………… 42
第2節　地理学者ロバート・ホール ……………………………………… 51
第3節　OSS のホール …………………………………………………… 58

第3章　GHQ の人類学者：占領期の調査と政策

第1節　民間情報教育局の概要…………………………………………… 70
第2節　民間情報教育局の日本社会調査 ………………………………… 72
第3節　農地改革調査と「オヤブン・コブン関係」の分析枠組み ……… 74
第4節　漁業権改革とその他の調査 ……………………………………… 79
第5節　戦前と戦後をつなぐもの─民間情報教育局の社会調査評価……… 84

第4章　戦後の日本研究：ミシガン大学日本研究センターを中心に

はじめに ………………………………………………………………… 92
第1節　日本研究センター創設…………………………………………… 93

第2節	岡山フィールドステーション	96
第3節	新池の調査	100
第4節	その他の調査	104
第5節	岡山調査の学術的成果とその後の影響	111
第6節	課題としての岡山選定背景	116

第5章　ABCCの被爆者調査：スコット・マツモト

第1節	ABCCの人類学者	124
第2節	ABCCの被爆者調査	125
第3節	マツモトの経歴	130
第4節	ABCC時代のマツモト	134
第5節	おわりに：科学と倫理のはざまで	138

補論　マルクス主義と日本の人類学：有賀喜左衛門と石田英一郎

はじめに		142
第1節	近代日本とマルクス主義	142
第2節	人類学におけるマルクス主義の系譜	144
第3節	日本資本主義論争と農村調査：有賀喜左衛門	147
第4節	石田英一郎	168
第5節	結論と課題	187

あとがき	189
参考文献	193
巻末注	215
事項索引	229
人名索引	233

第1章

序論：
応用人類学の戦争協力

はじめに

　人類学はフィールドワークによって異文化を研究してきた学問である。世界各国で発展してきた人類学は、遠隔地への探検旅行、植民地官僚や宣教師による異文化の研究から始まり、主として自国の植民地や国内の少数民族を対象にフィールドワークを実施することで発展してきた。しかし、フィールドワークという手法自体、人類学の学問の内面的な動機からではなく、外部的な要因に左右される運命にあった。それは異文化を知る必要性や、調査を実施できる環境の整備、探検調査のための資金提供など、へき地に赴き、そこに滞在して調査研究をおこなうためには、膨大な資金を必要とした。

　異文化研究が、単に学問としての関心ではなく実利を伴うものとしては、植民地経営がある。文化人類学が西洋諸国の植民地支配のために発展してきた先駆者は、インドネシアを支配したオランダで、地方語、地方文化、慣習法の記録のために民族学を利用し、さらに植民地行政官にその知識が必須とされた。オランダの「インドネシア学」は、19世紀前半から比較的組織化され、その後、フランスとベルギーも19世紀後半には植民地行政官に対する民族学を訓練し始めた（十時 1962：5−6）。19世紀の人類学は、人種の科学的研究という名目で、身体測定を中心とする形質人類学を指していた。それを文化的なものまで対象を広げ、総合人類学として現在の文化人類学の基礎を築いたのは、タイラーの『原始文化』（1871）に始まる。

　ヨーロッパの人類学に刺激され、アメリカではネイティブ・アメリカンの研究から人類学が形成されていった。アメリカの人類学史をまとめたトーマス・パターソンの著作は、次の章立てになっている（Patterson 2001）。

　　1　新共和国時代の人類学／1776−1879年。アメリカの独立から南北戦争後のレコンストラクションの時代。

　　2　リベラル世代の人類学／1879−1929年。学会の成立や大学での専門ポストの設置など、専門的人類学の確立期。

　　3　人類学と社会秩序の調査／1929−1945年。世界恐慌から第二次世界

大戦まで。

4　戦後期の人類学／1945-1973年。戦後から冷戦期。

5　ネオリベラル時代の人類学／1974-2000年。冷戦から冷戦終了後の
グローバリゼーション。

　箕浦康子は、戦前のアメリカ人類学の枠組みを、次のようにまとめている。

　第1期は、「未開」と「西欧文明」を一系的な歴史発展の軸に沿って進化
論的に理解した時代。

　第2期は、植民地の拡大にともないアジア・アフリカの「未開部族」を人
類学者が調査して、それぞれの社会が独自の歴史と文化を担っているとする
歴史主義・文化相対主義が現れた時代。

　第3期は、第2期の民族誌的データの集積の上で理論化が図られた時代で、
二つの道筋があり、一つは社会と個人の心理を別次元として峻別し、社会
レベルの独自性を追求する立場、もう一つが社会と個人の関係を研究すべき
として「文化とパーソナリティ」論と呼ばれた。

　第4期がタイラーの包括的文化理論が批判された1960年代以降（箕浦
1984：96）。

　箕浦は戦前と戦後を連続するものとして第3期を定めている。トンプソン
は、日本との終戦を境に3と4に分けているが、政府機構における人類学者
の積極的役割という点からみると、1930年代後半から戦後まで人類学者が
国際戦略や国際政治に関与しているので、終戦で区分はできない。では、ア
メリカの人類学の流れから、第二次世界大戦の戦略に人類学者が関与した学
派である「文化とパーソナリティ学派」の位置付けを見ていこう。

　アメリカ人類学の父と呼ばれるボアズ（Franz Boas、1858-1942）は、総
合人類学を提唱した。それは自然人類学、文化人類学、言語学、物質文化に
至る人類学全体を包括する人類学を意味する。ヨーロッパでは形質を研究す
る人類学と、文化・社会を研究する民族学に区分されていたが、その両者を
総合的に研究するアメリカ的な人類学をボアズは提唱した。その学風はク
ローバー（Alfred Louis Kroeber、1876-1960）に受け継がれたが、その後
各分野の専門化が進み、総合人類学はクラックホーンが最後と言われている。

第1章　序論：応用人類学の戦争協力　11

総合人類学は人類史、文明史のような大きなパラダイムを扱うが、1930年代以降マリノフスキー（Bronislaw Kasper Malinowski、1884-1942）の民族誌以来、人類学者自身のフィールドワークによるコミュニティスタディの記述が人類学研究に主流になったことも、総合人類学が衰退した要因である。

イギリスの機能主義人類学の隆盛に呼応するように、アメリカの人類学で1930年代に流行したのは「文化とパーソナリティ」学派と呼ばれている。これには統合形態論、基礎的・最頻的パーソナリティ、国民性、そして通文化的と、4つのアプローチがあった（ボック 1987：63）。文化とパーソナリティ学派の主役はマーガレット・ミード（Margaret Mead、1901-1978）で、ルース・ベネディクトとサピア（Edward Sapir、1884-1939）と共に統合形態論の創始者であるが、社会ごとに典型的パーソナリティという観点から性格を記述することができ、相互比較しうると仮定する。文化とパーソナリティの方法を、より大きな社会単位で適応しようとしたのが国民性研究である（ボック 1987：121）。

ダグラス・ラミスは、アメリカの人類学を、ネイティブ・アメリカンの研究から生まれ、一貫して征服者の科学であり、第二次世界大戦を契機に征服そのものに加担することになったと指摘する。そしてベネディクトが初期に戦争の愚かさや国家そのものを攻撃し、文化の相対性を民主主義とファシズムの対立に適用しない旨の論文を書いていたにもかかわらず、戦争が勃発すると、アメリカの戦争機構への協力を自ら選択したのだ、と続ける。その内容は、日本本土を侵攻せずに降伏させること、皇居爆撃の可否、日本人捕虜の処遇、日本本土への宣伝など、具体的な問題に対して、ベネディクトは敵国の行動様式を知ることで、戦中、戦後も、日本人の行動を操作できるよう、国民文化のパターンについて知る必要があると主張した（ラミス 1997：193-194）。

では次に、はたしてアメリカの人類学者は、どのように戦争に関わってきたのか、という問題を具体的に紐解いていきたい。そこでベネディクトの『菊と刀』の背景を手掛かりに調べていくと、ハーバード大学の人類学部にいたクラックホーンが、アカデミズムと政府機関の仲介で重要な働きをして

いることが分かってきた。そこで、まずクラックホーンの活動から見ていこう。

第1節　アカデミズムと国家戦略の媒介者：クラックホーン

（1）クラックホーン

　クラックホーンといえば、人類学の入門書『人間のための鏡』（クラックホーン 1971）が現在でも読み継がれている。彼は、アメリカ人類学の父とも呼ばれるフランツ・ボアズ、アルフレッド・クローバーと並ぶ最後の総合人類学者と言われている。クラックホーンは、ハーバード大学人類学部の主任教授として多くの学生を指導し、文化理論や文化のパターンの研究で業績を残し、アメリカ人類学会の会長も務めた。その一方で「応用人類学」として、彼が第二次世界大戦中に、政府機関で人類学者を用いた政策立案にかかわり、戦後マッカーサーの特別顧問にもなったことは、あまり知られていない。

　クラックホーンは、生涯を通じてナバホ研究を継続していたと同時に、外交や国策に深くかかわる地域研究に従事していた。総合人類学を標榜したクラックホーンが、応用人類学の対象として政治的な紛争地域を選んだ足跡から、アメリカでの人類学会と政府の関係を考えてみたい。

（2）おいたちと経歴

　クラックホーンは、1905年にアメリカのアイオワで生まれた。法律家を目指してプリンストン大学に入学したが、健康を害してニューメキシコに転地療養した。そこはナバホ居留区に近く、18歳の時、彼は西部のインディアン地区を馬で旅行して『虹のふもとへ』（1927年）、『虹の向こうに』（1933年）を発表した。彼は、1930年にオックスフォード大学でギリシャ・ラテンの言語と文学を専攻し、古典研究から考古学や人類学の関心が生まれ、翌年にウィーン大学で人類学を学んだ。クラックホーンがウィーン大学

第1章　序論：応用人類学の戦争協力　13

に在学した時期に岡正雄（1898-1982）も在学しており、2人はコッパーズ（Wilhelm Koppers、1886-1961）など同じ授業を履修していたので、面識はあったはずである[1]。

第一次世界大戦後、オーストリアの学術界は、音楽・芸術・フロイト流心理学・医療科学・経済史の分野と並んで、ウィーン学派と呼ばれた歴史民族学が世界的に影響力を持っていた。文化圏説の文化複合理論は、世界的に論争を巻き起こし、学術誌にも批判論文が掲載されるようになっていた。クラックホーンは、博士論文で1章を割いてウィーン学派の文化圏説を論じているが、文化圏説に批判的な論文の引用から始まり、文化圏説の弱点を意識しながら人類学を学んだことがわかる。

クラックホーンは、人類学と並んで臨床心理学にも関心があり、文化と個人的パーソナリティの隠れた結びつきを解明しようと考えた。当時フロイト（Sigmund Freud、1856-1939）の深層心理学は、ドイツ語圏よりも英語圏で受け入れられており、フロイトの「トーテミズムとタブー」（1913）は、人類学にも影響を与え、フレイザー（James George Frazer、1854-1941）の『金枝篇』全13巻（1890-1936）、リバース（William Halse Rivers、1864-1922）の「夢と原始文化」（1918）は、フロイトからの影響があった。

クラックホーンは、戦後に文化のパターン理論と価値システムを人類学理論に導入した。それには、ハーバード大学で同僚だったパーソンズ（Talcott Parsons、1902-1979）やマートン（Robert King Merton、1910-2003）などの社会学理論を人類学に取り入れ、より広範な応用人類学を構築し、かつフロイト理論を人類学に応用したことが、彼の理論的特色となっている。博士論文「文化人類学における同時代的理論の諸側面」（1936）は、1930年代から40年代にかけて、絶大な評価が与えられたというが、正式には出版されなかった。

1932年にニューメキシコ大学の人類学部の助教授に就任し、1934年に学位を取得したが、直ちにハーバード大学に移籍した。その後1935年に専任講師、1936年に博士号取得、1940年に準教授、1946年に教授となった。1947年にハーバード大学ロシア研究センターの所長に就任し、ソビエトの

政治・社会・経済・心理の分野の研究の基礎を築いた。同年、アメリカ人類学会の初代会長に就任している。クラックホーンは、こうした多忙な仕事の合間に、『人間のための鏡』を執筆し、多くの読者を得たが、1960年、55歳という若さで、ニューメキシコ州サンタフェで急死した。

（3）ナバホ研究と応用人類学

クラックホーンは、生涯ナバホ族への関心を持ち続けていた。彼の最初のナバホ族居留区旅行では英語を話すナバホ族や地元の商人からの聞き書きをしているが、青年期にナバホ語の日常会話は理解できるようになっていた。戦前に発表された『歌謡儀礼におけるナバホ族の分類』（1938）、『ナバホ族の歌謡治療』（1940）、『ナバホ族の妖術』（1944）、『ナバホ族の物質文化』（1971）などは、現在でも版を重ねている。彼が出会ったナバホ族のシャーマンは強く印象付けられており、シャーマニズムを解釈するため心理学に関心を向けた。彼は妖術の発生過程を、社会心理的メカニズムから分析した点に特色がある。

クラックホーンは、1935年にハーバード大学に就職し、11年で教授に昇進した。彼が政府と軍の顧問として活躍した第二次世界大戦中は、40代の準教授であった。それにもかかわらず、彼はハーバード大学のバック学長から「困った問題はクラックホーンにアドバイスをもとめよ」と特に信頼されていた。彼が兼職した職務は、1942年から1948年の間に、連邦政府と陸軍長官の顧問、インディアン局と内務省の顧問、合衆国陸軍省と戦時情報局の総合モラル調査の副主任（1944-45）、東京のマッカーサー将軍の特別顧問（1946-47）、空軍・国務省・CIAの顧問、エスニック関係研究所の所長と国防総省開発評議会、さらに1956年から亡くなる1960年まで国務省の外交部門特別委員会のメンバーでもあった。

（4）アカデミズムと政府の仲介者

クラックホーンは『人間のための鏡』の応用人類学の章で、人類学が異民族統治に如何に有用であったのかを、次の二つの事例で説明している。

1896年に、イギリスはアフリカ西海岸のアシャンティ族との戦争に巻き込まれ、多大な犠牲を払った。1921年に3度目の騒乱が起きかけた時、人類学者が「黄金の床几」の重大な象徴性を指摘したおかげで、危機を免れたので、その後イギリスの植民地担当勤務の志願者には人類学が要求されるようになった。アメリカも、1933年からインディアン局のスタッフに人類学の専門家が採用された。パプアでは不妊治療の儀式で、人体の代わりに豚を使うようにさせたり、部族間の敵意を発散するのに、槍の代わりにフットボールを導入したりした（クラックホーン 1971：197-198）。

　更にクラックホーンは、戦時中にアメリカの人類学者が従事した政府部門を詳細に述べている。彼はイギリスの事例で国の外務省、海軍本部、情報部、戦時社会調査部などで人類学者が重要なポストについていたとか、アフリカの植民地で現地人との連絡活動に従事していた人類学者の事例をあげている。そして、アメリカでも軍情報局、国務省、戦略情報局、経済戦委員会、戦略爆撃調査団、軍政部、選抜徴兵局、海軍情報部、戦時情報局、補給部、連邦検察局、戦時外人隔離収容事務局、アラスカ・ハイウェイ計画、海軍作戦本部水路測量課、外国経済局、連邦安定局、陸軍航空団医務部、化学戦局などで人類学者が専門家として働いていたと指摘している（クラックホーン 1971：199）。

　クラックホーンは、こうした部門からの要請にこたえていた。例えば、アフリカ北部のエリトリア地方のハンドブック作成、ピジョン・イングリッシュの軍事用語集の校閲、キニーネの新資源を求める探検隊のためにエクアドルの現地住民との交渉相手の紹介、カサブランカ地域の入れ墨の特徴、密林に飛行機の不時着を想定した食糧確保の手引書の作成、北極や熱帯地方の衣類や装備に関する助言、インディアンの徴兵選抜、腐りかけた魚の見分け方のマニュアル作成、秘密工作要員の訓練用視覚教材作成など、軍や政府からの依頼に対して、ハーバード大学人類学部のネットワークを駆使して、辺境地でフィールドワークをした人類学者のサバイバル技術のノウハウや、現地住民との交渉手段、あるいは交渉人そのものを斡旋することが彼の任務だった。

終戦までに100人以上の人類学者がワシントンD.C.で仕事をしており、その「ワシントン人類学者」は、専門性が戦闘の効果と政治に関連する活動に関与していた[2]。彼は日本やヨーロッパ戦線での宣伝工作や戦略についても提言していた。例えば、対日宣伝工作をするうえで、日本の天皇制の議論に言及している。日米開戦直後から、アメリカでは天皇を排撃すべきという意見があったが、クラックホーンは、文化相対主義の立場から異国民にアメリカの制度を押し付ける文化帝国主義に反対し、天皇制を積極的に間接利用するように提言している。アメリカの公文書館には、1944年11月にクラックホーンとレイトンが戦略情報局（Office of Strategic Services：OSS、戦後はCIAに改組）へ提出した、天皇制を積極的に活用する意見書が残っている[3]。ベネディクトは、この方針に基づいて『菊と刀』（1946年）の元になる「日本人の心理」（1945年）を書いた。しかし、この政策提言は、クラックホーンの考えではなく、戦時情報局の極東担当長官代理補佐ジョージ・E・テイラー（George Edward Taylor、1905-2000）[4]が日本と戦うために社会人類学者と心理学者を動員して、日本の戦争動機を理解し、説明することが不可欠と考えていたことに由来する。

　彼と同時にアレキサンダー・レイトンも、同じ趣旨のレポートを書いている。レイトンは、クラックホーンと同じナバホ族を研究しており、レイトンの妻は、クラックホーンと『ナバホ族』（Kluckhohn C. and Leighton, D. 1974）を書いている。レイトンは、アリゾナ州にあるナバホ族居留地に隣接するポストンへ日系人収容所を誘致した。そこに収容された若い日系人を調査助手に使って日系人の日常生活を調査し、その結果を戦時情報局に提出していた。ベネディクトは、そのデータを『菊と刀』にも使っている[5]。戦後も、クラックホーンは、マッカーサー元帥の特別顧問になっており、1946年に来日して、GHQの中に調査部門の創設を提言して、民間情報教育局の中に調査部が創設された。戦時中の対日宣伝による心理作戦と、日本占領後の社会調査などは、まさに「国民性」研究や「文化とパーソナリティ」研究と深く関係していた。

　戦後は1949年から1956年まで「5つの文化における価値の比較研究」プ

ロジェクトを組織し、5つのネイティブ・アメリカンの研究を継続した。また第二次世界大戦の経験を冷戦時のソビエト社会研究に応用して、ロシア研究センターで「ソビエトの社会システムに関するハーバード大学プロジェクト」を組織し、ロシア難民から、ソビエト・システムの特徴、個人生活、エリートや労働者集団に対する社会的心理的特徴などを聞き取り、『いかにソビエト・システムは動いているのか』（1956年）を出版している。

　クラックホーンは、卓越した行政能力によって、人類学を問題解決に有用な学問とアピールして軍や政府の様々な分野に人類学者を送り込むことに成功した。戦後、アメリカの大学では人類学部が陸続と創設された。地域研究と人類学を結びつけて戦略的に利用するクラックホーンの発想は、アメリカの様々な大学に人類学部を設置する方向に導くことに貢献したと言えよう[6]。

第2節　国民性研究：エンブリー、ミード、ベネディクト

（1）日本研究のルーツ

　アメリカの日本研究は、太平洋戦争が始まるまで、東洋学の一分野として、ごく限られた専門分野で進められていた。そのルーツは、日米和親条約以来、日本政府に雇われた科学教師ウィリアム・エリオット・グリフィス（William Elliot Griffis、1843-1928）、博物学者エドワード・シュルヴェスター・モース（Edward Sylvester Morse、1838-1925）、美術史家アーネスト・F・フェノロサ（Ernest Francisco Fenollosa、1853-1908）、言語学者ジェームス・カーティス・ヘボン（James Curtis Hepburn、1815-1911）などが資料を集め、日本の体験を元に講演して回ることで、日本への関心を高めたことに始まる。1914年にラトウレット（Kenneth Scott Latouret、1884-1968）がオレゴン大学で東洋史を教えはじめ、同じ時期スタンフォード大学でトリート（Payson Jackson Treat、1879-1972）が日米関係の研究を始めた。家永豊吉（1862-1936）がシカゴ大学、朝河貫一（1873-1948）がイェール大学で常任講師となり、1910年頃はスタンフォード大学出身の日

本卒業生の寄付で日本講座が開設された。

　第一次世界大戦が終わる頃に、アメリカの日本に対する見方は変化し、1928年にハーバード大学の燕京協会が設立、1930年頃から角田柳作（1877–1964）がコロンビア大学に日本宗教史を開講、1929年からコロンビア大学が日本書籍の蒐集を始めた。特にフランスで東洋学の研修を終えたエリセーフ（Sergei Grigorievich Eliseev、1889–1975）やライシャワー（Edwin Oldfather Reischauer、1910–1990）によって、燕京研究所は中国、日本、朝鮮より客員教授の交流を通じてハーバード大学の一般東洋史講座を充実させた（宮本編 1970：7–8）。こうして1930年前半までに、アメリカで日本関係の講義が25大学でおこなわれており、ハーバード、コロンビア、ミシガン、シカゴ、カリフォルニア・バークレイ、スタンフォード、ワシントン・シアトル、イェールが主要な大学で、特に東部ハーバードは10名、コロンビアは7名の日本研究者を擁していた（ヘッドフォード 1985：280）。

　1920年以前では、アメリカの日本に対する意識が極端に低く、アメリカの大学・研究機関での日本研究は中国、アジアに付随したものに過ぎなかった。1929年にコロンビア大学で日本文化研究所が設立されたのは、角田柳作という人物が、コロンビア大学に日本研究関連の図書・資料の寄贈を呼び掛け、日本国内で研究所支援の募金活動をおこない、コロンビア大学に日本文庫のコレクションを図書館に設けることになった（小野澤 2022：66–67）。

　ナチスドイツが1939年9月1日にポーランドへ侵攻して第二次世界大戦が始まり、イギリス・フランスがドイツに宣戦布告してヨーロッパが戦場となった。アメリカ合衆国は、この時点で参戦しておらず、1941年3月にイギリスなど連合国への支援として武器貸与を認めるに過ぎなかった。それが激変するのは、日本のパールハーバー攻撃により、アメリカが対日宣戦布告をしたので、ドイツとイタリアもアメリカに宣戦布告をして世界全体に交戦地区が拡大してからであった。

　アメリカ政府の諜報機関が、陸海軍の諜報部門と別に発足したのは1941年7月である。これはビル・ドノヴァン大佐の積極的提言により、ルーズベルト大統領は対外宣伝活動に限定した情報調整局（The Coordinator of

Information：COI）設置を承認した。これは、外国情報サービスと調査分析部の2部門で構成され、後者の責任者にウィリアムズ大学学長のジェームズ・P・バックスター3世（James Phinney Baxter Ⅲ、1893-1975）が就任し、多くの研究者が動員された。ハーバード大学歴史学部から外交史のウィリアム・L・ランガー（William Leonard Langer、1896-1977）、中国研究のジョン・K・フェアバンク（John King Fairbank、1907-1991）、極東担当者の責任者にミシガン大学の中国経済学者であるリーマー（Charles Frederic Remer、1889-1972）[7]、日本担当にポモナ大学のバートン・ファーズが参加した。その後、1942年6月に外国情報提供を担当する戦時情報局と、調査分析や諜報活動に従事する戦略情報局に分かれた（油井 1989：91）。

　この諜報機関に、アメリカをはじめイギリスも多くの人類学者が動員されるのであるが、アメリカでオリエント学の一環として始められていた日本研究が、対敵分析としての地域研究に大きく変容を遂げるのも、太平洋戦争が始まってからである。また日本研究だけでなく、人類学の研究対象も、未開社会の少数民族から、農耕社会、都市社会へと変容するのが、戦争を契機としていた。日本研究にとって、社会人類学の手法でフィールドワークをおこない、戦争前の日本の状況を克明に知らせた民族誌として、エンブリーの『須恵村』があり、戦時中は、対日分析のためのテキストとして広く活用されていた。またエンブリー自身も、対日戦略の部門に多く関わっており、そうした経験から、人類学が戦争にどのように使われていたのかを熟知していた。そこで、エンブリーの講演から、その内容を見てみよう。

（2）エンブリーの人類学者の戦争協力批判

　戦前の人類学による日本研究として、ラドクリフ＝ブラウン（Alfred Reginald Radcliffe-Brown, 1881-1955）とレッドフィールド（Robert Redfield、1897-1958）の理論に基づいてフィールドワークをおこなったコミュニティ研究として、エンブリーの『須恵村』の研究が非常に大きな影響力を持ったこの民族誌は、太平洋戦争が始まる3年前に出版され、対日戦略を立案する軍事部門や占領政策を実践する民政官の養成課程でも、テキストとして幅広

く使われたからである。OSSのエンブリーについては、デイヴィッド・プライスの詳細な研究がある（Price 2008）[8]。

　ラドクリフ＝ブラウンは、シカゴ大学の社会科学調査委員会から東アジアの社会形態の比較研究のために研究費をもらっていた。エンブリーの現地調査に必要な経費は、ラドクリフ＝ブラウンの助成金で賄われた。エンブリーは、研究費の助成ばかりでなく、理論的な面でエンブリーはラドクリフ＝ブラウンに依拠している。調査地選定についても、ラドクリフ＝ブラウンの助言を受けており、その影響は『須恵村』に反映されている。そこで、ラドクリフ＝ブラウンの研究について言及しておく[9]。

　泉水英計は、ラドクリフ＝ブラウン研究を、第一に社会形態学（社会の構造形式）、第二を社会生理学（道徳・礼儀・宗教・政府・教育など社会構造の存立を支える諸制度の機能）、そして第三に社会構造の変化過程を挙げている。そしてラドクリフ＝ブラウンはボアズの民族学は歴史学で、それを否定した上で「社会の自然科学」としての社会人類学を確立しようとしたと指摘している（泉水2025、Radcliffe-Brown 1923）。

　ラドクリフ＝ブラウンは、1881年にイングランドのバーミンガム市で生まれ、ケンブリッジ大学でリバース（William Halse Rivers、1864-1922）やホワイトヘッド（Alfred North Whitehead、1861-1947）に師事して、ケンブリッジのトレース海峡調査に参加し、アンダマン諸島、オーストラリアで調査をした。第一次世界大戦中はトンガで原住民教育に従事し、1920年から南アフリカのケープタウン大学の社会人類学教授となり、1926年にオーストラリアのシドニー大学に移り初代の社会人類学教授となった。1931年にシカゴ大学の客員教授となり、1937年からオックスフォード大学の社会人類学教授に就任した（蒲生1975：304-305）。ラドクリフ＝ブラウンは、各地の大学で社会人類学の創設に関わっており、1935年9月に来日して、エンブリー夫妻に同行して現地調査の候補地をめぐり、須恵村に決定する時も助言を与えている。北京にある燕京大学で文化人類学を担当していた呉文藻は、来日中のラドクリフ＝ブラウンを燕京大学に3か月招聘し、「比較社会学」「社会学研究班」の短期講義を依頼し、計画的に学生を海外に留学させ、

各学派の理論と方法を吸収し、燕京大学に社会人類学の伝統を築いた（中生 2023：33）。ラドクリフ＝ブラウンは、中国でも須恵村と同様の調査をおこなわせて、日本と中国を比較する計画だった。エンブリーは、戦後は東南アジア研究に転向し、日本研究を中断してしまったことで、『須恵村』は研究史の中で孤立して見える。しかし泉水英計は、エンブリーを日本研究者というより、文化変容を比較研究して人類社会の一般法則を探求する社会人類学者とみるべきだと指摘する（泉水 2025）。

　ジョン・エンブリーは、1935年から約1年間、熊本県球磨郡の須恵村でフィールドワークをして民族誌を書いた唯一の人類学者であった。彼の書いた『須恵村』は、日本社会を理解するための基礎文献として、対日戦略分析の諸機関で利用されていた。このように戦時中のアメリカでは、人類学の日本研究が対日宣伝工作に重要な役割を果たした。エンブリーの『須恵村』は、対日戦略を考えるうえで、多くの情報機関、軍学校でテキストとして採用された。エンブリー自身も、対日戦略のアドバイザーとして、人類学の戦争利用に関わっていた。だからこそ、戦争が終わって半年たった1946年1月16日に、エンブリーはハワイ大学の公開講座で、いかに戦時中、人類学が戦争に関わった具体例を率直に語ることができたのである。前述したクラックホーンは、人類学の戦争利用で応用人類学の成果を高らかに誇っているが、エンブリーはそれと真逆の見方を持っていた。以下、エンブリーが述べた人類学の戦争協力をまとめてみよう。

　パールハーバーの攻撃後、ハワイのビショップ博物館では太平洋諸島での実践訓練プログラムが実施され、ポリネシアを専門とする人類学者ケネス・エモリー（Kenneth P. Emory、1897-1992）が担当した。当初軍事学校で20分の話が、徐々に長くなり、陸軍によってジャングルでのサバイバル訓練を確立するまでになり、陸海軍がエモリーの指揮に入った。訓練の目的は、太平洋諸島でココナッツの木から食料、籠、小屋の作り方とか、いかに現地の住民を協力させるかだった。このように異民族の知識が、オーストラリアやイギリスでも必要になった。そしてOSSの心理部門で兵隊のための小冊子が作られた。それを執筆したのは、現地文化を研究していた人類学者

で、現地の宗教タブーやエチケット、習慣が紹介された。例えば、フェリックス・キージング（Felix M. Keesing、1902-1961）は、ニューカレドニアの冊子を、シカゴ大学の人類学者はシリアのガイドブックを作った。1942年に、経済戦争の情報を得るためゴードン・ボールズ（Gordon T. Bowles、1904-1991）をインド北部に半年派遣し経済状況を調査させ、ダグラス・オリバー（Douglas Oliver、1913-2009）には太平洋地域で同様な任務を課した（Embree 1946：485-488）。

　1943年からは敵対国の占領に計画が変わった。太平洋は日本の委任統治地区で、海軍がコロンビア大学に占領した島嶼の民政官養成プログラムを作った。そこに未開人が住んでいるので、コロンビア大学の人類学部長であるラルフ・リントン（Ralph Linton、1893-1953）や、ハワイ大学のM.F.キージング（M. F. Keesing）が太平洋地区の住民と植民地政策について講義をした。またイェール大学のピーター・マードック（George Peter Murdock、1897-1985）が民事部で働き、ミクロネシアの民事手冊を作成した[10]。人類学者が民政官養成プログラム[11]で特に貢献したことは、言語学の分野であった。サピアとボアズの弟子たちは、アメリカ・インディアンの言語学習経験から、タイ語、日本語、そしてドイツ語やロシア語の速習を可能にした。また戦時中の栄養と食事に関する文化的習慣の問題について、国家調査委員会が自然史博物館のマーガレット・ミードに食糧習慣委員会を委託し海外だけでなくアメリカ国内の問題も調査させた（Embree 1946：490-491）。

　エンブリーは、日系人を受け入れたポストン収容所で、人類学者と心理学者の調査をもとに行政官が暴力を使わずにストライキを解決したので、戦時移住局は他の収容所にも同様のプログラムを実施するよう命じたとしている。その一方で、彼は日系人の強制収容措置について、多くの人が日系人の血統を理由に、アメリカの市民権さえも法的措置なく奪い、国家が人権を左右していると批判している（Embree 1946：489）。

　エンブリーは、応用人類学に関して、率直な批判を述べている。「応用人類学は、異文化を理解する人類学者にとって不適切だと思い、他民族を統括する政府機関で業務をおこなうことは、人類学の知見を抑圧に役立てること

になり、そのプログラムが征服のためでないにしても、人類学者は依然として自分が間違っていると知っている活動に参加することで、自ら妥協せねばならないと感じている人が少なからずいる」（Embree 1946：494）と政府部門で働く人類学者の葛藤をのべている。そして、行政に関わることで学問の純粋性が損なわれると感じることもあるが、一部の提案が行政に取り入れることもよいことだと、エンブリーも、人類学が異民族統治行政にかかわることの是非について揺れている。エンブリーの所属していたハワイ大学は、太平洋諸島の調査が行政に改善をもたらすと楽観的な見方を示している。最後に「原爆が物理学を理論と応用理論の双方でどれだけ進歩したかを示した。社会科学の知識が人類を滅ぼす技術に追いつくことが急務だ」と結んでいる（Embree 1946：495）。

エンブリーが人類学の戦争協力として批判した応用人類学は、次の遠隔文化の研究プロジェクトに代表される、人類学者の積極的な政治参加のきっかけとなっていく。

（3）遠隔文化の研究プロジェクト

ボアズは、ドイツ生まれのユダヤ人として、ナチスドイツの人種学には一貫して批判的だった。その一方で、人類学者が戦争に協力することは消極的であった。その一線を越えたのが、「遠隔文化の研究プロジェクト」であった（Darnell 2001：328）。このプロジェクトが生まれるプロセスは次の通りであった。

マーガレット・ミードとルース・ベネディクトは、国家の諜報機関が設立される前から、人類学が如何に戦争協力できるかを検討していた。1939年秋に、マーガレット・ミードはローレンス・K・フランク（Lawrence Kelso Frank、1890-1968）、エリオット・チャップル（Eliot Dismore Chapple、1909-2000）、グレゴリー・ベイトソン（Gregory Bateson、1904-1980）と共に国民士気発揚委員会（The Committee for National Morale）で活動し、人類学と心理学が戦時下の志気形成にどのように利用されるかの考察を始めた（ボック 1987：122-123）。

1939年春に、ベネディクトは未開人の食物と食習慣研究のニューヨーク支部に参加した。同様の研究はハーバード大学と太平洋岸でもおこなわれていた。彼女は、栄養と防衛の問題について常々考えており、合成ビタミン類で小麦と砂糖を補強するプログラムや、食習慣を変えるため、学校給食や学校での料理授業なども考案していた。1941年1月に「食習慣に関する人類学的覚書」を提言した。翌月ナショナル・リサーチ・カウンシルの食習慣委員会の人類学及び心理学部門の招聘を受け、1か月に2日、ワシントンD.C.で会合を持ち、ベネディクトはミードを推薦し、1942年に委員会の活動として、アメリカ人に新しい食習慣を受け入れさせるため、配給、食物保存、栄養的に有効な食物利用などの工夫策を講ずるとともに、アメリカ軍が衣食を供給する国に対して、アメリカの救済食糧を海外の食習慣に合わせる研究などもしていた（カフリー 1993：460-461）。

　1941年に、ミードは上述のメンバーで作った通文化関係協議会、のちの通文化研究所を中心に、国民性研究会を作った。ベネディクトの分担は、中国農村の地主階層と農民のコミュニケーションにおける同意形成の様式を扱った報告と社会事業に対するデンマークとノルウェーの対照的な態度を扱った報告だった。メンバーの一人にジェフリー・ゴーラー（Gorer Geoffrey、1905-1985）がいて、彼が書いた日本関係の覚書が注目された。彼は、1942年にワシントンの戦時情報局で働くようになり、その後イギリス大使館戦時職員として転出したとき、ベネディクトが彼の後任になった（ミード 1977：94-97）。

　1943年に、ベネディクトは「戦後世界における文化の多様性の認識」で、アメリカと他の国との民主主義の考えや実行上の主要な相違を検討した。1943年夏に開始した戦時情報局でのベネディクトの仕事は、「政策立案者に世界の異なった習慣や社会的習慣を考慮に入れさせること」と考えた。ベネディクトの仕事は、敵国や占領された国における行動や考え方の問題を研究することで、最初にタイに関する文化とパーソナリティについて書いた。レポートの目的が、日本の同盟国としてタイに関する心理戦争のプログラムを計画し、戦後の再建のため、背景となる資料を用意することだった。彼女は

第1章　序論：応用人類学の戦争協力　25

タイ人の行動に影響を及ぼす3パターンを、人生の喜び、冷静な心、男性支配とし、タイ人の人間関係の諸要素を強調した（カフリー 1993：462-465）。

　ベネディクトは、タイのレポートを書いた後に、ルーマニアのレポートに取り掛かった。1943年12月に「ドイツ敗北主義、戦争から5年目の冬の最初に」というレポートを書き、特定事項に短いレポート「フィンランドの地方支配に関する人類学的覚書」を書いた。これらは戦時情報局のビャルネ・ブライトの関心を引きブライトからベネディクトにデンマークとノルウェーのレポートを求められ、精神分析学者のエリクソン（Erik Homburger Erikson、1902-1994）もコンサルタントに雇用した。ベネディクトは、多くの資料を取集し、ポーランドとイタリアを調査したが、報告書は完成できなかった。1944年にアレキサンダー・レイトンの下で、戦時情報局の海外士気調査局の日本研究をすることになった（カフリー 1993：465-466）。

　ここで重要なのは、戦況の推移に従って研究地域が広がったことである。つまり第二次世界大戦はナチスドイツのポーランド侵攻から始まり、対ドイツ戦略が当初の目的であった。特に、ヒットラーはヨーゼフ・ゲッベルスを、1933年に国民啓蒙・宣伝大臣に任命して、映画、ラジオを通じたプロパガンダを重視する政策をとったので、ナチスのプロパガンダの意図を分析するため、映画分析が重要になった。遠隔文化の研究で映画分析という手法がとられたのは、まさに対ドイツ戦略で形成されたのであり、それを日本研究に応用したので、ベネディクトの『菊と刀』にも映画分析の手法を採用している。またベネディクトは、ヨーロッパの各文化に取り組むため戦時情報局に入ったのであるが、最初に与えられた課題は、前述したようにタイの文化的プロフィールを書くことだった。前任者ゴーラーは、ドイツとビルマの報告書を書いていた。ベネディクトもゴーラーの研究方法を借用し、歴史と地理の背景から始まり、大人の生活様式と国民性の関係、最後に国民性の特徴をあげて、付録として心理作成に関連する項目と提案がつけられていた（ケント 1997：184-186）。

　このベネディクトの前任者のゴーラーについて、福井七子は次のようにまとめている。ゴーラーは1935年にルース・ベネディクトやマーガレット・

ミードと出会って文化人類学の知識を吸収し、3人は研究を通じて意見交換をした。ゴーラーは、1941年に日本人について最初のレポート「日本人の性格構造とプロパガンダ」を書き始め、須恵村を調査したエンブリーや、日本に長期滞在経験のあるシラキュース大学のハーリング教授から日本の情報を得た。彼が日本研究に着手したきっかけは、40年にわたって日本に滞在した経験のあるクララ・ルーミスの新聞記事に触発されてだった。彼女が主張した日本とアメリカの心理上の相違を理解することの重要性を強調していた。ゴーラーは、情報提供者から日本人の癇癪、性差、階級差、トイレレーニングに力点を置いて情報を集め、日本人の性格形成、特に攻撃性に影響を与えているという仮説に基づいた心理分析をしていた（福井2011：175-185）。さらに、ゴーラーが日本人の極度の清潔さと潔癖に着目し、「適時に適切な行動をすること」などの見方は、その後ベネディクトの『日本人の行動パターン』の日本人倫理規範の分析に影響を与えた（福井2011：192）。

　コロンビア大学で研究プロジェクトを組織していたミードは、1940年代から50年代にかけて人類学コロンビア学派の中心メンバーで、コロンビア大学の現代文化調査（Columbia University Research in Contemporary Culture＝RCC）というタイトルのプロジェクトをルース・ベネディクトと主催しており、これは1940年にアメリカ海軍省調査局（the U.S. Office of Naval Research）から支援されていた。RCCは120名以上の研究者が毎週ミーティングを開き、次の7つの社会について比較調査をおこなっていた。中国、チェコスロバキア、東ヨーロッパのユダヤ居住区（shetl）、フランス、ポーランド、ソビエト以前のロシア、シリア。その後ドイツ、イギリス、イタリア、ルーマニア、タイ、アメリカが付け加えられた。

　RCCの特別な作業は、「遠隔文化の研究」（The Study the Cultures at a Distance＝TSCD）であった。第二次世界大戦が勃発し、ヨーロッパ、アジアの調査は不可能となったので、これらの社会の文化的産物から調査を始めた。RCCは、文学、映画、公開画像の調査をおこない、ベネディクトとミードは、RCCを母体に1941年に文化間研究の研究所を設立し、戦後の日

本の天皇に対する処遇など、政府の重要な政策決定に影響を及ぼした。ミードは、遠隔文化の研究を調査のマニュアルとして、RCC グループに例示したと述べ、一種のプロパガンダになるように企画された118巻の成果を出版した（Beeman 2000：xiv−xvii）[12]。

　このプロジェクトで、ミードやベネディクトが主導的な役割を果たしたことは間違いない。戦略情報局時代に、ベネディクトは心理人類学の育児方法の適用、遠隔文化の研究で独自スタイルを作り上げた。しかし、これは個人的な研究ではなく、プロジェクトとしてグループで分担した共同作業として実施したのである。だから調査のマニュアルの作成、およびその結果は、統一した調査カードで管理していた（Beeman 2000：102−103）。つまり、この方法論は個人の発意ではなく、組織化されたグループの共同研究で実施されていたが、ベネディクトのレポートが秀逸であったため、レポートのサンプルとして提示されたのである。

（4）ルース・ベネディクトの『菊と刀』

　アメリカの日本研究で、最も有名なのはルース・ベネディクトの『菊と刀』であるが、この本は1945年初めに OWI へ提出された「日本人の行動パターン」というレポートを基礎にして、戦後出版されている（ベネディクト 1997）。これはベネディクトが戦時情報局に提出した天皇制の処遇に関する報告書である。

　ベネディクトの人類学研究は、アメリカ・インディアンの文化研究から始まるが、1943年6月28日に戦時情報局の海外情報局に、文化基礎分析の責任者として赴任したことにより、戦争に人類学の研究成果をいかに応用するかという観点から研究するようになった。最初に彼女は、1943年に連合国救済復興機関（United Nations Relief and Rehabilitation Administration）から、ヨーロッパの国々の復興に従事する人員をトレーニングするための協力を依頼された。また彼女は、文化交流会議（Council of Intercultural Relations）に参加し、アメリカに住んでいる中国人、ノルウェー人、デンマーク人の文化についてレポートを書いており、戦時情報局に赴任する前から戦時に必要

な情報を整理する仕事に従事していた（ケント 1997：182-183）。

　ベネディクトは、1943年6月28日に戦時情報局の海外情報局、文化研究基礎分析の責任者として赴任した。彼女は、就任以前にも戦時関係機関からアドバイスを求められていた。戦時情報局では、ジェフリー・ゴーラーが文化とパーソナリティの研究をおこなっていたが、彼がイギリス大使館で政府間交渉の仕事につくため、その後任としてベネディクトを推薦した（ケント1997：182-184）。彼女が戦時情報局に入って最初に与えられた課題は、タイの文化的プロフィールを書くことだった。彼女の前任者のジェフリー・ゴーラーは、イェール大学で日本人の性格について研究をしていた（Geoffrey 1943）。またゴーラーは戦時情報局でドイツとビルマについて研究をしていた（ケント 1997：185）。

　戦時情報局には、ゴーラーの他、マーガレット・ミード、グレゴリー・ベイトソンなどの人類学者も勤務していた。ベネディクトは、当初ヨーロッパ、次いで日本が占領した東南アジアの国民性を研究した後[13]、日本軍に対する心理作戦に従事していた。戦時情報局で人類学者に期待されたのは、日本軍に厭戦気分をもたらし、投降を呼びかけるための宣伝ビラ作成であった。ベイトソンは、火葬にした日本兵の灰を箱につめて、宣伝の言葉を同封し、日本の上空からパラシュートで降下させ、日本人の戦意をくじこうとするアイデアを実行しようとしていた（ベイトソン 1993：80-81）。ミードは自らフィールドワークをしたニューギニアの経験から、現地での食料調達などの情報を提供していた。

　軍事情報局（Military Intelligent Service）極東部日本課は、1944年4月に、アメリカ軍占領地の日本人管理と情報収集の任務を任せられ、日本兵捕虜の尋問記録や軍事秘密書類の情報分析をしていた。その働きが国務省に評価され、同年8月に海外戦意分析課（Foreign Morale Analysis Division）として独立した。初期のメンバーは、レイトンと共同研究していたイワオ・イシノ、ヨシハル・マツモト（Yoshiharu Scott Matsumoto、1921-2001）、トシオ・ヤツシロ（Toshio Yatsushiro、1917-2015）、タミエ・ツチヤマ（Tamie Tsuchiyama、1915-1984）などの日系二世だった。彼らは、アリゾナのポ

第1章　序論：応用人類学の戦争協力　29

ストン収容所（Poston relocation camp）で、日系人に関する調査経験があり、この中の数名が、戦後になって民間情報教育局へ赴任した。このセクションは、最終的に30名のメンバーまで拡大されたが、専門知識は文化人類学、心理学、精神医学、社会学、政治学、日本文化と言語という幅広い分野から人材が集められた（ケント 1997：189）。このポストン収容所の調査に関しては後述する。

　海外戦意分析課では、1945年から日本の降伏が認識され、戦後の復興のための政策づくりへと、その任務を移行させた（ケント 1997：200）。そこで議論されたのが天皇の立場についての研究と論争である。ベネディクトの「レポート25：日本人の行動パターン」は1945年5月から書き始められ、原爆投下の直前に脱稿した（ケント 1997：196）。ベネディクトは、この執筆前に「天皇はいかに処遇されるべきか」というレポートを提出しており、説得力ある報告として、戦時情報局内で、戦後の天皇制廃止反対論に一定の役割を果たした。

　海外情報局は、各占領地から海外状況に関する情報を収集し、ベネディクトはこのような情報を、旅行記、民話、儀式のやり方、小説や劇などで補うことを提案し、「どの文化においても『習慣、好みと嫌悪』がそこの人々の生活体験の総体から生じる」ので、上記の研究材料を加えれば「今、海外局によって報告されている情報を補って、心理作戦のために重要な役割を果たすだろう」と進言している。

　ポーリン・ケントがまとめたベネディクトの研究経過で、アレキサンダー・レイトンの戦時情報局での役割を、彼のまとめに従って記述しよう。レイトンは、ポストン収容所で日系人の調査を始め、1943年春に、この研究班を海軍占領政府の下に置くように進言したが、日系人が中核メンバーだったので、海軍の方針とぶつかり実行中止となった。そこでジョージ・E・テイラー（George Edward Taylor、1905-2000）の提案で、戦時情報局に置かれた。戦時情報局は1944年4月に軍事情報局極東部日本課にこの案を提案し、日本人捕虜の尋問記録や秘密情報の分析をさせていた。1944年7月に国務院で評価され、レイトンの研究班は大きな予算が与えられてスタッ

フも増員され、1944年8月上旬、公式に海外戦意分析課（Foreign Morale Analysis Division）として独立した。メンバーは2か所に分かれ、ペンタゴンでは捕虜の尋問記録と秘密情報の分析にあたり、もう一つは戦時情報局で翻訳や日本での報道された情報の分析と報告書作成をしていた。ベネディクトがレイトンから海外戦意分析課に誘われたのは1944年6月で、従来の戦時情報局で発展させた研究方法で、日本人の心理を把握することだった（ケント 1997：188-192）。当初は日本軍や日本人の心理という問題だったが、1944年末には戦争終了後の復興準備に入り、ベネディクトは日本文化の入門的報告書を求められ、「レポート25：日本人の行動パターン」を提出し、これが『菊と刀』の原型となった。

　クラックホーンは『人間のための鏡』にも言及しているが、対日本戦略に対して天皇制を間接利用するように提言している（クラックホーン 1971：201-202）。その元になったのはOSS資料で、天皇制に関する1944年9月のレポートがある[14]。同じ時期に提出されたレイトンの報告書もあった。クラックホーンは、ナバホ族の研究者として知られていて、さらに理論家としても有名で、アメリカの文化史学派のみならず、ウィーン大学にも留学してウィーン学派の研究にも精通しており、アメリカの人類学会では重要な人物だった。

　筆者は、かねてから対日戦略と天皇の間接利用というアイデアが研究者からの発案なのか疑問に思っていた。ワシントンD.C.の戦時情報局でハーバード大学のフェアバンクは、この発案が戦時情報局の組織的指令のもとにおこなわれていたと指摘している。彼は、戦時情報局長官の代理補佐に3人の地域代表がいて、極東担当の長官代理補佐はジョージ・E・テイラーで、彼の指導的発想の一つが日本と戦うために社会人類学者と心理学者を動員して、日本の戦争動機を理解し、説明することが不可欠と考えていたと述べている。だから彼はクラックホーンとレイトンを採用したのであり、その路線に従ってベネディクトの『菊と刀』も書かれたのである（フェアバンク 1994：395-396）。

　ヒラリー・ラプスリーは、ベネディクトが原爆の問題について何も述べな

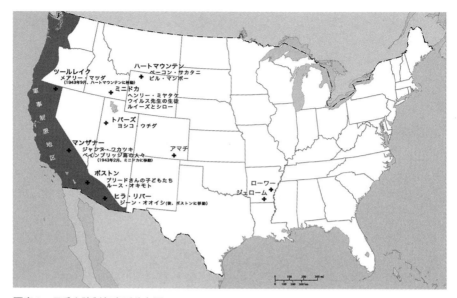

図表1　日系人強制収容所分布図
ブロケットゆり「第三章　荒野の強制収容所：1942年から1946年にかけて―前編（1）」ディスカバー・ニッケイ、Japanese American National Museum、https://discovernikkei.org/ja/journal/2015/4/13/obaasan-no-tegami-12/2024年10月8日閲覧

かったのは、戦略的だと指摘している。ベネディクトは、友人を介してオッペンハイマーとも個人的な面識があった。またミードは、多くの知識人同様に原爆が実際に使われることを恐れていて、広島・長崎の反応に極端なので、原爆による戦争が世界を全く新しい時代に投げ出してしまったと、それまで用意した原稿を破り捨てたという。それに対して、ベネディクトは、「原爆を落とされた日本人の調査」が、女性はそうした調査に行けない規則のため、自分に割り当てられないとイライラしていたという。ベネディクトがマッカーサー元帥の占領政策を称賛し、マッカーサーが彼女の研究を高く評価したので、ベネディクトの原爆への沈黙は戦略的だったと言える。しかし原爆の影響について、ベネディクトはジョン・ハーシーの『ヒロシマ』に好意的な書評を書いていて、全く無関心ではなかったと言える（ラプスリー2002：601-603）。

写真3　ポストン収容所の社会調査グループ（1）
中央の正式の軍装をしたのがレイトン。その左側からイシノ、エドワード・スパイサー、ツチヤマ。右側がエリザベス・コルソン、女性2人の次にいる右端がヤツシロ。

出典：イワオ・イシノ個人蔵

第3節　日系人強制キャンプの調査：レイトン

　アレキサンダー・レイトンは、アリゾナ州のポストン収容所で、小さなグループを結成して日系人を管理するための情報収集にあたっていた。レイトンは人類学と社会心理学を専攻しており、ポストン収容所の日系人の日常生活を調査して戦時情報局に送っていた。レイトンは、クラックホーンと同じナバホ族を研究対象にしており、妻とナバホ族の民族誌を書いている（Leighton and Leighton 1945）。レイトンの妻も、クラックホーンとナバホ族の民族誌を共著で書いている（Kluckhohn and Leighton 1974）。レイトンは、アリゾナ州にあるナバホ族居留地に隣接するポストンへ日系人収容所を誘致した。イシノによると、レイトンはナバホ族居留地の医務官として赴任しており、日系人を強制移住させる法律が出た時、多くの地域で受け入れを拒否したにもかかわらず、レイトンは積極的に日系人収容施設を誘致した。それは、戦争が終われば、日系人はまた元の生活に戻るが、収容施設にいる

写真4　ポストン収容所の社会調査グループ（2）
中心に座ったネクタイの紳士がアレキサンダー・レイトン（イシノからの情報）

出典：イワオ・イシノ個人蔵

間、現地のナバホ族に日系人が持っている農業の技術を教えさせたいと考えていた。当時多くの日系人は、農業に従事しており、ナバホ族を経済的に自立させるために、羊の放牧だけでなく、日系人から農業技術を学ばせたいと構想していたからだという。

　さらにレイトンは、若い日系人をあつめて人類学と心理学の観点からフィールドワークをおこない、そのデータをワシントンD.C.へ送っていた。レイトンは、1943年春に、この研究班を海軍占領政府の下に置くようにと進言した。しかし、このグループが日系二世を中枢メンバーとしていたので、二世を雇わない海軍の方針とぶつかり、その計画は頓挫した。戦時情報局極東部の次長であったジョージ・E・テイラーの提案で、とりあえず戦時情報局の中に置くことになった。戦時情報局は、1944年4月に軍事情報局（MIS）極東部日本課にこのグループを提供し、日本兵捕虜の尋問記録や秘

密情報の分析作業を買って出た。1944年7月に、このグループの仕事は戦時情報局だけでなく国務省にも評価され、レイトンの研究班は1944年8月上旬、公式に海外戦意分析課として独立した（ケント　1997：188）。

　レイトンのプロジェクトはその成果が認められて、1944年にアメリカ合衆国旧陸軍省（United States Department of War）で、6名の日系人調査助手とともに社会調査の仕事に従事した。

　戦時情報局は、1942年6月13日に大統領令9182のもとに設立された組織で、情報局（Office of Facts and Figures）と危機管理情報部署（Division of Information of the Office of Emergency Management）、政府広報局（Office of Government Reports）、そして対外情報局（Foreign Information Service）の人材や組織的な任務を引き継いだ。戦時移民局（War Relocation Authority）の社会学的調査局（Bureau of Sociological Research）がポストン収容所での調査を引き継いだ後、アレキサンダー・レイトンは、ワシントンD.C.における戦時情報局の海外戦意分析課（Foreign Morale Analysis Division：FMAD）の主任になった（福井 2012：85）。

　当時、ポストン収容所では、3つのプロジェクトが同時に進行していた。
①社会調査局（the Bureau of Sociological Research BSR）1942.6-1943.9
②カリフォルニア大学プロジェクト　The Japanese American Evacuation and Resettlement Study 1942年秋-1945夏 Tamie Tsuchiyama, Nishimoto
③War Relocation Authority Community Analysis Section David H. French

　ツチヤマは、1915年にハワイのカウアイ島で生まれた二世で、1937年にバークレーでクローバー、ローウィ（Robert Henry Lowie、1883-1957）、ポール・ラディン（Paul Radin、1883-1959）[15]の下で人類学を学んだ。1941年3月には博士課程の資格試験に合格し、同年暮れには博士課程を修了していた（Hirabayashi 1999：13-21）。1942年4月20日にツチヤマはローウィに日系人調査のプロジェクトを補佐したいと手紙を書き、ローウィは、ドロシー・トーマス（Dorothy Swaine Thomas、1899-1977）を紹介した。ドロシーはカリフォルニア大学の農業科学分野の専門家で、カリフォルニア

写真5　Tamie Tsuchiyama and Sue Kato leaving Fort Ritchie, Maryland for Washington D.C., 1946. 左がタミエ・ツチヤマ
出典：https://encyclopedia.densho.org/sources/en-denshopd-p268-00001-1/

大学の日系人キャンプ研究の主任だった。ツチヤマは、サンタ・アニタの日系人収容所の食糧問題について初歩的報告書を提出している。最初の報告は、伝統的な民族誌の手法で、ライフサイクル、教育、娯楽、少年非行、犯罪、婚姻儀礼、医療サービス、死、宗教という内容だった（Hirabayashi 1999：22-25）。

　ツチヤマは、1942年10月2日に2番目の報告書を提出し、一世の態度、および二世や帰米（アメリカで生まれ、幼少期を日本で教育を受け、再びアメリカに帰ってきた二世）の文化的・政治的立場の違いを分析した。ツチヤマの関心は、自身の経験から、ハワイとアメリカ本土の日系人の文化的相違を比較することで、適応と同化のプロセスに関心を抱いていた。ツチヤマは、前述したドロシー・トーマスのプロジェクトの一環として、サンタ・アニタ日系人収容所で500人以上の女性の団体の指導教官を担当していた。さらにFBIの事務官からの依頼で、天理教を含む日系人の宗教について調査をしていた。サンタ・アニタでのツチヤマの調査は、収容所の警備管理に関係して

トシオ・ヤツシロ
(1917-2015)

ジョージ・ヤマグチ

イワオ・イシノ
(1921-2012)

写真6　インタビューできた3人

いたので、フィールドノートは警察に没収され、ポストン収容所に移っていた（Hirabayashi 1999：28-32）。

　1942年4月から、ツチヤマは日系人収容と再定住の研究（The Japanese American Evacuation and Resettlement Study：JERS）調査の正社員となったが、同年8月から、彼女はアレクサンダー・レイトンに雇用され、ポストン収容所の社会調査局（the Bureau of Sociological Research：BSR）で働くことになった。同じ時期に、社会調査局は、インディアン局のジョン・コリアー（John Collier、1913-1992）とレイトンが、1942年と43年に比較文化調査を実施していた。彼女は、彼らのプロジェクトにも関心を持ったので、結局双方で仕事をすることになり、彼女は2か所から給料を得ていた。ただ、前者からの給与はわずかであった。社会調査局には、レイトンのほかにエドワード・スパイサー（Edward H. Spicer、1906-1983）、エリザベス・コルソン（Elizabeth Colson、1917-2016）、ソロン・キンボール（Solon T. Kimball、1909-1982）、デヴィッド・フレンチ（David H. French、1933-2017）、コンラッド・アレンスバーグ（Conrad Arensberg、1910-1997）などの人類学者がいた。1942年9月12日から、ツチヤマは「日系人収容者の

第1章　序論：応用人類学の戦争協力　37

文化的背景」という表題で授業を行い、トシオ・ヤツシロ、ジョージ・ヤマグチ、ケニー・ムラセなどが受講した（Hirabayashi 1999：43-45）。

ツチヤマは、1944年9月9日に正式に合衆国陸軍に入隊し、正式の訓練をうけたのち、1945年1月中旬にミネソタのスネーリング部隊の陸軍情報部隊に配属され、彼女は英語と日本語の会話と文章力の完全なバイリンガルであったので[16]、日本語から英語に翻訳する仕事に従事した。その後、陸軍情報調査局（Pacific Military Intelligence Research Section）、ワシントンD.C.戦時文書センター（War Document Center）に勤務して多くの表彰を受け、1946年から47年にかけてカリフォルニア大学バークレー校にもどって博士論文を完成し学位を受けた。1947年からGHQのCIE世論社会調査局に勤務し、イワオ・イシノと一緒に勤務した（Hirabayashi 1999：153-157）。

ベネディクトが『菊と刀』の中で言及している日系人の資料は、レイトングループの調査データである。レイトンは、この調査の成果を上げたことと、ナバホ研究で交流のあったクラックホーンが戦時情報局の要職にあったことから、日系人のアシスタント5人をつれてワシントンD.C.の戦時情報局に移籍した[17]。

筆者が、このグループで調査に従事した日系人で接触を持ったのは、写真の3名である。イシノは、次章で述べる。トシオ・ヤツシロは、2005年12月にハワイで面談した。ヤツシロについては、Densho Encyclopediaで詳細な経歴が公表されている[18]。彼はレイトンの調査グループに入ったが、他の二世とは異なり、彼だけがレッドランド大学で社会学を専攻した大卒だったので、優遇されていた。戦後、レイトンに従って戦略爆撃団の調査団に加わり、その後、レイトンの元でポストン日系人収容所の調査資料に基づいて博士論文を執筆し、1953年に博士号を取得して、*Politics and Cultural Values*（1978）を出版した。ジョージ・ヤマグチは、ロサンゼルスに在住していたが、研究者にはならなかった[19]。

レイトングループの調査は、その後、レイトンの著作として『人間の統治（*The Governing of Men*）』が出版された。この本では、ポストン収容所内の治安維持、待遇の不満から起きたストライキの要因と対策、日系人内部の組

織、オピニオンリーダーの調査、一世、帰米、宗教指導者（仏教、神道、天理教、キリスト教）などであった。ツチヤマは、ここで宗教を担当していた。彼らの調査グループは、キャンプの治安維持と内部の統制について調査していたので、収容所の日系人からはFBIのイヌと勘繰られ、暴行を受けることもあった。ツチヤマの報告には、ニシモトの消防隊、ギャンブルの報告書を高く評価していた。

第2章

ミシガン大学の日本研究：

戦中の陸軍日本語学校

第1節　ミシガン大学の陸軍日本語学校

　ミシガン大学は、1930年代から東洋文明問題の講座を開設しており、極東問題に力を入れていた。戦時中は1942年から始まった陸軍日本語学校（American Army Intensive Japanese Language Center）の活動が重要である。これはジョセフ・サノ及びジョセフ・K・ヤマギワ[20]を中心とした日本語教育や戦略的調査機関であった（宮本編 1970：11）。

　太平洋戦争が始まり、アメリカ軍は緊急に日本語養成プログラムを発足させ、海軍日本語学校、陸軍日本語学校、陸軍特別教育プログラム（The Army Specialized Training Program：ASTP）[21]が発足した。海軍日本語学校は終戦まで1,250人の言語将校を養成し、陸軍日本語学校は日系二世約6,000人、白人その他非日系アメリカ人780人の計7,000人。ASTPが担当したのは15,000人の下級兵士で、10か所の学校で初級日本語を教えた（パッシン 1981：49）。

　1940年に言語将校海外派遣制度を廃止した軍当局は、1941年6月から海軍がカリフォルニア大学バークレー校で日本語訓練プログラムを始め、1942年にコロラド大学に拠点を移して終戦まで続けた。ハーバード大学でもライシャワーを中心とするプログラムを設置したが1942年に廃止した。

　陸軍は、1941年11月に開始し、日系二世を言語訓練関係の軍務に従事させた。しかし日系人は激しい監視と管理に置かれ、白人の日本語習得は日系二世の翻訳、尋問、報告が妥当かどうかを確認する目的で日本語を学んでいたのだった（パッシン 1981：50-51）。

　ミシガンの陸軍日本語学校にいたハーバート・パッシン（H. Passin、1916-2003）は、在学中の次のようなエピソードを紹介している（パッシン 1978：61-62）。

　　戦争も末期に入った1944年の話である。私はミシガン大学にあった米陸軍日本語学校の第一中隊に所属していたが、ある時期、中隊が一つの

写真7　陸軍日本語学校の学生の集合写真
出典：Bentley Historical Library No 90177 Aa 2 Joseph D. Sasaki photograph series

写真8　陸軍日本語学校の教師の集合写真
第二列　左から4人目の上着を着ていないネクタイ姿の男性が、日本語教師の統括者であるジョセフ・サノ
出典：Bentley Historical Library no. 826869850 Joseph Kumao Sano papers, 1923-1951 (bulk 1941-1951)

写真9　日本語教師のオフィス風景
左端がジョセフ・サノ。机に並んでいる本が、テキストを作成するための辞書。
　　　出典：同上

第2章　ミシガン大学の日本研究：戦中の陸軍日本語学校　　43

写真10 東京裁判の風景
東条英機の向かって右後ろに座っているのが、ジョセフ・サノ。通訳ではなく弁護士として東京裁判に出廷していた。ジョセフ・サノの娘からの聞き取り
出典:同前

写真11 ミシガンの米陸軍日本語学校授業風景
教師はジョセフ・ササキ
出典：Bentry Historical Library No 90177 Aa 2 Joseph D. Sasaki photograph series

写真12 ミシガン大学のキャンパス内で使用された教室を示す米陸軍日本語学校のパネル
(2006年 筆者撮影)

うわさで持ちきりになった。OSS（戦略情報局、CIA の前身）が、日本の戦意を阻喪させるための新戦術をあみ出した、というのである。戦術というのは、こうだった。

　日本人は、古来おキツネ様を不思議なほどおそれている。そこで薄夜ひそかに1隻の潜水艦を日本の浜辺に浮上させ（場所としては、象徴的な意味からも、富士山の近くがいいだろう）、そして何百尾というキツネに、蛍光塗料を塗って、野に放つのだ。微光を発するキツネの群れが走るのを見れば、日本人は、きっと敗戦の天命抗しがたきをしることだろう…。

　この珍戦術が本当に実行に移されたかどうか、私は知らない。一説には計画は司令官の一喝でおじゃんになったと言い、また一説にはキツネ部隊は全員、岸に泳ぎ着く前に溺死したということだった。（後略）

　パッシンは、戦後、占領軍の民間情報教育局で世論調査を担当し、日本の人類学、社会学、民俗学、法律学の若い研究者をアシスタントに使って占領下の日本を調査していた。前述したように、ベネディクトの『菊と刀』が戦時情報局での対日戦争の心理作戦の成果であったことが有名だが、当時、様々な機関で人類学者が対日戦略に人類学の成果を応用しようとしていた。

　戦時中のミシガン大学といえば、日本語教育が有名で、テープレコーダーに吹き込んだ教師の声を聞いて反復する LL 方式は、このときにミシガン大学で開発された。ミシガン大学の日本学は、ヤマギワが日本語教育の専門家であったことで、日本語教育に注目が集まっているが、最初に述べたように、ミシガン大学は戦略的な調査機関もあった。パッシンが述べる金色キツネの作戦は、日本の民間信仰に基づいて立案された作戦であることを窺わせる。

　ただ、この計画がミシガン大学の立案であるかどうかは、確たる証拠がない。戦時中、ワシントンの陸軍通信隊で日本軍の暗号解読の仕事に従事していたライシャワーも、日本軍戦意喪失のための奇想天外な作戦として、同じような作戦の話を書いている（ライシャワー 1987：151）。

第 2 章　ミシガン大学の日本研究：戦中の陸軍日本語学校　45

日本人のオイナリサン信仰を利用すべく、何匹かのキツネに蛍光塗料を塗り、潜水艦で日本の海岸近くまで持って行って放つという"戦術"も考えられた。本当に実行したかどうかは知らないが、話されたキツネはみな沖に向かって泳ぎ、計画は潰えたということである。

　ライシャワーは、ハーバード大学の日本語・日本文化の専門家という立場であり、宣教師の息子で日本生まれの日本育ちという BIJ（Born in Japan）として、軍の対日戦略の中枢部にいた人物なので、日本への心理作戦に関しても精通していた。果たして、ワシントンD.C. の OSS で起案された奇想天外なキツネ作戦が、中部のミシガン大学に伝わることがあるのだろうか。パッシンとライシャワーの伝聞を比較しても、前者の方がより詳しい。そこで、ミシガンで起草され、ワシントンに伝わったものがライシャワーの目にとまったと考える方が可能性は高いと思われる。では、ミシガン大学とOSS の関係はどのようなものがあったのか。

　このことを裏付ける資料が、次の二つのメモとして、アメリカ公文書館のOSS ファイルにあった[22]。2枚とも OSS の inter office memo の便せんに書かれており、第1信は極秘書類（CONFIDENTIAL）の印鑑が押してあった。その全訳は次の通りである。

（第1信）

第1節　　OSS

第2節　　1943年5月12日

第3節　　受け取り印1943年5月13日

宛先　ウィリアム・L・ランガー（William L. Langer）

発信元　C. F. リーマー（C. F. Remer）

テーマ　日本人類学プロジェクト（Japanese Anthropology Project）

　このプロジェクトは、今や最終段階に来ている。ミシガン大学の大学

院は、1月に学部長と小委員会に対して最初の申しいれをして以来、この問題に大変関心を払っている。

　学部長の要望として、調査は適切な書籍の配置である。調査はアナーバーが仕事を遂行する上で適切な機関であることは明確である。なぜならば、重要なコレクションがシカゴ、ニューヨーク、ワシントンにあるからである。

　私はすでに近い将来最終調整のためアナーバーへの出張申請をしている。大学院部長は、重要な図書館で利用可能な図書を吟味する作業を始めるよう私に指示をした。時間を無駄にしないように、私は一度に使用できる金額を総額200ドルに制限するよう進言した。この総額は、私自身にとって説明できるために、このプロジェクトの初期作業としては遠く及ばない金額と見なされるか、あるいはミシガン大学の担当部局によって当該プロジェクトにとってより多額な総額に引き上げられると見なされるであろう。いかなる場合でも、この総額はこのプロジェクトにとって大きな総額になるとともに、私の意見では、秘密保持の理由で非公式な資金から支出される。

　この申請のための私の旅費は同じ資金から支出しているであろう。この場合、総額は75ドルに増額して請求される。他方、今回の出張と同様の将来の出張も、通常の公的出張の一部として通常の旅費から支出される。私はリーディム氏との協議でこの決定を受け入れた。

　私は、ミシガン大学との最終調整が迅速に完遂するならば、直ちにこの仕事を開始するよう準備していると信じている。あなたは私の見積もりが約5,000ドルになることを記憶しておいてください。

（第2信）

OSS

1943年5月31日

受け取り印1943年6月1日

宛先　ウィリアム・L・ランガー（William L. Langer）
発信元　C. F. リーマー（C.F. Remer）
テーマ　日本人類学プロジェクト（Japanese Anthropology Project）

　アレン・アブラム氏（Mr. Allen Abrams）と協議した結果、日本人類
学プロジェクトの最終実施を、スタンレー・P・ロベル氏（Mr. Stanley
P. Lovell）の帰還まで延期するのが最良だと思える。
　これは、二つの協議によって決められるべきである。一つはミシガ
ンのラッカム大学院のヨーコム学部長（Dean Yoakum of the Rackham
School of Graduate Studies at Michigan）と、もう一つはワシントンの
適切な委員会の委員長である。私はヨーコム学部長の推薦する人類学者
が6月1日以降に仕事から解放され、その日より若干後の日付を希望し
ていると告げられた。
　ミシガン大学の執行部がこのプロジェクトに大変関心を持っているの
で、私はできるだけ早くアナーバーを公式訪問し、この研究の手配を承
認する手続きを進め、あるいはどうしてこの研究が引き受けられないか
を個人的に説明したい。

　この二つの手紙の宛先であるウィリアム・L・ランガー（William L.
Langer、1896-1977）は、ハーバード大学歴史学部の部長で、戦時中は
OSS の調査分析部門の部長をしていた。C.F. リーマーは、ミシガン大学の
経済学の教授として中国貿易の統計分析などを専門に研究していて、戦前は
中国の日本製品ボイコット運動などの研究がある（Remer 1933）。ヨーコム
学部長は Clarence Stone Yoakum のことで、彼は1936年に初代のラッカム大
学院部長である[23]。
　この総額5,000ドルの日本人類学プロジェクトは、主として日本語の人類
学関係の書籍を収集することが目的であることがわかる。パッシンの回想に
も、1年間の日本語学習が終わると、教師は社会科学者の素養を生かすため

に日本の社会科学の専門書を読むように勧めて、その分野の語彙を増やすように励ましたと記している（パッシン 1978：128）。つまり陸軍日本語学校の教育とテキスト作成の参考のために、日本語の書籍が利用されていたのである。しかし、それに「日本人類学プロジェクト」という名称を与えたこと自体、OSS の心理作戦立案の関与を伺わせる。

　では、第2信に触れられている「ヨーコム学部長の推薦する人類学者」とは誰なのだろうか。OSS の人類学者と言えば、エンブリーが思い浮かぶ。しかしエンブリーは、1944年暮れから1945年にかけて、OSS で日本降伏後の占領政策を模索するために、すでにアメリカ占領下に置かれた太平洋諸島のサイパンとテニアンの日本人収容所で、いかにアメリカ軍の統治を受け入れているのかという調査に従事していて、8月には最終レポートを出している[24]。また、1945年6月にギラ川の日系人収容所の調査にコメントを書いたり[25]、同年5月には日本統治地域の日本人に関するレポートへのコメントを書いたりしている[26]。つまり、この時期にエンブリーはミシガン大学に赴任していることは考えられない。

　太平洋戦争期に、人類学がきわめて有用な学問であると認識されたのは、それまで一般人が立ち入ることのなかった辺境地に長期間滞在してフィールドワークをおこなう方法を採っていたからである。例えばマーガレット・ミードが調査をしたニューギニアなども、日本軍との戦闘地域になったので、現地情報に精通した社会科学者という意味で、人類学者の民族誌的データは軍事的に利用されていった。

　アメリカの人類学を専門に教育している大学は、ハーバード大学にクラックホーンがいて、コロンビア大学にはボアズ、そしてシカゴ大学はラドクリフ＝ブラウンが1931年から1937年まで滞在して人類学部を創設した。ミシガン大学の人類学者といえば、1936年から赴任しているミッシャ・ティティエフ（Mischa Titiev、1901-1978）がいる。ティティエフは、1901年ロシア生まれで、家族とともにボストンへ移住し、ボストン・ラテン学校、ハーバード大学と1923年に英語学士、24年に英語修士を得た後、1935年に人類学で博士号を得た。彼は生涯を通じてアメリカ西南部のホピ族に関心を持つ

第2章　ミシガン大学の日本研究：戦中の陸軍日本語学校　49

たが、アジア人類学にも関心を持ち続けていた（Gresko 1992：20）。

American Anthropologistに掲載されたイェンゼンのミッシャ・ティティエフ追悼文では、彼のフィールドがホピ族のほかに、日本・チリ・ペルーとあり、第二次世界大戦中はOSSに在籍し、東アジア人類学にも興味をいだいていて、ミシガンの日本研究センター設立にも貢献したとある（Jorgensen 1979：342-343）。ミシガンの日本研究所を卒論として取り上げたグレスコも、ティティエフがOSSに在籍し、政府のために日本人類学を研究して、陸軍極東特殊訓練プログラムの指導主事（the supervisor of the Army Specialized Training Program for the Far East）になったと指摘している。彼はその地位に任命される前、日本軍に占領された中国の都市における民間人の技術専門家代表を援助していて、終戦までビルマルートに滞在していた[27]。グレスコは、戦後ミシガン大学に日本研究センターが創設されても、ティティエフはアジアに関心を示すことはなく、日本人類学の著作もなかったとして（Gresko 1992：20-21）、イェンゼンの追悼文とは異なる見方を示している。しかしグレスコは、ティティエフの書いた岡山の協同組合の論文を見落としている（Titiev 1953）。1943年という時期からすれば、「ヨーコム学部長の推薦する人類学者」は、ティティエフの可能性を排除できないが、その前後から深く日本に関与した人文社会系の研究者も含めて「人類学者」と考えれば、また別の可能性が考えられる。

当時のアメリカに、フィールドワークをする社会科学者＝人類学というイメージがあったとすれば、ミシガン大学の人文地理学にロバート・バーネット・ホールがいた。

ヨーコム学部長の社会科学に対する認識が、人類学という学問をフィールドワークというキーワードで理解していたとするならば、ホールは十分「人類学者」と認識されても不自然ではない経歴を持っていた。さらに前掲の経歴で、彼の担当した授業に「日本人類学」という科目があり、非常に特殊な名称であるだけに、「Japanese Anthropology Project」との関連を思わせる。しかし、後述するように、ホールは1941年から1945年までOSSに勤務して中国に赴任しており、ミシガン大学には不在であった。ただし、戦後の岡山

でのフィールドワークによる日本農村の民族誌により日本研究所の対外的評価を高めたことを考え合わせるならば、「ヨーコム学部長の推薦する人類学者」がホール本人ではないけれども、その周辺人物である可能性が高い。ミシガン大学の日本学にとって、ホールは重要な人物であるので、次に、ホールの日本研究について見ていこう。

第2節　地理学者ロバート・ホール

（1）ホールの経歴

　前述した、戦時情報局（OWI）や戦略情報局（OSS）とは全く異なるところで、日本研究をしていたのが、ミシガン大学のロバート・ホールである。ロバート・ホールの略歴は、ミシガン大学のHPにも掲載されているが[28]、ミシガン大学のベントリー図書館に保存されたホールの履歴情報が、戦時中の職歴を詳しく記載している。そこで両方の情報を補完してまとめていく[29]。

　ロバート・ホールは、1896年7月18日にニューメキシコのエスパニョーラで生まれ、東デンバー高校を1920年に卒業し、情報将校として第一次世界大戦でフランスに滞在し[30]、兵隊を退役した1920年からミシガン大学に入学し、1923年に学部を卒業し、1924年に修士号、1927年に博士号を取得した。1924年と25年にハイチ（Haiti）、1928、29、31、33,、36年に日本へ渡航し、1935年に地理学の助教授、1938年に正教授となり、1938年には東方文明学部（the Oriental Civilizations Department）の常任教授と学部長に就任した。彼は、授業でアジア地理学、アジア人類学、アジア史を担当していた（Gresko 1992：22）。彼は、1930年代から頻繁に日本でフィールドワークを行い、実証的な人文地理的研究を発表していた。かつホールは、ミシガン大学の「極東研究（Far Eastern Studies）」の責任者で、1941年6月に極東学会（Far Eastern Association）の小グループの活動者でもあった。この学会は、後にアジア研究学会（Association for Asian Studies）になった。1941年に彼は、社会科学調査委員会の総責任者になった（Board of Directors of the

Social Science Research Council：SSRCと略す）。これが母体となって日本研究所が設立された。社会科学系の教員を組織したSSRCは1923年に設立され、社会科学全体の関心を共有するための全国組織であった（Ward 2001：42-43）。1928年から29年に科学調査委員会から奨学金を受け、また1931年から35年まで日本でフィールドワークのための奨学金を受けた。

　1941年にラテン・アメリカで日系人の進出について調査し、1942年から43年にかけて、彼はOSSの太平洋沿岸室の室長（director of the Pacific Coast Offices for the Office of Strategic Services）となった。そしてワシントンに転勤し、インドと中国へ行き、1943年に極東の米英情報連絡のためにイギリスへ赴任した。その後、北アフリカ、インドのアッサム地方を経由して、中国・ビルマ・インド地域の調査分析部門の将校兼主任となり、東南アジアの統括、そして最終的に中国OSS総局の局長（commanding officer of OSS in China）となった。

　彼は、アメリカ地理学会、アジア研究学会、日本のアジア研究会の会員で、1948年以来、14年間社会科学調査委員会の会長で、1951年から52年まではアジア研究学会の会長だった。アジア財団とアジア学会の顧問も歴任した。

　ロバート・ホールは、戦前のアメリカに珍しく、実際日本に渡航して、社会科学のフィールドワークをおこなった人文地理学者であり、民俗学・人類学にも関係が深い研究者が、どうしてOSSの中国総局長になったのであろうか。次にこの点を分析する。

（2）ホールの人文理地学的日本研究

　ホールの日本研究について、彼の問題意識や調査法などは、彼の書いた論文と同時に、彼の日本調査に協力した日本人地理学者たちの解説を参考にしながら復元していこう。ホールは、戦前に柳田國男と親交があった。柳田國男が主催する雑誌『島』には、3回にわたって彼の「佐渡が島」の論文を翻訳して掲載している。その第1回目の掲載された翻訳の前文には、次のような翻訳者からの紹介がある（ホール 1933a：43）。

ホール氏はミシガン大学の地理学の教授で、我が国の集落に非常に興味を持ち、1929年に婦人と共に来朝、各地を見学、更に1931年に再び同大学学生6名と共に来り、東海道五十三次集落の変遷、簸川平野、大和平野、飛驒白川郷などの民家を研究した。柳田先生の御案内で砧村喜多見の旧家をも調査された人である。(後略)

　ホールが1929年に来日した調査成果は「日本の農村集落の形態」にまとめている (Hall 1931a)。彼は、この論文の冒頭に日本文明が多くの異なる発祥地を持つことで、小さいながらも多様性を持つことを説明している。つまり薩摩は南部中国・琉球・太平洋から、大和は中部・北部の中国・朝鮮・インドから、出雲は海を挟んで朝鮮から異文化を吸収し、日本文明を形成した。アイヌ文化は日本人を形成する上で重要な役割を持った。さらに北海道は、明治維新後の農業移民によりアメリカや北部ヨーロッパの影響を受けた。このように、日本文化は同質だけれども、微視的には地域的差異が顕著である。このように、日本文化を4つの発祥地を持つと仮定して、奈良平野、薩摩、越後平野、十勝平野の地理環境と集落の生態についてまとめている (Hall 1931a：93)。
　この論文の要旨を日本語に翻訳して紹介している佐々木彦一郎によれば、越後は福井英一郎が、十勝には渡辺光 (1904-1984) が同行したという (佐々木 1931：25)。渡辺光は、その後1929年10月からミシガン大学へ留学している (正井 1985：巻頭)[31]。佐々木は、奈良平野の調査に同行したようである。ホールは、大和の文化を、古代中国の黄河流域の経済地理的解決法として発案された班田の方法を採用し、綿密な地割制度を日本に適応するよう改変したと説明している。佐々木は、特にホールが尺度の変遷について言及しているところを注釈し、ホールの論文では直接引用はしていないけれども、ここの部分は佐々木がホールに勧めた藤田元春の『尺度綜攷』 (藤田 1929) をそのまま参考にしていると指摘している (佐々木 1931：25)。つまりホールは、調査に協力してくれた日本人地理学者たちから得た日本語の論文を英訳してもらって引用しているのであるが、彼はそれを基礎に独自

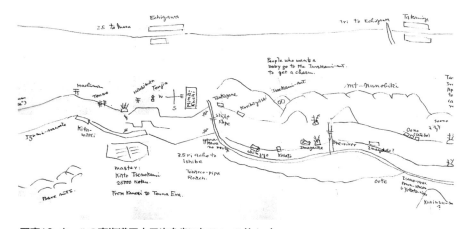

写真13 ホールの東海道五十三次を歩いたフィールドノート
（ホールの遺族からミシガン大学へ寄贈した資料）

に奈良平野の家のタイプの分類を集落の機構と結びつけて分析した（佐々木 1931：27）。ホールは、この4か所の中で、特に奈良盆地に関心を持った。そこで1932年には奈良盆地の詳細な地理誌を発表したが（Hall 1932）、その後も継続して奈良盆地を訪れている。

　第1回の奈良平野の調査に同行した冨田芳郎は、当時勤務していた奈良女子高等師範学校の校長からホールの案内を命ぜられた。ホールは奈良の古都や条里制集落に興味を持ち、滞在2週間の予定を35日に延長して調査をした。冨田はアメリカに比べて狭い盆地になぜ興味を持つのかと尋ねると、ホールはアメリカの農業地帯は整然と cotton belt、corn belt、wheat belt と並んでいて、所々に農業倉庫や宿舎があって単調なために研究資料とならないが、奈良は狭い盆地の中に畑・水田・果樹園・水濠があり、盆地に点在する各集落の農家に種々な家庭工業が大阪から原料を持ちこんできているので、あらゆる現象がこの盆地内に集中していて興味深いと言っていた。ホールは1937年まで1年おきにミシガン大学の学生を伴って日本を巡検していたという（冨田 1972：3）。

　佐々木が紹介している渡辺光からの私信によると、ホールは1931年6月か

写真14 ロバート・ホールの子息による遺品の寄贈[33]　2017年12月1日
（中央の筆者の向かって右側が長男、左側が次男。両脇はミシガン大学図書館のスタッフ）

ら学生を連れて滞日し、出雲と箱根を調査する予定だと紹介している（佐々木1931：33）[32]。また、東海道五十三次を歩いて、その地理環境をまとめている（Hall 1942b）（写真13参照）。

　ホールは、1934年から35年にかけて雑誌『経済地理学』の「アジアの農村地帯」特集で、「第7部日本帝国」を3回連載している。雑誌の性格上、日本の農業に関する経済地理を執筆しているのであるが、「日本帝国」とあるように、日本の「内地」＝old Japanだけでなく、「外地」にあたる台湾・樺太・朝鮮の産業構造と経済地理について解説している。そこで気候区分も植民地を含めているので、日本海側と朝鮮半島南部を同じ気候区分に入れたり、沖縄を台湾と同じ気候区分にしたりするなど、他の論文にない記述をしている（Hall 1934a：327）。そして文化的な面にも言及し、畜産業が少ないのは、仏教の肉食禁止の教義のために精肉業が少ないけれども、日本全体で鶏は例外であり、中国人は豚肉を食べるので、台湾だけは例外的に豚肉があるとコメントしている。これは、ホールが単に統計数値を処理して経済

第2章　ミシガン大学の日本研究：戦中の陸軍日本語学校　　55

地理を記述するのでなく、文化的な面も目配りをしている点が窺える（Hall 1934a：328）。

　ホールは、気候区分に従って、沖縄と台湾、北海道と樺太を同じ章に入れて記述している。沖縄と台湾では、同じように製糖業が産業の基幹産業であることを指摘しているが、特に台湾の製糖業が植民地経営として成功しており、台湾の輸出の60%が砂糖であることを強調している（Hall 1934b：37-38）。北方日本の章で、北海道については、アメリカとヨーロッパから開拓農法の専門家を招聘し、エン麦・ジャガイモ・ソバ・ライ麦・小麦・トウモロコシ・アブラナ・オオムギを輸入して栽培しており、日本の内地の農業形態とかなり異なると記述している（Hall 1934b：42）。樺太に関しては、ギリヤークとトナカイ飼育のことや、雑穀類の栽培、牛の畜産が簡単に触れられているに過ぎない（Hall 1934b：44）。

　朝鮮は独立した章で紹介しており、南北朝鮮の気候の違い、米の生産量の内地、北海道、畿内との比較や米の生産の三分の一が日本国内へ搬送されていることなど、生産から流通までを記述している（Hall 1934b：48）。朝鮮経済は、農業経済を基礎としており、手工業や商業がほとんど発展しておらず、現状維持の経済とする。さらに土地所有の形態に問題があり、日本と朝鮮の地主小作の割合を、次のように対比している（Hall 1934b：50）。

朝鮮の日本の小作比率（単位は%）

	土地所有農家	一部所有・一部小作	小作	総合
朝鮮	19.2	33.6	47.2	100
日本	31.4	42.0	26.6	100

　この数値の出典は示していないが、朝鮮総督府の統計資料を使った日本語の研究論文を参考にしていたのであろう。土地の大部分が少数の不在地主に所有されており、朝鮮経済の後進性を強調した日本の朝鮮に対する分析を踏襲している。連載の最後に、日本本土と植民地全体で次の農産品の生産分布図を示している。そこに図示されたのは水稲・陸稲・小麦・オオムギ・ラ

イムギ・オートムギ・ドイツ産キビ・オオムギと日本産キビ・トウモロコシ・ソバ・ジャガイモ・豆・落花生・茶・綿花・桑の生産地であった（Hall 1935）。

日本の地理学研究としては、トレワーサーが1934年に単著を出版している（Trewartha 1934）。この本は日本の自然地理を中心にしているが、ホールの特徴は人文地理であり、現地調査を基礎にしているところにある。さらに日本文明の起源論から、日本の周辺地域へも関心が広がっているので、日本帝国の経済地理を概観するとき、台湾・朝鮮・樺太を視野に入れた記述が可能になった。この点、トレワーサーの著作が日本本土＝old Japanとして、植民地を除外した分析とは異なっている。はたしてホールが日本本土以外の台湾・朝鮮・樺太を訪れたかどうかは確認できないが、日本語資料を収集していたことは間違いない。

ホールは、太平洋戦争前に、日本で何度も実証的なフィールドワークをおこなった数少ない社会科学の研究者として、戦時中は対日戦の戦略立案で、アメリカ軍に協力しているはずである。しかし、ホールの日本に関する知識を、いかに対日戦略に生かしたのかという点に関して、全く資料が出てこない。前述した「Japanese Anthropology Project」とホールとの関係も、現時点では推測の域を出ていない。

ロバート・ホールは、戦前のアメリカに珍しく、日本に実際渡航して、社会科学のフィールドワークをおこなった人文地理学者である。民俗学・人類学にも関係が深い研究者が、どうしてOSSの中国の総責任者になったのであろうか。ホールは、戦前に6回訪日しており、人文地理学者として佐渡、奈良盆地の経済地理、東海道五十三次を踏破して報告書を書いている。さらに柳田國男とも親交があり、柳田が主催した『島』という雑誌には、ホールの訪日動向を紹介したり、彼の論文の「佐渡が島」を翻訳して掲載したりしている。彼の足跡が1938年から45年までアカデミズムから消えており、その時期にホールはOSSに在籍していた。彼は1946年から地域研究学会の会長としてアカデミズムの世界に復帰し、1947年という早い時期に日本研究センターをミシガン大学に創設するなど、彼の政治的手腕が強力になったこ

とも、戦時中の経歴に関係が深いのではないかと推測した。

第3節　OSSのホール

（1）中国 OSS 総局長

　まず、アメリカの情報機関について概説しておきたい。アメリカでは第二次世界大戦までまとまった情報機関がなく、外交をつかさどる国務省、財務省や商務省も独自の情報活動をおこない、軍隊も陸軍省軍事情報部（MIS）、海軍情報部（ONI）、国内は連邦捜査局（FBI）などと拡散していた。アメリカで国家安全保障（National Security）という言葉が誕生したのは、1941年7月の大統領令で情報調整局（Office of Coordinator of Information＝COI）が発足した時で、イギリスの情報機関（MI6）の援助で設立したCOI は、辣腕弁護士のウィリアム・ドノヴァン（William Joseph Donovan、1883-1959）と、その周辺の一部の人間で創設された（加藤 2005：48-49）。
　機構としては、対外情報部（FIS）と調査分析部（Research and Analysis Branch, R&A）が中心で、調査分析部の責任者はウィリアムズ大学学長ジェームズ・P・バクスター3世（James P Baxter Ⅲ、1893-1975）で、そのもとでハーバード大学歴史学部長ウィリアム・ランガー（William Leonard Langer、1896-1977）が、エリート大学から英才を集めた。1941年12月7日の日本軍による真珠湾攻撃で国家規模の統一的情報活動が必要であることを、ルーズベルト大統領は痛感し、1942年6月、統合参謀本部の決定で OSS に改組され、対外情報部の white propaganda 部門は、大統領直属の戦時情報局（OWI）として独立した（加藤 2005：51-52）。
　ハリス・スミスは、OSS に関する著作でロバート・ホールに1回だけ言及している。ホールは昆明に滞在し R&A/Far East の責任者になっていたが、特に1944年夏にアメリカ情報部の視察団が延安に行ったディキシー・ミッション（Dixie Mission）で提案された満洲・朝鮮・日本本土に派遣されるアメリカのスパイ工作に関与し、その時、サンフランシスコで採用した左翼の

日系アメリカ人を使っていたと述べている（Smith 1972：263）。

　このディキシー・ミッションの資料は、山本武利がアメリカ公文書館で収集した派遣団の報告書をまとめて翻訳出版しているので、その解説から当時の時代背景と派遣の意図を要約しよう（山本編 2006：1-6）。このミッションは、1944年7月にアメリカ軍が中国共産党の拠点である延安に視察団を送った作戦である。米軍は援蔣ルートを通じて中国国民政府軍を支援していたが、中国戦線の日本軍は主要地域を支配しており、アメリカ空軍基地を破壊するため、この時期、華北から華南まで途切れなく支配する打通作戦を展開し、桂林など華南での攻防が激化し、アメリカ軍の拠点がある雲南省昆明、四川省の重慶なども緊張していた。延安を中心に、華北一帯では八路軍が遊撃戦を通じて日本軍と対峙していた。アメリカ軍のスティルウェル司令官や大使館若手キャリアは国共合作を再現し、共同で日本軍と戦うべきという意見が支持を集めていた。八路軍の規律や士気（モラール）が高いことは、延安を訪れたアメリカ系ジャーナリストから伝えられており、1944年6月にヘンリー・A・ウォレス（Henry Agard Wallace、1888-1965）副大統領が重慶を訪問して、蔣介石を説得し、八路軍と共闘の方向へ動いた。南北戦争の時に、ルイジアナなど南部諸州をディキシー（Daxie）と呼んだので、このミッションのコードネームとなった。

　このミッションの目的は、中国共産党を通じて、日本軍のあらゆる諜報を入手する以外に、中国共産党の戦力、指導者の情報を幅広く収集することであった。そして戦争遂行のため中共軍が将来いかに貢献するかを評価し、またアメリカの弱点である華北の日本の情報収集が主要任務であった。派遣されたのは、暗号通信、気象観測、諜報、サボタージュの専門家で、日本軍支配地域に墜落して、華北で生存しているアメリカ軍パイロットの救出も大きな目的であったので、陸軍航空隊や歩兵の専門家も参加した。このミッションは第一陣が7月22日に延安に到着し、その後、アメリカ軍と中共軍の関係が険悪化する1944年末まで断続的に派遣専門家を増員したが、人数を減らして終戦まで絶えることなく滞在した。

　八路軍は日本人の捕虜の扱いが巧みで、捕虜数が多いだけでなく、彼らを

教育し、逆に日本軍に対する宣伝工作に利用していた。特に、日本共産党の野坂参三（1892–1993）が日本人捕虜を教育し、日本労農学校や日本人民解放連盟を指導しており、ディキシー・ミッションの要員は、彼らと接触してアメリカ側で作成したビラ・新聞・ラジオ宣伝内容へのコメントを野坂参三（当時の偽名は岡野進）に求めた。OSSの中心メンバーであるクロムリー少佐は、在日経験のあるジャーナリスト出身で、日本軍情報の収集、分析で能力が認められていたが、ミッション情報をバレット団長の許可を得ずワシントン陸軍本部に送っており、そのなかに野坂から提案された日本への工作員派遣も、その電報をバレットに無断で重慶のOSSへ送っていた。ロバート・ホールは、この工作に関わっているので、その部分を詳しく述べよう。

　野坂参三は、延安に到着したOSS将校のコリングとスティールに、1944年8月22日、満洲、朝鮮、日本への工作員派遣を申し入れた。団長を通じて「原文暗号即時破棄、コピー禁止」と付言した秘密電報を重慶に送った。このプロジェクトはアップルというコードネームが付けられた。その時の秘密電報を受け取ったのが、重慶OSSに勤務していたロバート・ホールであった[34]。このアップル・プロジェクトは、終戦まで継続的に議論され、当初重慶OSSでは、潜入に必要な資金を40万ドルと試算し、巨額であるが、良いギャンブルだと評価している（山本2002：238）。

　山本武利は、1945年7月の資料に、野坂とOSSの話し合いが具体化しているとして、次のように資料をまとめている。

　工作員の潜入は、共産党の地下組織との接触を通じて諜報システムを展開し、初期には共産党グループが潜行している特定の地域、工場、施設のみを対象とし、活動は空襲による混乱と、疎開による支配機構の弱体化を利用して展開すべきで、華北から日本への工作員派遣は危険を伴うが、共産党は健在であるため、この工作は危険を冒しても決行すべき段階に来ていると結んでいる（山本2002：239）。

　余茂春（Yu Maochun）の *OSS in China* では、アップル・プロジェクトの提案をさらに具体的に紹介している。1944年8月22日に、野坂参三からコリングとスティールに提案した内容は、日本の領土内である満洲・朝鮮、さ

らに日本本土に、野坂が指導している日本人捕虜を工作員として潜入させるという提案であった。この提案に、野坂はアメリカ側に華北で流通している日本の貨幣40万元を要求した（余 1999：292-293）。延安からホールのみに宛てれられた電報が打たれ、彼はその要求をワシントン D.C. の戦争省に伝えるための電報を書いている[35]。

　余茂春は、この作戦の前提として、共産党がOSSから現金を得ようとしたことを指摘している。その現金は、日本敗戦時に、汪精衛政権の親日傀儡軍部隊が保持する日本軍の武器を八路軍に渡すための賄賂に使うためだった。当時、中国共産党は、日本が遅からず敗戦することを予測し、国民党軍と対峙するため、日本軍の武器を必要としていた（余 1999：291-292）。この路線からアップル・プロジェクトが提案された。

　前述したスミスの言及している、ホールが使用した左翼の日系アメリカ人とは、コージ（幸治）・アリヨシ（有吉）（Koji Ariyoshi、1914-1976）である。彼はディキシー・ミッションで延安レポートを数多く執筆した重要な人物である。1972年にアリヨシは東京YMCAで講演して、その記録が残っている。また、アリヨシの没後、彼の記念文集も出ている。これらの資料によると、アリヨシは日系二世で、1914年にハワイのコナでサトウキビ、コーヒー栽培をする一世の両親のもとに生まれ、1937年に港湾労働者を経てジョージア大学でジャーナリズムを専攻して卒業し、サンフランシスコとハワイで港湾労働者として働き、労働組合の活動をしていた[36]。太平洋戦争がはじまると日系人収容所に収容されたが[37]、志願してミネソタの情報機関で心理作戦要員として訓練を受けた後、戦争末期の2年間インド・ビルマ・中国戦線に送られ、重慶で心理作戦に従事した。アリヨシが重慶にいた時は、ベトナムと中国沿岸の日本軍に対する宣伝パンフレットを作成していたが、1944年10月から心理作戦要員として延安に派遣され、断続的に18、9か月滞在した（Deane 1978：4-6、菊池 2003：459-461）。

　アリヨシは、長く延安に滞在し、積極的に野坂や日本人捕虜と会見し、その印象記やアンケートなどをレポートにまとめている。彼はもともと共産党のシンパであったので、日本人や中国人の共産党員の考えを理解できた（山

本 2006：12-13）。滞米経験もある野坂は、流暢な英語を話せたが、アリヨ
シとは日本語で会話をしていたので、さらに多くの情報を引き出せていた。

　アリヨシとともにディキシー・ミッションに参加したジェームス・オダ
（1914-2009）は、日本軍の「戦闘序列」を作成する任務が与えられていた。
アリヨシは、彼よりも1か月遅れてビルマ方面から延安に派遣されてきたと
述懐している。さらにオダは、アリヨシが野坂参三と協力して対日宣伝工作
を発展させ、かつ重慶へ行ってハーレー大使を説得する任務を与えられたと
ある（ジェームス・小田 1995：170-171）。

　アリヨシは、この事情を講演で次のように述べている。重慶に派遣された
スティルウェル司令官は、アメリカが国民党と共産党は統一して日本と戦う
ことを望んでいることを蒋介石に伝えたが、逆に蒋介石の圧力で辞任に追い
込まれ、後任としてハーレーが赴任した。アメリカは蒋介石に武器を援助し
ていて、中共側には武器を与えない指示に基づいた政策をとったので、アメ
リカ側と中共の「蜜月の熱」も冷めていき、1945年7月には内戦が始まっ
た。アリヨシは重慶に駐在しているアメリカ軍中国総司令官のウェデマイ
ヤー将軍に、八路軍が兵隊だけでなく民衆からの支持があるので、たとえア
メリカの武器で武装した国民党軍でも、内戦になると中共軍の方が勝つであ
ろうと報告した。アリヨシはそのことをハーレー大使にも伝え、アメリカが
蒋介石支持を続けると内戦になり、しかも敗北するだろうと踏み込んだ意見
を伝えた（菊池 2003：463-470）。その後、アリヨシの見立て通りに内戦と
なり、新中国の誕生となるのだが、アリヨシはアメリカ軍の司令官から、野
坂を知っていることと、心理作戦の経験から、日本で探知工作の仕事をして
はどうかと誘われたが、断ってアメリカ大使館文化情報部の文官をしていて、
内戦になるのでアメリカに帰国した。その後、マッカーシズムの嵐で逮捕さ
れ、4年間裁判を続けたという（菊池 2003：471-472）。

（2）ホールの対日分析

　ロバート・ホールは、戦時中の活動に関して、自ら全く記録を残していな
い。そこで当時の時代的流れと中国OSS総局の活動から、ホールの役割を

推測するしかできない。

　アリヨシの経歴から、ホールとの接点が重慶であったと考えられる。しかし、上述のアップル・プロジェクトは、機密のレベルからアリヨシは知りうる立場ではないためなのか、彼の講演では全く言及されていない。アリヨシ自身、延安でのレポートでは政治的なことを報告せず、生活状態などを報告したと述べている。

　延安レポートは、ワシントンを始め、昆明、ニューデリー、オーストラリア、ホノルル、フィリピンなどの米軍拠点とともに、陸軍やOSSにも送られていた。つまり、ホールも、延安レポートを詳細に読む立場にあった。

　ディキシー・ミッションの第一陣で延安に入ったジョン・サービスは、1944年9月8日に野坂と会見し、「日本共産党の計画」の延安レポートを書いている。野坂は第一段階に戦争の終結の国家再編として、戦争終結、軍事政権打倒、政府の民主化を挙げている。最後の民主化の中で特徴的なのは、「天皇制打倒」のようなスローガンを使わず、現在の天皇を退位させるけれども、当面天皇制を廃止せず、時期の到来を待ち、宣伝工作のなかで天皇の性格を議論すると慎重な見解を述べている。また野坂は連合国が天皇を利用することは危険だとの認識も示している（山本編2006：91-92）。サーヴィスは、野坂の見解を穏健な性格で興味深いとコメントしている（Service 1970：847）。

　国防省の日本専門家であるエマーソンも、アリヨシとともに延安に入り、野坂と天皇制について意見を交換している。「日本の天皇に対する連合軍の政策」と題するエマーソン報告は、野坂がコミンテルンテーゼで天皇制廃止を宣言されていることを承知のうえで、天皇を攻撃する声明を出すべきでなく、日本降伏時に現天皇を廃止することはないとしている。それは、日本人が皇室に持つ宗教的崇拝を考慮すべきで、天皇に対する方針決定に、国民感情を十分利用する必要があると、野坂の意見をまとめている（山本編2006：174-175）。

　野坂の民主主義革命路線は、ソ連の支持を得たイタリア共産党の路線から学んだという指摘がある。特に、イタリアの君主制問題について、イタリア

第2章　ミシガン大学の日本研究：戦中の陸軍日本語学校　63

の降伏時に、国王の処遇で現実的な路線を選択した。野坂は、イタリアの処理を日本の天皇制問題に応用し、天皇制廃止等のスローガンを退け、政治的民主化ののちに天皇存廃の問題は一般人民の投票で決するという方針を打ち出した。このほか、野坂は、教育の改革、独占資本・財閥の統制と国有化、土地改革を主張している（和田 1996：108、111-115）。

エマーソンは、野坂の理想的な民主主義への思考、政治路線の穏健性から、日本共産党を日本民主化のためにアメリカの協力者として活用する路線を構想させた（和田 1996：110-111）。

野坂がエマーソンに語った「日本共産党綱領」は、日本共産党とコミンテルンの関係が、当初から緊密ではなく、日本共産党は最初から非合法で、やむをえずかなり自主的な存在を続け、コミンテルンの解散は、モスクワとの結びつきでおびえていた党の反ファシズム闘争支持者を支援していることに、エマーソンは感銘を受けている（和田 1996：109）。この部分で、前述したアップル・プロジェクトに関連すると思われる構想が語られている。つまり、日本共産党は相対的に少数で、十分強力な組織ではないが、日本が敗北に近づき、日本国内の共産党分子と共産党シンパは強くなり、敗北が確かになると軍事侵略に反対してきた共産党の威信は高まるであろう。そして戦争が進めば、日本に協力者を送り、地下の共産主義組織と接触させ、国民の間に敗北主義的感情を起こし、連合軍上陸の援助を準備し、情報を送り返すことが可能となる、と指摘している（Emmerson 1970：1224）。

アリヨシが延安レポートの多くを執筆しており、この中で重要なのは野坂が分析する日本の動向分析とアメリカが作成した宣伝ビラへのアドバイスであった[38]。アリヨシが書いたレポートには、日本共産党が持つ日本国内の情報網だけでなく、反戦のための宣伝ビラが心理的に日本兵へ効果的に伝える具体的アドバイスなどを報告していた。たとえば宣伝ビラの表現方法、宣伝文句の語彙、個別評価や、日本人捕虜の教育と八路軍の実践例を報告する実務面の報告書が多いが、それに加えて野坂が日本の軍国主義を封建遺制と捉えて、いかに戦後の日本を民主化に向けて改革するかの展望など理論的な面も報告している。

ホールの残した戦時中の資料として、唯一、中国と日本の地図がある。これは筆者がミシガン大学滞在中、図書館司書に調査協力を依頼して、未整理資料から発見したものであるが、ホールの蔵書印が押してある樺太や日本の地図があった[39]。その資料とともに、連合軍が蒋介石政権に援助物資を送るビルマルートや、ソ連からの西北ルートに関係する場所の地図があり、ホールがOSS時代に入手したのではないかと思われる。

　フェアバンクが1942年に重慶へ赴任した時の任務は、アメリカ大使館に勤務し、国会図書館のための中国の出版物を収集する文官という名目だが、実際はワシントン D.C. の OSS が利用するため日本の出版物を見つけてマイクロフィルムに撮って送ることであった（フェアバンク 1994：280）。そこでホールのような日本の専門家が中国 OSS に配属されたのも、対日戦略の一環であったと考えられる。ディキシー・ミッションが送付してきた延安レポートには、当時アメリカ軍が必要とした日本国内の情報が重慶よりも豊富にあった。その主要なものは、野坂参三へのインタビューにより作成されていたが、例えば延安レポート7号「日本における心理戦争の標的に関する概略的分析」では、日本の出版物、日本語ニュース、華北の八路軍に捕らえられた日本人捕虜への入念な尋問、1943年春に東京を離れた日本共産党員からの情報で書かれている。そこには、労働者、小作農、中学生と大学生、軽工業並びにその取引に関する大企業の関心、兵士の家族、傷病兵と個別の状況を記述した後に、すべてのグループに共通する要求として、日本国内の世相を具体的に記述している（山本編 2006：74-82）。また、野坂参三が日本共産党を代表して中国共産党第7回全国大会に出席した時の報告書（延安レポート第71号「民主的日本の建設」）も、日本国内の厭戦気分と反抗運動、日本共産党の活動とともに、民主的日本の建設として、戦後処理と封建的・反民主的制度の一掃、民主政治の実現、天皇と天皇制、教育改革など、戦後改革の展望を示している（山本編 2006：819-853）。

　外交官として戦前に日本に赴任したことのあるジョン・エマーソンは、真珠湾攻撃の後、南米の日系人対策のためにペルーへ派遣され、その後中国・ビルマ・インド戦線に送られ、ディキシー・ミッションで延安に派遣され

ている。その派遣先は、ロバート・ホールの足跡とかなり類似しているが、ホールがOSSで仕事をしていたため、エマーソンの回想にはホールの名前は出てこない。

　フェアバンクも、重慶に派遣された任務は、日本の資料を得ることなので、ホールが中国OSSに滞在した目的も、日本の情報収集であったことは推測できる。エマーソンが延安で野坂参三と会った時、野坂の書斎には日本の書籍、新聞、雑誌で満たされており、発行から2か月もたっていない新聞もあり、アメリカが求める日本の国内情報が山積していた（エマーソン1979：154）。さらに野坂がアメリカの視察団に説明した日本共産党の綱領は、アメリカの権利章典を敷衍したような内容で、日本への心理作戦のみならず、敗戦後の戦後改革も、なかり具体的な展望を持っていたことに関心を示している（エマーソン1979：163-165）。

　ロバート・ホールも読んでいた延安レポートは、こうした野坂参三が持っている日本情報をいかに心理作戦に利用できるかという実際的な側面だけでなく、戦後の対日戦略を立案する上でも参考になっている。ロバート・ホールは、戦後ミシガン大学に復帰した後、ミシガン大学で日本研究センターを創設するために奔走するが、その時の研究テーマが日本共産党と労働組合を挙げていた。こうしたテーマをあげたのは、日本の占領政策と密接な関係があるかと思っていたが、終戦直後の時期からこうした研究テーマを掲げるのは、戦後日本の労働運動の動きから見ると、すこし早すぎるので、延安レポートを通じた日本共産党への関心が、戦後の日本研究の構想になったのではないかと推測する。

　OSS調査分析部（R&A）は、1943年春以降、ドイツや日本の戦後民主化を構想してアメリカの世界戦略を確実にするため、亡命ユダヤ人、ドイツ人、日系アメリカ人が加わり、初代ヨーロッパ・アフリカ課長でドイツ研究者だったウォルター・ドーン（Walter Dawn）のイニシアティブで、フランクフルト学派の社会科学者・人文科学者が集められた。フランツ・ノイマン（Franz Neumann、1900-1954）、ヘルベルト・マルクーゼ（Herbert Marcuse、1898-1979）、オットー・キルヒハイマー（Otto Kirchheimer、1905-1965）

は、OSSで戦後ドイツ構想立案の中核となった（加藤2005：69-70）。日本の戦後構想にも、野坂参三の構想がディキシー・ミッションを通じてアメリカの情報機関に伝えられ、一定の共感を持って受け入れられたことは、占領軍の民主化計画に一定の影響力を持ったといえる。

　ロバート・ホールの政治力は、戦後、マッカーサーの特別顧問に就任していたことからも、非常に強力だったことが分かる。OSSは、社会主義者・共産主義者を進んで戦時中に登用して、マルクス主義を用いて自由に分析させたことが、アメリカ学知の総力戦であり、地域研究（Area Studies）はOSS調査分析部の出発点であった（加藤2005：72）。ロバート・ホールは、戦後すぐに全米地域研究の学会長に就任し、中枢部との太いパイプをもっていたためか、1950年代、アメリカではマッカーシズムの批判にも、全く影響がなかった。ロバート・ホールは、マルクス主義的な影響を公然と語ることはなかったが、ブラックボックスとなった戦時中の経歴を解き明かすと、歴史的文脈からは、その影響があったことが窺える。

第3章

GHQの人類学者：
占領期の調査と政策

第1節　民間情報教育局の概要

　GHQの民間情報教育局（Civil Information and Education Section）は、日本の文教政策を担当して教育改革を推進し、さらに日本の世論調査を担当していた部門である。同局の「民間情報教育局世論社会調査課（Published Reports of the Public Opinion and Sociological Research Division）」の部署に、人類学者が配置されていた。ここで中心的な役割を果たしたのがハーバート・パッシンである。オハイオ州立大学人類学部にいたジョン・ベネット（John W. Bennett、1902-1975）は、大学から民間情報教育局に派遣された。ジョン・ペルゼル（John Pelzel、1914-1999）は、ハーバード大学人類学部から派遣されたが、母校に戻るため、その後任としてイシノ・イワオが東京に赴任した。

　パッシンは、　戦時中にミシガン大学の陸軍日本語研修学校（Army Intensive Japanese Language School）で日本語を習得し、1946年初めに、占領軍の言語将校として来日した。彼は、来日当初、博多で電信検閲の仕事をしていた。陸軍日本語学校の幹部将校が博多に来た時、パッシンの経歴書をみて、彼がシカゴ大学の人類学を卒業し、世論調査の経験があることを知り、連合軍総司令部民間情報教育局に転任することを勧めた。そこでパッシンは東京に転属されたが、最初の仕事は、日本民族学協会からの依頼で世界の人類学の事情について講演することだった。1946年8月に、パッシンは東京・京都・仙台で講演をおこない、この講演を通じて渋沢敬三（1896-1963）や柳田國男と面識を持った（Passin 1981：199-200）[40]。渋沢敬三は、祖父の渋沢栄一（1840-1931）が第一国立銀行の創設者でもあり、その跡を継いで銀行家となり、最終的に日本銀行の総裁に就任した。その一方で、終生、民俗学に関心を持ち、自らも漁業民俗に関する著作を著している。戦後、大蔵大臣に就任するが、公職追放となり、戦後は日本民族学協会の会長に就任していた。柳田國男は、民俗学の創始者として指導的な立場にあった。

　パッシンは、民間情報教育局での主要な調査が1946年から49年前半にか

写真15　GHQ民間情報教育局にて (1948.8)
左から竹内利美、石田英一郎、馬淵東一
出典：石田英一郎全集第5巻「月報」

けておこなった農漁村30か所の調査であったと述懐している。このときに、実質的な調査を担当したのが、民俗学、民族学、社会学の日本人研究者であった。パッシンは、民間情報教育局の世論調査に調査員が必要なので、渋沢敬三と柳田國男に若い人を紹介してもらい、日本の農村や漁村を調査したと回想している（Passin 1981：201）。

当時、民間情報教育局の顧問であった竹内利美（1909-2001）は、そこに参加していた研究者として、鈴木栄太郎（1894-1966、農村社会学）、小山隆（1900-1983、家族社会学）、喜多野清一（1900-1982、家族社会学）、桜田勝徳（1903-1977、民俗学）、関敬吾（1899-1990、民俗学）、大藤時彦（1902-1990、民俗学）、石田英一郎（民族学）、馬淵東一（1909-1988、社会人類学）の名前を挙げている（竹内 1969：441）。民間情報教育局の世論調査に協力した日本人研究者は、戦後、法律学・人類学・社会学の分野で指導的な役割を果たした人物が多く含まれていた。

第2節　民間情報教育局の日本社会調査

　民間情報教育局の調査については、『民族学研究』17巻1号（1953年）が社会調査を特集したなかの座談会で、特に言及されている。この座談会で、関敬吾を中心に、当時の参加者が調査地とその背景について詳しく述べている。これをまとめると次のようになる。

　1946年6月に、パッシンから、日本人の学者の協力を得て日本の社会調査をしたいから、助手を集めてくれないかという依頼が、関敬吾と喜多野清一のところに来た。そして関がスコット・マツモト（第5章で詳しく取り上げる）と一緒に鈴木栄太郎のところへ依頼に行った。鈴木は、京城帝国大学法文学部の社会学の助教授であったが、敗戦後、日本に引き揚げて、伊豆にある妻の実家に身を寄せていた。喜多野は、直接進駐政策と関係ある調査には消極的で、純学術的な調査をしたいとパッシンに申し入れて承諾された。

　関敬吾は、昔話の研究者として知られているが、民俗学を専攻する研究者には珍しく外国語が堪能であった。関は、1938年から39年の大学時代に唯物論研究会に参加しており、ドイツ語でマルクス主義文献を読んでいた。当時治安維持法でマルクス主義の本は禁書だったが、洋書であれば自由に読むことができたので、関はドイツ語をマスターし、マルクス主義の本を読んでいた。また同時に、関東大震災の復興のため、フィンランド政府から東京帝国大学図書館へ送られた資料の中に、アールネ（Antti Amatus Aarne、1867－1925）の昔話の分類目録があり、関は日本の昔話のタイプ分けについて関心を持った。その後、柳田國男の下で民俗学を志し、山村調査や海村調査に参加した（関 1981b：96-98）。マルクス主義から転向して民俗学へ移行した人物は、他にも石田英一郎や大間知篤三（1900-1970）もいるが、関敬吾も活動家ではなかったものの、マルクス主義から方向転換した研究者ともいえる。

　世論調査室では、アメリカ人だけでの調査は困難なので、日本の学者を使う方針で調査プランをたて、関が若者組と青年団、小山隆が家族と分担した。

写真16　1946年6月パッシンの鈴木栄太郎宅訪問
向かって右からパッシン、キャディ、鈴木勁介、鈴木栄太郎、鈴木の妻、長女
出典：リケット 2012：166

　民間情報教育局は、文献調査とフィールドワークを平行しておこなっており、GHQのCIEファイルには、戦前の『民族』や『民俗学』の論文の表題を英訳したリストや、日本の形質・文化人類学者の所在を列挙した資料などがあった。雑誌論文の表題を英訳する仕事は、フィールドワークの基礎資料とするためになされたと考えられる。
　日米のスタッフがそろったので、鈴木が居住していた伊豆の対島村(たじまむら)へ、マツモト、パッシン、キャディ（隣組を研究している女性研究者）[41]、小山、関が赴き、鈴木とともに隣組制度、祭礼、若者制度を調査した。これについては、マツモトが英文で短い報告書を発表している（Matsumoto 1949：62-77）[42]。
　9月になって、民間情報教育局は会議を開き、調査の基本題目を決定した。その第1は「日本社会の基礎的構造の研究」であった。第2は助手の任命と必要文献の調査、第3は「日本文化領域」で、基礎構造を解明するために家

第3章　GHQの人類学者：占領期の調査と政策　73

族、村落、都市、国民生活を研究することにした。分担は家族が小山、村落が喜多野、漁村が桜田、文化地図作成が鈴木と関だった。

国民社会の問題は、次の15項目に分けられた。①人口、②居住地、③通信、④親族関係、⑤地縁関係、⑥国家の職業構造、⑦社会団体、⑧社会階層、⑨教育組織、⑩宗教生活の社会組織、⑪礼儀の国家的形態、⑫国民生活の年間サイクル、⑬文化領域、⑭都市化の度合い、⑮日本国家の社会構造。

各自は、分担のテーマについてそれぞれレポートを作成した。鈴木は文化変容と若者組について報告書を書き、カードにしたものも報告書に加えて提出した。

第3節　農地改革調査と「オヤブン・コブン関係」の分析枠組み

農地改革は、日本軍国主義の根本的な変革を目的とし、財閥解体・労働改革と並ぶ占領軍の三大改革のひとつであった。農地改革は、日本が軍国主義をささえた封建的な社会制度を改変する目的で実施された政策である。この背後には、日本が1930年代の経済不況対策が、小作農へのしわ寄せという形で農村の疲弊をもたらし、満洲移民など侵略の強力な動機となったとする見方がある（ドーア1965：85）。農地改革を実行する根拠として、ポツダム宣言（1945年7月26日）、降伏文書（1945年9月2日）、マッカーサー元帥統合参謀本部占領基本指令（1945年11月5日）を挙げている（ヒューズ1950：30）。占領直後の1945年10月には、占領軍は、日本人農業経営学者である東京帝国大学農学部教授の東畑精一（1899-1983）を招聘して、日本の土地保有制度と小作事情について協議した。これと平行して、1945年11月には、民間情報教育局が、占領政策に適合するような農業機構の改革について研究を開始した（ヒューズ1950：34）。日本政府も、農地改革の原案を1945年末に占領軍に提示したが、日本政府が提案した法案では、目標が達成できないとして改善命令を出し、占領軍主導で農地改革の実施を立案した。

農地改革は、日本が軍国主義化した社会的要因である封建制を改革する

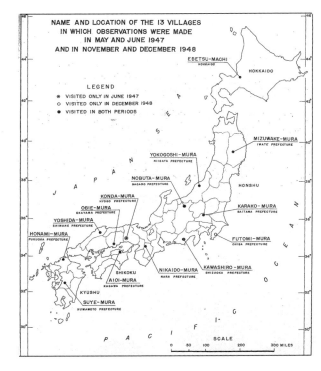

図表2
農地改革のための調査地点
出所：Raper et al.
1950：50.

ために、GHQが最も重視した政策である。この企画立案をした天然資源局では、専門家からの意見聴取とともに、頻繁に実地調査を実施している。GHQは、農地改革の実施をめぐり、日本の現状を正確かつ詳細に把握する必要性から、調査を専門にする部門を設置せねばならないと認識したのであろう。世論および社会調査部の最初の仕事が、農地改革のための調査であった。

1947年5月に、アメリカ農務省のレーパー（A. F. Raper）が天然資源局の嘱託として農地改革に伴う日本の農村調査をすることになり、民間情報教育局に協力を求めた[43]。そこで、分担して13集落の調査をおこなった。このときの調査は、まず埼玉県比企郡唐子村を試験的に調査した。

第1班はレーパー、喜多野、小山、萩田（名前不詳）で奈良・岡山、福岡・熊本。第2班はパッシン、鈴木、関で静岡県河城村・兵庫県今田村、島

根県の吉田村、香川県の相生村。第2班の選定理由は、静岡県の茶畑が農地改革でいかなる処理が取られたか、兵庫県今田村は立杭焼の焼き物の土を取る土地の処置、島根の吉田村は山林地主がいる地方で、株小作という特殊な小作慣行を調べるため、香川県相生村は旧勢力が没落し、社会党系村長がでて、農地改革が活発だった村という基準で選んだ（岡田他 1953：71）。第1班については、明確に述べられていないが、熊本県の須恵村はエンブリーの著名な民族誌の村で、戦後になって GHQ がエンブリーの本を携えてやってきたという（ウィスウェル・エラ・ルーリィ 1987：ii）。戦時中、OSS やOWI の日本分析、さらに陸海軍の日本語訓練学校のテキストにエンブリーの『須恵村』は必読書だったので、調査地に選定された。

　前述した座談会では、農地改革の社会変化を調べる調査地は、農地改革を実施する中で、地主の妨害活動や、土地委員会の紛争があった地域を選ぶのではなく、唯一、政治的な意図から選ばれた香川県相生村をのぞいて、できるだけ社会的特色のある村を選んだと述べられている。その意味で、土地改革が普通の日本の村でどのような影響を及ぼしていたのかということを調べるのが目的であったことが分かる。

　農地改革をめぐる紛糾や妨害などの具体的なケースは、農政調査会によって1956年にまとめられている。この事例をみても、民間情報教育局の調査は、農地改革で紛争があった地域を選定していない。むしろ、民間情報教育局の調査は、農地改革の前と後で、地方の農村がどのように変貌するかを定点観測するものであり、農地改革前に日本の農村の典型的な村を調査地に選択した。

　農村調査のプロセスは、調査村をまず小作が多い村・地主が多い村・自作農が多い村の3つのグループにわけ、そして各グループに被差別民を含んでいる村を入れるように計画していた。調査地の役場で、戸籍による転出・転入、出生・死亡などの調査をすること、各村で100世帯を選んでアンケート調査をすることなどが計画されていた[44]。

　この調査では、農地改革立案のための調査ではなく、GHQ で決定した農地改革が、日本の一般的な農村で、どのように受け止められているのかということを、社会科学的に分析することであった。そこで15−16項目の調査項

目に従い、アンケート調査を実施し、さらに統計資料をとった。調査内容は租税関係、公租公課、人口統計、動態静態、農村物の作付け状況、収穫状況、階級構成（地主、小作、自作）、経営面積、教育状況、開墾状況、金融関係、援護家族状況、付近の集落の研究、農地改革に伴う村内の出来事調査であった。また、この調査で農地土地改革による一般農民の意見とか態度を調べる目的もあり、意識調査もアンケートの項目に含まれている。

　2回目は、レーパーが1948年11月に再来日して実施された。2回目は、同じ村でいかに農地改革が進んでいるのか、社会生活がどのように変化したのかを調査した。第1回目の調査地では漁村がなかったので、千葉県の半農半漁の村である太海村を加え、その代わり今田村を除外した。第1回は農業経済、農地改革の進行状況が主であったが、2回目は社会構造、宗教、教育も調査の目的に加えた。各村から100のサンプルを抽出し、農地問題を中心とする意識調査を実施した（岡田他 1953：72）。このときは、非常に短期間（1日あるいは2日くらい）の調査であったが、天然資源局の人たちが参加して集落地図、農地移動の克明な地図を作成し、レーパーへ提出した。桜田の回想によると、調査を終えて、その村を発つ直前に、調査団が村の有力者を集めて、自分たちの分析結果について意見をもとめていたやり方に感心したという。また小山隆は、1年半おいて再調査するやり方は、調査方法として参考になったと述懐している（岡田他 1953：74）。

　第1回の調査が終わると、一応の総括的な報告書が作成された。この調査が終わると、東京で、その調査を発表する場が設けられ、那須皓（1888-1984、東京帝国大学農業経済）、東畑精一（1899-1983、農務省農業総合研究所）、田辺勝正（1892-1973、農林省土地局）、柳田國男（民俗学者で農村の専門家）、賀川豊彦（1888-1960、協同組合と社会的宗教的指導者）を呼んで、報告会を開いた。この調査で注目すべきことは、柳田國男の関与である。調査地の選定に関して、さまざまなタイプの農村を選んでいるが、1930年代に山村・漁村調査を実施した柳田が、ある程度アドバイスを与えたのではないかと思われる。そして、戦前から日本の農村調査をしていた鈴木栄太郎や喜多野清一が民間情報教育局に参加したこともあって、「農地改革事業にかかわる日

本の大家族とオヤブン・コブン関係の考察」が、中間報告の資料として添付されている[45]。

　この資料の中で調査グループは、結合家族、あるいは拡大家族が土地関係に付随して存在しており、地主である「本家」と小作人である「分家」が、農地改革によって大家族の結びつきを弱体化させると指摘している。日本の結合家族は、構造的に位階的特色を持ち、本家と分家の支配・従属関係は、地主・小作にある「親分子分」の形態になる。そこで「親分子分」あるいは「親方子方」は、日本の農村に見られる封建性の中心であると指摘した上で、この地主＝親分、小作人＝分家の位階は、都会でも、東京のやくざ社会や芸者の置屋と売春婦の例をひきながら、雇用主と労働者の温情主義（paternalism）に同じ原理が見られるとした。そして、彼らの調査地でも、島根県吉田村がもっとも本家＝親分の支配関係が顕著に見られ、山林地主と小作人の関係は極めて封建的であると結んでいる。

　「オヤブン・コブン」の着想は、柳田國男の「親方子方」という1937年に発表された論文にもとづく（柳田 1937）。柳田の論文は、家長的権力者が、家族だけにとどまらず、地主・小作人も「親方子方」と呼ばれて、庇護＝奉公関係となる擬制的親族関係が封建的家父長制親子関係として、日本社会のいろいろな場面に出てくることを指摘している。この視点から、川島武宜（1909-1992）は、1946年に、日本の民主化を進めるために家制度の改革が不可欠であるとする趣旨の論文を発表した（川島 1946）。日本占領で課題となった民主化改革の具体的指針が決まっていない時期に、民主化の要件として家父長的家制度の改革を唱えた論文として、発表当初、非常に反響があった。ただし川島は、民間情報教育局の調査に加わるが、農地改革の影響調査の時点では、調査助手や顧問の名前に入っていない。おそらく、喜多野清一がこの論文に触発されて、オヤブン・コブンについて、農地所有と、地主小作の支配従属関係に関連するテーマをまとめたのであろう。この調査を契機に、民間情報教育局のあいだで、「オヤブン・コブン」がキーワードとなった。この報告には、調査助手として喜多野清一が参加しており、かつその喜多野がその後に書いた論文に、同じ表現がみられるので、喜多野が執筆した

と考えられる[46]。一方、川島武宜も、柳田の着想を発展させて、日本の家制度が封建制の基礎にあることを分析しており、ベネットとイシノは、川島の研究に触発されたと指摘している（Bennett and Ishino 1963：27-28）。

　この調査で、エンブリーの『須恵村』は、非常に重要な役割を果たしている。これは、単に須恵村が調査対象に選ばれただけでなく、エンブリーが調査をした1935年から、この調査が実施された1947年までの人口や経済状態の変化を詳細に調べている。そしてエンブリーが1935年に、日本全国各地を回った集落全部に対して、1947年の統計も取って変化を比較している[47]。

　アメリカ側の資料で、この調査に政治的な意図が表れているのは、調査地にあえて被差別民が含まれている集落を選び、被差別民が農地改革でどのように生活が改善されたかを調べている点である（Raper, et. al, 1950：51）。これは、憲法の人権に関する規定が制定され、社会的不平等のシンボルとして差別問題に焦点が当てられたことと関連する[48]。そこでGHQが打ち出す改革が、被差別民に及ぼす影響を調査する必要性があったのであろう。

第4節　漁業権改革とその他の調査

　農地改革のあと、天然資源局の水産課から民間情報教育局に、漁業改革のための基礎調査を依頼された。これはGHQの政策が、農地改革の次に漁業改革を目指したからであった。漁業権の調査は、それぞれタイプの異なる漁業をおこなう漁村を選定し、1947年10月に千葉県の安房郡鴨川と保田町へ事前調査に行き、あと10か村について、クリスマスまでに調査を終える駆け足の調査であった（Passin 1980：144-145）。

　この漁業権の調査を緊急に実施したことに関して、桜田勝徳は、次のように説明している。終戦直後は、食料不足のため、雨後の筍のように多くの水産業者が誕生した。それは、戦後の食料不足のため、疎開や引き揚げの人たちや、漁業権があるかどうか分からない人たちも漁業をしていて混乱していたからだ。更に漁村青年同盟のような漁民運動も盛んで、天然資源局を刺激したことに依頼の要因があったと指摘している。天然資源局は、今までの漁

図表3
漁業調査の調査地点
出典：Some Aspects of the Fishery Right System in structed Japanese Fishing Communities, p44, NARA, GR331 Box5816

業権を廃止して、全く別の海区をもうけて、民主的委員会で漁場を運営していこうと考えていた。桜田は、天然資源局のアメリカ人は漁業権を理解できるが、漁村の地先海面にある専用漁業権が理解できず、日本の実情が無視されて漁業改革がおこなわれると困るので、漁業権の沿革、漁場の割り当て、漁場行使状況、利益分配、漁場経営の現状、漁夫の賃金、歩合制など、多方面の問題を調査した。

　天然資源局の要請は、経済史的な調査や、態度調査によって調べねば答えられない内容もあり、特徴のある12の漁村を選んだ。まず北海道の鰊の産地の増毛と噴火湾の伊達、三陸で鰹漁業の盛んな唐桑、日本海のタラバ漁村の出雲崎、神奈川の米神村という定置網漁村で定置網を巡って村内が二分する争いになっていた村を調査した。このほか、愛知の海苔養殖の大崎、岡山では瀬戸内海の典型的小漁民がたくさんいる日生（ひなせ）、高知県の沖合漁業村の室戸、長崎の大型タグリ網を専門にする式見を選んだ。このとき、3班に分けて、岡田謙（1906-1969、東京教育大学・民族学）、三須幹男（帯広畜産大学・家畜解剖学）、潮見俊隆（1922-1996、東京大学・法社会学）、中田

栄一（1917-2008、立教大学・地理学）、竹内利美（民間情報教育局・社会学）などが参加して調査した（岡田他 1953：75）。

　パッシンの回想では、冬の北海道に赴き、留萌に近い増毛と伊達紋別で、占領軍の漁村改革のための資料を集め、日本人の人類学者、社会学者、漁業専門家、経済学者、統計学者と寝食をともにしたという（Passin 1987：89）。

　この調査の最終報告書は、*Some Aspects of the Fishery Right System in Selected Japanese Fishing Communities* として、1948年に完成されている[49]。この報告書は、日本の漁村における保守主義を、桜田勝徳と竹内利美が中心になって執筆している。第1章では、日本の漁村における文化と社会を概説しており、同族団や本分家、隣組、若者組、漁業協同組合、宗教、戦後の変化をまとめている。第2章では、漁業権の社会経済史をまとめており、江戸時代から明治期の漁業組合規則、漁業法をまとめている。続けて、漁業権の性質、漁業権の指導者、漁業労働者、漁業権に関する意見をまとめたあとに、各漁村の漁業経営と漁業権の実情をケーススタディとして掲載している。

　このほか、正式の報告書になる前の情報だと思われるが、英語でSakuradaという署名のある「漁村動向」という手書きの報告書がある。これには戦前の漁業概要と、戦後の漁業動向がまとめてある。特に戦後の部分は、上述した内容よりも、さらに詳細な事情を書いている。たとえば、食料不足のためヤミブローカーが莫大な資金力を投じて漁船を求めたことや、戦後、魚価が高騰して漁民の資力が高まり、かつ兵隊に行っていた息子が復員してきて、親子で操業するために動力船を求める家庭が増加したことなど、具体的に記述している。また、戦時中は、戦争のため大型漁船が就航できなかったが、戦後になって中型・大型の漁船が建造され、そこで労働者を雇用した漁業も復活しており、漁船の動力化と漁業の企業化の傾向があると結んでいる[50]。

　桜田勝徳は、この漁業権調査で初めて「態度調査」を経験したので忘れがたいと述べつつも、「非常にきめの粗い蛇足の調査」で、世論調査以外にプラスにならなかったと述懐している（岡田他 1953：75）。しかし、この調査が戦後最初の全国規模での漁村調査である。戦前にも、柳田が組織した海

村調査があったけれども、1937年ころから外来者への警戒感が強くなり調査ができないので、計画の三分の二程度で中止となった（柳田編 1949：1）。その意味で、戦前に実施できなかった全国規模の漁村調査であること、さらに終戦直後の漁村を見聞することができたことは、桜田にとっても有益だったはずである。

　農業、漁業に次いで、次の GHQ の改革は山林地主の改革であった。そのため天然資源局から森林法の改正に関する調査が依頼された。終戦後、爆撃の破壊から復興するため、木材の需要が多く、森林の濫伐と、それによる洪水の災害が著しく、天然資源局は森林法の改正に伐採制限を加えようとしていた。しかし、こうした方向性は調査のきっかけとなったにすぎず、全体の調査は GHQ の上層部から指令されたのではなく、民間情報教育局で調査助手をしていた日本人研究者が自分たちで立案したのだという。

　1949年1月に調査が正式に決定されたあと、実際の調査が3月から7月まで続いた。ところが、民間情報教育局もかなり変質して、アメリカ人が長く東京を離れることを許されなくなり、全国規模の広い調査ができなくなった。伐採制限が山村生活に与える影響を捉えるにしても、林業地にさまざまなタイプがあり、栃木県の鹿沼とその周辺を調査地に選んだ。そして林業を媒介とする都市とその背後にある山村の状態を総合的に見る計画を立てた。

　調査は山村の保守的な側面に関心を持つ調査員が多く、林業の知識が不足したので、東京大学の島田錦蔵（1903-1992）に林業について講義してもらい、現場でも林業組合、木工場の経営者と労働者から話を聞いている[51]。詳しい統計リスト、300人のサンプル調査による態度調査、木材業者、山林地主、山林労働者、そして森林組合責任者の回想にもとづく林業関係の主な人物から、それぞれ細かい聞き取りをするという調査方法を採った。面接調査に時間をとられたが、ジープを使って能率的に調査ができたとしている。最後に宇都宮市の木材関係の人々や、先の森林組合連合の人々と座談会を設定して、グループインタビューをおこなった。しかし、調査報告の8割近くができていたが、完成しないうちに民間情報教育局が閉鎖されてしまった

（岡田他 1953：77-79）。

　この調査資料で注意すべきは、調査が終了する前に、サンフランシスコ講和条約が締結され、調査が中断したことである。そこで、アメリカ公文書館の資料は、森林調査関係の文書が非常に少ない。しかし、民間情報教育局にいたベネットとイシノは、森林調査の資料を使って著作を書いており、ベネットがアメリカに帰国してオハイオ州立大学へ復職したとき、林業調査に関係する資料を持ち帰り、そこに寄贈した。日本側では、関敬吾が、森林調査の資料を使って書いている（関 1981a：281-）[52]。

　1950年に経済科学局から民間情報教育局に国勢調査の基本的準備として家族・世帯に関する概念規定をはっきりさせてもらいたいと依頼が来たので、具体的な家族調査をすることになった。そこで高知と香川を事前調査地に選び、桜田、竹内、小寺、ベネット、パッシンが参加し、サンプルは地方差を考慮して九州・近畿・東北の3地方を選び、都市を後回しにして、農村・山村・漁村から1か村ずつえらんだ。この報告書は、「日本の農村家族：社会機能的側面」として完成している[53]。内容は、日本家族の基礎的なことを述べており、どこに政策的な意図があるのかわかりにくいが、国勢調査の基礎となる家族・世帯の概念を明らかにするための調査なので、このような形式になったのであろう。構成は次のとおりである。

　第一章　序論
　第二章　農村家族の構造
　　家族の定義、日本家族の構造（家族の平均規模、家族内の世代、家族内の婚姻、家族成員の親族関係、別居家族員）
　第三章　家族の主要機能
　　子供の養育（子供のしつけ、子供の職業選択、子供の配偶者選択）、家庭労働の参加、家族収入の監視、離婚制度、継承と相続

　小山隆の回想によると、この調査では家族に関する重要な問題を取り上げた質問表を作り、1か所に100人を基準としてサンプル調査を実施した。こ

の調査は、日本人の調査助手が自主的に計画したのが他の調査と異なる点で、地方・男女・世代・農山漁村別に分けて家族関係と家族態度の分析をした。結果的に、長子の家督相続はなくなったが、長男を相続者としたいという希望が四分の三も出てくるなど、興味深い事実が明らかにされている（岡田他 1953：77）。この調査で重要なことは、日本の家族の概念を外国人に英語で説明しようとした点である。つまり、戦前に日本で蓄積された研究を、一度英語の概念に置き換え、なおかつ、アメリカの社会学、人類学の方法で分析した最初の調査研究ということができる。家族の社会的性質については、1950年代から60年代にかけて、社会学・人類学で議論されているが、その先行研究となっている。

第5節　戦前と戦後をつなぐもの——民間情報教育局の社会調査評価

　戦後、日本の人類学の研究者を組織した組織に、財団法人日本民族学協会がある。1946年11月20日に、その会長であった渋沢敬三の名前で出されている英文「日本民俗社会辞典」の企画計画書には、この本の編纂をすることで、GHQと日本民族学協会に深いつながりができたことを示唆している。この企画計画書には、CIEのハーバード・パッシンとマツモトが編集スタッフに入っている。

　この企画を実施するため、GHQより多額の顧問料が日本民族学協会、および顧問に支払われた。学会文書には、明確に示す資料がないが、会員の会費納入や国からの助成金などの財政基盤がないにもかかわらず、学会の学術誌『民族学研究』が1947年に復刊できたのは、英文「日本民俗社会辞典」の企画により、一時的に顧問料が学会に入ったことと深く関係している。さらに、当時の民族学研究は、石田英一郎が編集長をしていた。ちなみに、この計画は、日本の民俗と社会に関する英文の百科事典とするために企画されたのであるが、英文のものは結局出版されず、サンフランシスコ講和条約が発効した1952年に、日本語で出版された（日本民族学協会編 1952）。

民間情報教育局と日本民族学協会との関わりを示すものに、岡正雄の博士論文返還がある。岡正雄の年譜によると、1947年1月に、岡正雄は占領軍司令部の民間情報教育局から出頭を求められ、主任ニュージェント中佐から、ウィーンより取り寄せた岡の博士論文、Kulturschichten in Alt-Japan 全5巻を渡されたという（岡 1979：486）[54]。当時、ウィーンは連合軍の占領下に置かれていた。岡正雄の博士論文は、日本人ルーツ論を人類学、民族学的に研究する上で重要であることは、戦前から間接的に知られていた。岡正雄の手元に返還された学位論文は、多くの研究者から、その内容の詳細な紹介が期待されていた。そこで、学会誌『民族学研究』の編集責任者に就任していた石田英一郎が司会者となり、岡正雄（民族学）・八幡一郎（1902-1987、考古学）・江上波夫（1906-2002、東洋史学）を討論者として、日本古代史に関する討論会を開いた。そのテーマは「日本国家の形成と皇室の種族的＝文化的系統」と「日本民族＝文化の源流と基盤」であった。これは1949年の『民族学研究』13巻3号に掲載された（杉山 1972：557）。

　この座談会は、テーマにもあるように、皇室の種族と文化系統を論じる、戦前にはタブーとなっていた内容だった。この座談会を『民族学研究』に掲載すると、社会的に大きな反響を呼んで、掲載紙の売り上げが急増した。その結果、戦後すぐ GHQ の資金で学会誌を復刊できたけれども、その資金が枯渇して継続して出版することが困難になっていた学会誌の経費を稼ぐことができたのであった。

　民間情報教育局の調査に参加した研究者には、いくつかの共通した特徴がある。それは、柳田國男の山村・海村調査に関わった民俗学者が多い点である。民間情報教育局が、日本の農村調査の経験がある研究者を求めたことが、このような結果になったのであろう。また、鈴木栄太郎と馬淵東一は、戦前に勤務していた京城帝国大学と台北帝国大学といった植民地の大学が閉鎖され、日本へ引き揚げて就職難に直面した際に、民間情報教育局が一時的に就職できる機会を提供していた。

　日本人調査者にとって民間情報教育局の仕事は、生活のために職を求めた動機も大きいが、それと同時に、日本社会の調査を希望していた背景がある。

それは1937年以来、厳しい防諜政策によって、日本国内での農村調査が不可能になった。そこで調査をしたい研究者、あるいは調査経験のある経験者は、外地や傀儡政権下の調査機関に出向くことで、実地調査を続ける道を選んだ。例えば、小山隆はビルマに派遣されている（小山 1971）。また西北研究所に赴任した磯野誠一（1910-2004）の話によれば、農村調査を希望していたが、日本でできないため、満鉄調査部の北支慣行調査を希望した。しかし、そこにも入れず、結局、西北研究所でモンゴル研究をすることで調査研究を続けることになったという。つまり、1930年代後半から、日本国内のフィールドワークができなくなり、そのため日本農村研究が中断している状態だった。植民地での調査地を失った研究者は、戦前にできなかった日本研究に戻ろうとしていた。また、敗戦によって大きく変わった日本の現状をつぶさに調査できるプロジェクトとして、民間情報教育局の調査は魅力的であった。

　しかし、1948年になると、大学にポストを得ることのできた研究者は、民間情報教育局を避けるようになる。たとえば、鈴木栄太郎の息子の鈴木勁介（1933-2011）によれば、ある人からGHQが日本の統治政策の方針を変更したので、民間情報教育局を離れたほうがよいという忠告があり、また民間情報教育局の部長が交代して、あまり自由に調査できる雰囲気がなくなったので、1947年に北海道大学の学制改革で文学部に社会学の専任ポストができると、すぐに移籍した。そして鈴木は、意識的に民間情報教育局に近づかなかったという。また喜多野清一も、同じ時期の1948年3月に九州大学の社会学の教授として赴任し、その後、民間情報教育局とは関係を持っていない。これは、GHQで勤務していた研究者が、彼らの経験を語りたがらない要因とも関係している。

　最後に、石田英一郎と東京大学の文化人類学コース創設について付言しておきたい。1948年9月から49年1月まで、民間情報教育局を窓口にして、米国人文科学顧問団が来日した。この顧問団は、日本の高等教育機関における人文科学の状況を把握する目的があった。この使節団の提言によって、日本の人文諸科学がアメリカ的な行動科学に再編される大きな転換点となった。

使節団の報告では、人文諸科学が戦前に果たした役割を総括し、改革の提言をしているが、「社会学および文化人類学」の項目で、「人文科学に関するすべての大きな分野の中で最も発達していない」としている。しかし、民間の学者団体がこの研究をしており、極東における未開民族の貴重な研究や、日本の民俗学資料の収集等で貴重な仕事がおこなわれていると評価している。そして社会学と文化人類学は、当局の不興を買ったためと、日本の学界区分の境界線上の学問として苦しみ、日本では発達が遅れたが、外部からの制約が除去され、大学再編によって正常に発達する機会が与えられたので、将来健全に発達するための基礎がおかれたとしている（山本編 1950：85-86）。つまり使節団は、アメリカの学界区分により、日本の人文諸科学を評価して、社会学と文化人類学を戦後の大学再編により強化すべき学問領域と提言したのである。

　1948年は、日本の占領政策が、冷戦の影響によって徐々に改革から保守勢力との妥協をはかって、改革に対して反対する政策に転じた時期である。しかし、石田英一郎が民間情報教育局の顧問に就任したのは、「日本民族の起源」の座談会の後の1949年6月である（杉山 1972：557）。つまり、それまで民間情報教育局の調査助手として勤務していた社会学者が退職した後に、石田英一郎が民間情報教育局の顧問になっており、石田の役割は調査助手と異なっていた。アメリカの公文書館に、石田が1928年から1934年までマルキシズム思想と日本共産党との関係により治安維持法で受刑していた経歴が問題となった資料が残されている。石田の民間情報教育局の顧問就任には、他の機関からの干渉があったけれども、民間情報教育局は、あくまで石田の顧問就任を要求し、石田自身が共産党とは無関係であるという誓約をして採用された経緯があった[55]。これについては、補論の章で後述する。

　では民間情報教育局は、どうして石田英一郎の顧問就任にこだわったのであろうか。まず、石田は治安維持法で収監された経験があり、民族学の戦争協力に関わっていなかった。これは、1943年に国策に乗って設立された民族研究所の創設に関わった岡正雄とは対照的である。次に、前述した「日本民族の起源」をめぐる討論会での司会によって、日本民族学協会の指導的な

役割を、民間情報教育局では重視したのではないだろうか。石田英一郎が、民間情報教育局から期待された役割とは、1951年に東京大学東洋文化研究所に新設された文化人類学部門に就任して、アメリカ的な文化人類学を日本に導入することであった。東京大学に文化人類学のコースをつくる打診は、当時の総長である南原繁（1889-1947）からであったといわれる。そして、当時民間情報教育局にいたゴールデン・ボールズが、文化人類学コースを新設する骨子に深く関わっている。ボールズは、宣教師の息子として戦前に長期間日本に滞在したことがあり、戦時中は、OSS に勤務していたことは前述した。戦後は、GHQ の民間情報教育局に勤務して教育改革などの仕事をしていた。

　東京大学に「文化人類学コース」を作るために、石田は原案を作成した。特に、コースを「民族学」とせずに「文化人類学」としたのは、「東大の内部をはじめ戦後の知識人の間に、民族学といえば日本を破局に導いた侵略戦争のお先棒をかついだ戦犯の学問だという、拭いがたい印象を残したという事情もあずかっている」と説明している（石田 1971：17）。さらに、「文化人類学」というのが、あまりにアメリカ的であるという批判もあったが、「文化人類学」がいかに広い概念であるかを力説して、批判をかわしたのだという。これは、石田英一郎が、CIE に勤務していた時代に、アメリカの人類学者のクローバーの理論に接し、それまでの人類学の枠組みを変えて、アメリカの文化人類学の方法論を受け入れたからである。

　アメリカ公文書館に、石田英一郎の勤務表はあるが、石田の署名した報告書は全く見当たらない。つまり、石田は調査補助者として採用されたのではなく、「顧問」という職責で、民間情報教育局の図書館にある最新のアメリカの人類学の書籍を読み、それによってアメリカの文化人類学の方法論を受け入れることであった。東京大学では、教養学部にも文化人類学のコースが創設され、石田は兼任となった。東京大学では、アメリカの人類学者との交流を頻繁におこない、アメリカから人類学者が派遣されたり、日本の学生をアメリカに留学させたりするなど、戦後、アメリカの人類学者と太いパイプが作られていくが、その出発点として民間情報教育局時代の人脈が生きてい

るのである[56]。こうして日本では戦争協力をした「民族学」は忘却され、ア
メリカから輸入された「文化人類学」が戦後になって全く新たに生まれたと
いう言説が流通してきたのである。しかし、その背後には戦時中にアメリカ
国内で構築された応用人類学の戦争利用の方針が、戦後のアメリカの極東政
策に拡大されたと見るべきであろう。

第4章

戦後の日本研究：

ミシガン大学日本研究センターを中心に

はじめに

　アメリカでは、第二次世界大戦中から地域研究の教育プログラムやコースが開設されていた。また学術研究を推進する3つの非営利の学術会議、アメリカ学術団体連合会（The American Council of Learned Societies）、米国学術研究会議（National Research Council）、社会科学研究会議（Social Science Research Council）が、特定地域の専門家の養成に向けて地域研究の委員会を設けていたが、1942年にスミソニアン学術協会（Smithsonian Institute）に設置された民族誌委員会（The Ethnographic Board）に統合し、1944年まで共同で地域研究を推進していた。また20世紀初頭に登場したロックフェラー財団とカーネギー財団は、1930年代から地域研究と国際関係論の研究助成をおこなっていた（谷口 2014：35-36）。

　ミシガン大学では、戦争が終わり、陸軍日本語学校も、その使命を終えて1945年末には閉鎖された。そこで、陸軍日本語学校の教員だったヤマギワを中心に、戦後も日本研究を継続させるために研究所の設立を政府に働きかけた。それと時期を同じくして、アメリカの対外戦略の必要性から、有名大学に次々と地域研究センターが創設されていた。まず1946年にロックフェラー財団の援助でコロンビア大学にロシア研究所が設立された。それに続いて、1947年にカーネギー財団の助成でミシガン大学に日本研究センター（Center for Japanese Studies：略して CJS と記する）が設置された。ロシア研究所の翌年にミシガンに日本研究の拠点ができたことは、日本が純然たる研究対象ではなく、国際戦略的な側面で、引き続き監視対象であったことを意味する。その後、ミシガン大学は、連合軍占領下の日本で、非軍人の調査団としては唯一の入国許可を得て、調査拠点を岡山に定めて調査を開始している。

　本章では、戦後のミシガン大学岡山分室の調査を研究している谷口陽子[57]の論考を中心に、若干の補足をしてその概要をまとめたあとに、アーカイブと現地調査を通じて、このミシガン大学の岡山調査についての、いくつかの

疑問について考察をしたい。以下、「問い」を挙げておく。

1）戦後まもなく日本研究所が、全米の中でも早い時期に創設された経緯とは。

2）なぜミシガン大学は、岡山を調査地に選んだのか。

3）センター設立時期、および岡山分室の設置が占領期に当たり、政治的な背景はあったのか。

4）当時の政治的状況は、調査に影響を及ぼしたのか。

5）ミシガン大学の調査は、その後の日本の社会調査に影響を与えたのか。

以上の問題設定と同時に、岡山を調査地に選んだことに残る疑問点を最後に提示しておきたい。

第1節　日本研究センター創設

1946年に、アメリカは国家プロジェクトとして第二次世界大戦の勝利者として超大国を自認し、社会科学研究会議はロバート・ホールにアメリカ国内の主要大学に開講された世界の地域研究プログラムを調査するよう委託し、その将来性を評価させた。そして1946年秋に、その委員会は世界地域調査委員会を創設し、その委員長にロバート・ホールを指名した（Ward 2001：43）。ロバート・ホールは、早くも1947年に『地域研究』という小冊子を出版し、地域研究の枠組みを提起した。地域研究は、その地域を総合的に研究して、地政学的に直接役立つ研究を目指していた。

社会科学研究会議は、アメリカの大学に地域研究拠点の設置を計画し、太平洋戦争終結後の1946年に世界地域研究検討委員会（Exploratory Committee on World Area Research）を組織した。ロバート・ホールは、社会科学研究会議の理事会のメンバーでもあり、委員会から世界諸地域（ラテン・アメリカ、極東、ロシア、近東、アフリカ、インド、インドネシア、ヨーロッパなど）に関して十分に開発された地域研究のプログラムが実施され、相応の教員と相当な蔵書を備えた図書館施設がある大学を調査するよう依頼された。全米で24大学の74プログラムが学部および大学院レベルで地

域研究プログラムを持ち、実際活動中と評価され、財団の助成先候補が絞り込まれた。全14大学に極東プログラムがあり、上記3条件の二つを満たしているのは、5大学で中国と日本に関する研究プログラムがあった。ミシガン大学で、地域研究拠点として条件がそろっているのはラテン・アメリカと極東だったが、あえて中国を含めず日本研究に特化した研究所発足を計画した。さらにホールと関係の深い社会科学研究会議に近いメンバーが多いカーネギー財団にアプローチするのが効果的だと判断したことが、最終的にミシガン大学に日本研究センターが地域研究の組織として最初に設置できた要因である。CJSは、カーネギー財団から125,000ドルの助成を受け、1947年5月5日から5年間の運営と秘書の人件費、調査費、その他不定期のイベントの費用に助成金を使用することになった。さらに、1949年には岡山フィールドステーションに対して50,000ドルの助成がなされた（谷口2014：35-41）。

　ロバート・ホールは、ミシガン大学に復帰して、自らの専門である日本研究の拠点を、ミシガン大学に創設することに尽力した。1947年5月23日のマッカーサー宛のホール書簡によると[58]、ホールは、ミシガン大学の日本研究センターの活動目標を、次の3点にあると説明している。①日本関係の図書館創設、②日本地域での大学院生の訓練拠点の設置、③長期間の日本での調査プロジェクト。①について、占領軍は東京に進駐した直後から、南満洲鉄道株式会社や東亜研究所のような国策機関や陸海軍の図書館の資料を接収した。これらの図書は、一度東京の後楽園球場に集められ、横浜港からアメリカに運ばれ、ワシントンD.C.の議会図書館に収蔵された。その後、重複本を戦時中に戦争協力をした大学の図書館に配布した。ミシガン大学には、201,262冊の日本語図書が分配され、日本語図書コレクションとなった（井村編1995：485）[59]。また第2章の戦前のミシガン大学の戦時体制のところでも紹介したように、Japan Anthropology Projectとして、日本語の本を戦時中から収集しており、日本語資料の収蔵がすでにあったことから、ミシガン大学が財団の採用条件に有利であったことがうかがえる。

　1949年3月29日のマッカーサー宛ホール書簡によると、マッカーサーからミシガン大学のプロジェクトには財政的支援が必要だと口添えされたこと

を感謝している。この書簡ではロックフェラー財団の援助に言及しているが
ホールはカーネギー財団についても考慮していた（Ward 2001：46）。この
書簡で、ミシガン大学が戦時中に陸軍と海軍の双方へ日本語養成を協力し
ていたと書いてある。ミシガン大学では、前述した陸軍日本語学校以外に、
ヨーロッパの占領地の民政官を養成するCats Project[60]、およびアジア地域
の民政官を養成するAsian Programを開設しており[61]、人文学系の教員が教
官となって、国別に地理、歴史、政治、文学、芸術の授業を開設していた。
また、この書簡では直接的な言及はないが、日本占領軍で働く大学卒業の軍
人たちが、アメリカに帰国して大学院に進学するときの受け皿になるように、
ミシガン大学の日本研究センターの大学院を想定しているので、自分たちの
研究計画への理解と援助を求めたいという意図が読み取れる。

　同年5月10日のマッカーサー宛ホール書簡によると、人類学と政治学の大
学院生のための長期調査計画を提出している。この段階で、具体的な地名で
はなく、瀬戸内海地域（Inland Sea Region）を日本文明の発祥地としてあげ
ており、大都市一つと周辺の村落を複数、グループで調査をしたいと希望し
ている。そして1949年9月7日のマッカーサー宛ホール書簡によると、岡山
に調査地が決定し、県庁を通じて調査準備を始めていると報告していた。

　ミシガン大学の調査団は、連合軍占領下で唯一入国許可がおりた非軍人の
一行であった。ホールが岡山プロジェクトを発足するにあたり、次の4点を
目標に掲げている。①ミシガン大学に日本研究のための人員、図書館、その
ほか調査と訓練資産を備えた強固な基礎を確立すること。②日本地域の専門
家として少数の厳選された男女の若者を訓練すること。③日本をフィールド
にした調査報告書と調査資料を出版すること。④日本社会の全体構造を解明
する日本地域の調査プログラムを継続すること（Hall 1951：168-169）。

　このようにミシガン大学の岡山プロジェクトは、単に学問的な動機から唐
突に始まったのではなく、戦時中から続く日本研究の延長線上にあった。そ
うした経緯は表に出されず、輝かしい学術的成果の陰になって徐々に忘れ
去られた。これは、ミシガン大学の日本研究センターを創設したロバート・
ホールの政治力が重要であったが、その下で、フィールドワークを実際に主

第4章　戦後の日本研究：ミシガン大学日本研究センターを中心に　95

導したビアズリ（Richard K. Beardsley、1918-1978）、ティティエフ、ホールなど、有能な人類学者、歴史学者がそろっていたことで、政治とアカデミズムの棲み分けができており、アカデミズムの学問成果によって、政治的意図が陰に隠れてしまったともいえる。戦争が人類学に与えた影響の光と陰を全体として見ることで、公式の歴史だけでは計り知れない関係を鳥瞰することができる。では、ミシガン大学日本研究センターはその典型的なケースであることを示したい。

第2節　岡山フィールドステーション

　ミシガン大学日本研究センターは、地域研究のセンターとして、1947年にミシガン大学内に創設された。1950年からの5年間は岡山市内に「フィールドステーション」を設置して、米国のカーネギー財団の助成を受けて、戦後直後の日本の農村の暮らしを研究した。彼らは、岡山での調査モデルとするため、当初は岡山県吉備郡加茂村新池を中心に調査を進めた。新池の民族誌は、Village Japanとして1959年にシカゴ大学から出版されたが、これは戦後最初の日本の民族誌と高く評価されている。その後、漁村はエドワード・ノーベック（Norbeck, Edward、1915-1991）が岡山県児島郡塩生高島（現岡山県倉敷市児島塩生の小字高島）、山村はジョン・B・コーネル（John B. Cornell、1921-1994）が岡山県阿哲郡草間村大字草間馬繋、農村はロバート・J・スミス（Robert John Smith、1927-2016）が香川県安原村来栖（現香川県香川郡塩江町大字安原下来栖地区）を担当し、民族誌を出版した。

　岡山センターの設置は、連合軍の許可のほか、岡山の受け入れ体制が重要だった。そのため、岡山では岡山県知事の西岡広吉を会長とする「瀬戸内海総合研究会」が1950年2月2日に発足した。その構成員は、岡山県の政界、財界、学会を包括していたが、中心は1949年5月31日に発足したばかりの新制岡山大学の研究者で、重要な役割を担ったのが文学部の助教授であった谷口澄夫（1913-2001）であった。谷口は山陽放送創始者である谷口久吉の娘婿で、のちに岡山大学の学長にもなった（谷口 2014：44）。

写真17　岡山フィールドステーション

写真18　ミシガン大学岡山フィールドステーションの看板

　CJSのアメリカ人研究者たちは、岡山での調査モデルとするため新池を中心に調査を進めた。新池の民族誌は、Village Japanとして1959年にシカゴ大学から出版されたが、これは戦後最初の日本の民族誌と高く評価されている。その後、新池の調査を踏まえて、ノーベック、コーネル、スミスの3人が、上述の調査をして学位論文を完成させ、民族誌を出版した。彼らはスチール写真や8ミリ映像を撮影し、現地の資料やフィールドノートなどを残し、その多くは現在ミシガン大学ベントレー歴史図書館のアーカイブに"Center for Japanese Studies records, 1945–2008（bulk 1950–2000）"という

タイトルで収蔵されている。

　ミシガン大学が岡山にフィールドステーションを選定した理由として、谷口陽子は、調査関係者と協力者の聞き取りから列挙している。日本の他地域に比べて西洋化されておらず、伝統文化が残っていたからとか[62]、特徴がないように見えるような地域で、学術調査がされていないという条件を満たしたからと説明していた。さらに具体的に谷口が注目しているのは、戦後初代の文部大臣であった前田多門（1884-1962）の名前が複数のCJS関係者から言及されていることである。大阪府出身の前田は、東京帝国大学卒業後、内務省に就職し、岡山県で視学官を務めていたこともあった。前田は海外経験も豊富で、1938年にニューヨーク日本文化会館の館長として渡米し、大戦勃発後、1942年に日米交換船で帰国し、戦後文部大臣を1年務め、東京通信会社の社長をしていた。調査地を決定する権限は、所長であるホールが握っていたのだが、前田の経歴からホールと交流があった可能性は高く、この個人的パイプが岡山県の選定に影響したのではないかと考えた（谷口2014：47）。

　またホールは、2章2節でも言及したように、神武天皇の大和政権が、大陸文化の影響を受けた北九州の文化とそれを担う人が瀬戸内海を通り東へ移動する起点となったと考え、瀬戸内海を「日本文明の揺籃地」と考えていた。ホールは岡山を調査候補地とすることを念頭に置いて、ミシガン大学で地誌学を学んだ渡辺光と共に、1948年11月中旬から翌年1月下旬まで日本全土を旅行し、日本の地域研究と環境科学研究の状況を観察した。また連合国総司令部の天然資源局の司令で作成された土地利用の地域区分で、小笠原義勝が作成した「日本の土地利用区」に、日本を「中心地帯」（core zone）、「周辺地帯」（peripheral zone）、「外縁地帯」（Frontier zone）の3地域に区分し、瀬戸内海地域を「中心地帯」と位置付けたことに着目している。その発展基準を①商品作物、②二毛作田、③水稲の反当たり収量の3要素を設定し、それらの総体として見た時の発達の度合いが早い順に応じて3地域に区分した。この区分は、新池調査の報告書にも採用されており（Beardsley, Hall, Ward 1959：14-16）、さらにこの本が出版された後も、ビアズリとジョン・W・

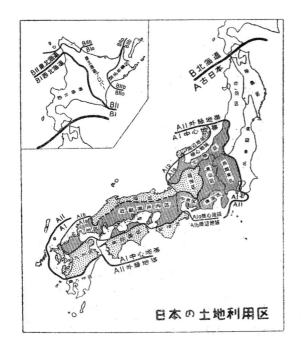

図表4 日本の土地利用
出典 小笠原 1951：71

　ホール（John W. Hall、1916-1997）は、小笠原の土地利用3区分を引用して、中心地帯が瀬戸内10県から東京まで含み、日本の初期の農業開発地帯の中心で、歴史を通じて文化的、経済的に発展した地域と言及している（谷口 2014：48-49、Beardsley and Hall 1965：21）。

　谷口も、ロバート・ホールが岡山県を調査地としたのか、決定的な理由を見出していない。占領下の日本で、民間人が調査をすることは、ロバート・ホールの卓越した政治力があって、はじめて可能になったことは、関係者の証言や、その他の状況からも明らかである。この点に関しては、再度この章の最後に考察する。

　谷口は、ミシガン大学の調査が、レッドフィールドの folk society の概念が応用されていると指摘している。ロバート・レッドフィールドは、1926年から1927年にかけてメキシコのテポストランの研究で考案され、文化的に閉鎖的な空間として「未開で孤独な社会」の諸法則を比較研究より、広範

第4章　戦後の日本研究：ミシガン大学日本研究センターを中心に　99

な市場体系もとで、小地域社会が外部の社会と接触によって生ずる関係性を社会構造の一部と記述することを提唱した。その後、彼はfolk societyの文化と都市文化との接触による文化変容（acculturation）の問題を研究の中心課題としてメキシコのユカタン社会を研究し、「未開」と「都市」の中間的生活を見出して、都市文化との接触によって生ずる文化変化の過程にある社会としてfolk societyを位置付けた（谷口2013：235-236）。では次に、ミシガン大学の最も大きな成果である新池の研究についてまとめてみよう。

第3節　新池の調査

1950年4月からの岡山フィールドステーション（Okayama Field Station）開始に先駆けて、CJS研究者たちは同年3月に横浜港に到着し、研究所所有のジープに乗って岡山に到着した。彼らは妻や幼い子どもたちの家族を同伴していた。宿泊所兼研究所は、閉鎖される1955年3月まで、研究者とその家族が頻繁に入れ替わりながら共同生活をおこなった。

岡山フィールドステーションでの研究成果は、CJSの機関誌Occasional Papers（1951-1979）で公表され、各研究者が論文形式で研究報告をおこなったほか、全体の研究成果の集大成は、Village Japan（Beardsley, Hall & Ward, 1959）としてシカゴ大学出版会から公刊された。Village Japanは3人の共著者によって執筆された。執筆において中心的役割を担った人類学者のリチャード・K・ビアズリ、歴史学者のジョン・W・ホール、政治学者のロバート・E・ウォード（Robert E. Ward、1937-2017）である。彼らは岡山フィールドステーションで共同生活をしながら、同県都窪郡加茂村新庄上の農業集落新池（現岡山市北区加茂新庄上）に毎日自動車で通って調査をおこなった。

ミシガン大学の調査は、アメリカ人のフィールドワークとしては珍しいグループ調査で[63]、複数の研究者がHuman Relation Area Fileのコード番号で調査カードを共有しながら（谷口2012：234）、情報を相互チェックした調査データを蓄積した[64]。また1951年10月に、シガー（歴史学、Gaston J.

写真19　新池（2008年2月22日 筆者撮影）

Sigur,、1924-1995）、ココリス（歴史学、James A. Kokoris）、ピッツ（地理学、Forest Pitts）、サタン（政治学、Joseph L. Sutton、1924-1972）、ウィートリ（社会学、David Wheatley）ら6人が、ジープ、ステーションワゴンで2週間にわたり瀬戸内海の広島、山口、大分、愛媛、香川、徳島、和歌山、大阪、兵庫の各県から2村ずつ20村を選んで新池と比較した。この時の調査は、1日に2か村を対象に3人一組となり、午前と午後で見学する村を入れ替えて調査し、夜のミーティングで各自の観察を報告し、観察点、評価尺度の標準化を図り、この20の村との比較を踏まえて新池を見る目を鍛えて、共同調査技術を洗練させたという（石田 1985a：50）[65]。

　全体の構成は次の通り。1　序論、2　地理的環境、3　新池の歴史的背景、4　新池の人々―体質と気質、5　コミュニティの生活―物資と設備、6　農地と水利、7　新池の生業、8　収入と支出、9　世帯、10　コミュニティと親族組織、11　ライフサイクル、12　コミュニティと地方政治、13　村落コミュニティと政治過程、14　宗教の制度と概念、15　結論。
　この著作は、新池の総合的な民族誌で、新池の記述を中心にしているが、

第4章　戦後の日本研究：ミシガン大学日本研究センターを中心に　101

絶えず日本全体との対比を意識して記述している。そこで日本全国の統計数値や他地域の民族誌資料を新池のデータと比較して、単に新池という一村落の分析にとどまらず、あくまで日本全体の縮図としての新池を描こうとしている[66]。例えば、当時、日本の耕地の56％が水田であったけれども、新池では85％を占めているとか（Beardsley, Hall, Ward 1959：114）、1944年の小作率が、36％から43％であったのに対して岡山は43％だったと（Beardsley, Hall, Ward 1959：141）、全国の数値と岡山、そして新池を対比させている。また、調査企画書に書いてあったように、アメリカの読者に日本文化を紹介することを意識して、祭りの集まりをハロウィンと対比したり、寺の組織を教会の組織と対比したりするなどして、アメリカとの対比で日本文化を工夫して解説している。

　新池は典型的な水稲耕作地帯であった。後述するように、新池は、ミシガン大学の調査が終わった後、日本の研究者によって農業機械化の調査プロジェクトが継続して実施されたが、ミシガン大学の調査時点でも農作業の効率化の観点から、農耕器具の調査がおこなわれている。アメリカの農業に比べて、新池での農業は機械化が遅れ、作業効率が低いと見られていた（Beardsley, Hall, Ward 1959：178）。1954年の調査時に新池で見られたのは、小型モータの動力や脱穀機、汲み上げポンプ程度で、トラクターは1台しかなかった（Beardsley, Hall, Ward 1959：174）。ミシガンの調査の後、トラクターが普及することで役畜を飼育する必要がなくなるなど、農業機械化は、日本の農村社会に大きな変化をもたらした。ミシガン大学の調査時期が、その前夜であっても、すでにその傾向がみられていたことから、調査終了後の研究課題として、日本の研究者に託された。

　新池の調査報告で興味深いのは、第9章の村落共同体の基礎としての世帯（Household）の記述である。個人よりも世帯が重んじられ、集落で祭りの準備や灌漑の計画などで集まりがあるとき、「みんなが来ている」という表現は、全世帯の代表が来ているということを意味する、と記述するように、村の中に溶け込んで、新池の人間関係を記録した表現になっている。さらに世帯（Household）と家族（family）を区別し、前者が生産、消費、土

地、動産の所有権など経済単位であり、親族に近いが非親族も含むと定義している（Beardsley, Hall, Ward 1959：216）。世帯内の階層を説明した後、ベネディクトの『菊と刀』で論じられた「恩」と「義理」について、親子関係のところで言及されている。本書では、特にベネディクトを直接引用していないが、親に対する愛情は「恩」ではなく、義務に近いものが「義理」であるとして、新池で「義理」という単語が使われる事例を紹介している。そして世帯内の上下関係への従属と義務を積極的に支持する伝統的イデオロギーシステムに近いとしている。それに続けて、こうした行動を仏教や儒教に結びつけて説明するところに『菊と刀』の影響がみられる。しかし農業に依存する日本の農村では、農業以外の生活手段がないならば、世帯内の上下関係は一般的であるとして、あくまでフィールドでの観察を中心とした記述をしている（Beardsley, Hall, Ward 1959：234-235）。

　第10章の村落共同体（community）と親族の付き合い（kinship associations）は、新池の村内に組織されるさまざまな講組織を分析している。「講中」は、新池の各世帯が様々なレベルで互助的な役割をはたしており、回覧板で集落の情報を各世帯に伝達したり、村の寄り合いや共同作業の連絡などをしたりしている。青年団、消防団、婦人会などの集まりとも比較して、村内の人間関係を分析している（Beardsley, Hall, Ward 1959：253-255）。「講中」の下位集団に共同労働や少額の借金、道具の共有などをする「組」がある。また頼母子講や伊勢講もあり、新池では1953年と54年にお寺参りの講がつくられた（Beardsley, Hall, Ward 1959：259-260）。新池には、「株」あるいは「株内」と呼ばれる5つの同族集団があった。ミシガン大学の調査団には、G. J. シガーが「17-18世紀における日本の岡山（池田藩）の行政史」、E. L. ネヴィル（Edwin L. Neville、1926-2000）が「日本における輸送の発展―岡山藩（1600-1868）の事例研究」を研究テーマとした歴史学専攻の大学院生もいたので、歴史家が地域研究に加わり池田家文書の研究をはじめた（石田1985a：46）。親族集団は、姻戚関係で結ばれ、日常生活では目立った活動をしないが、危機的状況が起きると、親族の関係が顕在化すると指摘する。それは、ちょうどミシガン大学のグループが調査をしていた1950年5

月2日に、村内で新婚の男性が真夜中に襲われた殺人未遂事件が起こり、同族団の結束が顕著にみられたと分析している。同族団の分析に、有賀喜左衛門の岩手県石神村の同族団を比較している（Beardsley, Hall, Ward 1959：266-274）。

第11章のライフサイクルは、妊娠、出産、生育、育児、しつけ、就学、学校制度、青年期、結婚儀礼、結婚生活、葬儀と、それぞれに詳細な記述をしている。『菊と刀』の影響ではないかと考えられるが、しつけに関しては母子関係、子供の病気治療に針灸を使うなど、育児に関して詳細に記述している（Beardsley, Hall, Ward 1959：290-297）。青年期の部分も、6・3・3制の学校制度、青年期の青年団、相撲大会、娘組など紹介し、自由恋愛についての意見や、結婚前の男性の性経験や夜這いについて言及している（Beardsley, Hall, Ward 1959：308-317）。ただ、それぞれの項目は、調査ハンドブックに従ったような記述で、この章の最後に2人の主婦の自伝を具体例としているのが、ライフサイクルの記述の特徴である[67]。第14章の宗教に関しては、桑山と中西の再調査に基づく詳細な分析がある。新池で日連系寺院が集落の神祇祭祀をおこなっている事例は、特殊で例外的と思われていたせいか、民俗学や宗教学の領域で研究がないという。そこで桑山と中西は日本の宗教民俗研究にとって新池の民族誌は貴重であると指摘している（桑山・中西2016：103）。

本書は、戦後にアメリカ人研究者が本格的な日本研究の第一歩として出版された民族誌として、アメリカでは高い評価をされているが、ミシガン大学の調査に関わった関係者以外では、日本において引用されない。桑山と中西は、本書が詳細な民族誌でありながら、理論的にはラドクリフ＝ブラウンの構造機能主義の影響がみられるにとどまり、理論的な貢献がすくないことが言及の少ない要因ではないかと指摘している（桑山・中西2016：85-86）。

第4節　その他の調査

前述したように、ミシガン大学は農村のほか、漁村と山村の調査を計画

写真20　高島（2008年2月25日 筆者撮影）

し、それらは人類学の博士候補生の学生に単独をさせていた。漁村を担当したノーベックは、岡山県児島郡塩生高島を調査した。調査期間は、1950年6月から1951年4月で、サンフランシスコ講和条約締結直前に実施された。民族誌の章立ては次の通り。1章　序論、2章　生業、3章　世帯と家庭生活、4章　村落とコミュニティ、5章　宗教、6章　ライフサイクル。構成を見てもわかるように、ノーベックの高島調査の民族誌は、新池の構成を踏襲している。現在の高島は、工場立地のため対岸まで埋め立てられ陸続きになっている。

　ノーベックが序論で謝辞をあげているのは、石田英一郎、桜田勝徳、宮本常一（1907-1981）である。ノーベックは、ビアズリと共に九学会連合会の対馬調査に参加しており[68]、石田と宮本は、その時に知り合ったものと思われる。桜田勝徳は、第3章で述べたように、GHQの民間情報教育局世論社会調査課で調査助手を担当しており、1947年後半に実施された漁業権調査の中心メンバーであった。そのためだと思われるが、本書の冒頭に、GHQの天然資源局の報告した日本の漁業概況の報告書を引用している

（Norbeck 1954：12）。ノーベックは、どのようにして調査地を選定したのか、この本で明らかにしていない。漁業民俗学を専門にしていた桜田のアドバイスをもらった可能性がある[69]。ただ、同書の生業にも書いてあるが、高島は、当時から純粋漁業で生計を立てていたわけではなく、季節によって異なるが、主として農業収入により生計を立てていた。つまり農業を主として、漁業は売れる魚が獲れた時に対岸で売り、自宅では売れない魚を食べていて、副業として漁業に従事していたので、純然とした漁村とは異なる（Norbeck 1954：12, 26）。

　第3章の世帯と家庭生活の構成は、親族呼称、伝統家屋の配置図、服装、健康などで、新池の民族誌と同じ項目の調査をしていることがわかる。新池と異なる形式は、下津井節や盆踊りの歌など、民謡の歌詞を採録しているところが、ノーベックの民族誌の特徴といえる（Norbeck 1954：90）。第4章の集落とコミュニティの部分では、自治会組織の組織と、その役割を細かく記述し、学校制度やPTA、消防団、青年団、婦人会などは、新池と同じ項目を調査している。新池との違いは、漁業協同組合の役割である。特に、戦時中に、統制経済下で組合は重要性を増したのであるが、戦前から戦後にかけての政策的な影響に関して関心を払っている（Norbeck 1954：101-102）。

　ノーベックの研究で重要なのは、第5章の宗教で、漁業関係の民間信仰、年中行事についての記述が優れている。漁業関係の信仰対象として荒神様、えびす、フナダマなどの信仰だけでなく、ノーベックが直接見聞きした、死者の魂と交霊する祈禱師についても、写真を加えて分析している（Norbeck 1954：134-137）。また年中行事についても、通年の儀礼を記述しているが、正月の儀礼が詳細に記録されているのに対して、他の月は記述が少なく、ノーベックの滞在が8か月になったころに正月となり、調査が詳細なところまで及んだのではないかと思われる。第6章のライフサイクルは、新池の民族誌と同じ構成になっており、妊娠、育児、学校制度、青年期、結婚、厄年、成人、葬儀と記述している。ここで、1か所だけエンブリーのヒステリーを引用して、高島にはヒステリーが見つからないとしている（Norbeck 1954：162）。

最終章の第7章は西洋化のインパクトとして、日本の中でも、地方では西洋化の度合いが多様であるとして、エンブリーの須恵村のように僻村では西洋化がほとんど見られないが、高島の場合はある程度見られると、須恵村を比較対照して言及している（Norbeck 1954：196）。ミシガンの他の民族誌には見られない、ノーベックの民族誌の特徴として、西洋化のバロメーターに、高島で使われている外来語を挙げており、同書図表5には外来語一覧を挙げている（Norbeck 1954：198-199、202-206）。宗教に関しては、1947年から1948年にかけてGHQの民間情報教育局世論社会調査課がおこなった農村調査の宗教部分に戦後に宗教的要素が村落の活動から減少しているという記述を引用して、高島では戦前から宗教活動は減少していると、高島の社会変化が戦前から始まっていたことを指摘している。さらに、戦後は、集落全体や協同作業などがほとんどなくなり、漁業でも協同作業がなくなり、その代わりとして賃仕事が増加していると、現金経済の浸透が集落の協同作業をなくした要因だとしている（Norbeck 1954：208）。

　山村はジョン・B・コーネルが岡山県阿哲郡草間村大字草間馬繋を1950年10月から1951年3月まで調査をおこない、1956年にミシガン大学から、後述のスミスの民族誌と共にTwo Japanese Villagesとして1956年に出版された。馬繋は、岡山県北部の高梁川中流にある阿哲台地の村で、多くの鍾乳洞があり、国定天然記念物の羅生門、間欠冷泉がある。コーネルは、調査が終わり民族誌を出した後も、1957年にコーネルは家族を連れて岡山に2年滞在し、その後も馬繋の人との交流は続いた。こうした地元との交流の成果として、コーネルの民族誌は、その後再調査に同行した篠原徹によって日本語に翻訳されている（コーネル 1977）[70]。またこの村は、その後継続調査をした谷口陽子の研究があることは前述した。

　コーネルは、岡山分室に到着後、岡山県南部の高地や山地で調査地を探していた。調査地候補の特徴は、①高地であること、②畑作地帯で、低地の稲作より多様な作物栽培がされていること、③林業に大きく依存、④平野部より住居や耕地がまばら、⑤地理的に外部世界から孤立し、平野部の物質文化に対して保守的。この条件に当てはまる地域が県南部にはなく、通訳の長谷

川久の親戚が居住する県北部の馬繋にした（Cornel 1953：vii）。

　馬繋の構成は次の通り。1章　序論、2章　天然資源と物質文化、3章　世帯の組織、家屋、及び日常生活、4章　集落[71]の社会組織と集落の生活、5章　文化的側面における外部との関係、6章　親族や集落や個人の間における世帯の優位性、7章　要約と結論。

　コーネルが馬繋で調査を始めた時期に、GHQの民間情報教育局世論社会調査課は山林調査を始めていた。この調査は、農地調査、漁業権調査に次いで、山林の所有権に関する調査の一環として企画されたが、調査の過程でサンフランシスコ講和条約が締結され、調査は途中までで中断された。コーネルの調査中に、民間情報教育局世論社会調査課へコンタクトを取った形跡は見られないが、調査が終わり、アメリカに帰った後に、日本の森林事情に関して、当時オハイオ州立大学にいたイシノ・イワオにアドバイスを求めている。当時、イシノは、ベネットが持ち帰った森林関係の調査資料から、日本での調査資料をまとめて、ベネットと共著を用意していた（Bennett, John W. and Ishino Iwao　1963）。

　コーネルが描いた馬繋の暮らしを、谷口陽子は次のように要約している（谷口 2010：98-99）。

　当時の馬繋は、世帯数36戸、人口240人が暮らす山村で、1家族当たり平均成員数は6.8人であり、家業とする農業、林業、牧畜業、および家庭内で必要とされる炊事、洗濯、水汲み、牛を放牧に連れ出す仕事は、各家族のメンバーそれぞれの年代や性別に応じて分担しておこなわれ、家族は重要な生産単位であると同時に、生活共同の単位でもあった。人々は、石灰岩地帯の草間台地でソバ畑やタバコ畑とわずかな水田を作り、牛を使って耕し、木材用のスギやヒノキを栽培していた。

　谷口は、コーネルが馬繋のローカル・タームである「シンルイ」が、英語と異なり血縁関係者に限らず、姻族や非血縁の隣人を含む言葉として用いられることに混乱しながらも、それを英語に翻訳することで、日本社会を論じる重要な視点を得ていると指摘する。具体的には、馬繋の「シンルイ」の役割を、日常の農作業での労働交換や燃料の調達で、家と家との相互扶助に大

写真21　馬繋（2023年8月22日　筆者撮影）

きく依存しており、経済上の相互扶助をおこなう各種の「組」がその役割を果たした。「組」には行政末端組織の「五人組」、脱穀機を共同使用する「脱穀組」、牧草地を共同使用する「組」、正月の餅の準備をおこなう「餅つき組」、当時土葬だった葬式儀礼をおこなう「葬式組」で、組の役割を補足し、相互扶助の役割を果たすのが「シンルイ」であった。36世帯の小さな村であり、婚姻や養子縁組も村の中でおこなわれたが、「シンルイ」は村の空間に境界付けられた関係性で、相互扶助の機能を色濃く持った擬制的親族関係だとまとめている（谷口 2010：101-102）。筆者も、コーネルの民族誌で、もっとも秀逸であるのは、第4章の村落内での世帯ごとの結びつきの分析だと思う。それも近隣に住んでいる人同士の結びつきや協同が具体的に論じられている。コーネルは、通訳を使わず日本語を駆使して調査ができる人類学者だったので、そうした観察眼が、馬繋の民族誌には随所にみられる。村落生活のつながりで、近隣が「上寄り」「下ん所」「西組」という名称で区分され、こどもが遊ぶ集団に見いだされ、政治集団である五人組も社会生活で重要な意味があるとしている（コーネル 1977：144-147）。

　さらに自発的に集まる「組」について、経済上の組に灌漑用池、共有地、

水車、脱穀機、タバコ生産、電力精米機、餅つきでの組の作り方、および儀礼として荒神、葬儀の組を一覧表にした同書図表5は、加入、離脱、再加入が自由にできる組として、近隣との結びつきが表現されており、協同作業として家屋の普請や屋根葺き替えなど、近隣や近所の身内やシンルイなどが助け合うのは、様々な関係性が臨機応変に結びついていると記録している。この漠然とした組が明確に活動しているのが葬式組と荒神組としている（コーネル 1977：147-158）。

　コーネルは、結論に当たる最終章で、近隣の人たちを「身内」と呼ぶ習慣は、日本の他の民族誌では見いだせないとしている。エンブリーが書いたハワイの日系人移住者の研究で、同じ出身地から来た人たちを、血縁縁戚関係がなくても親族同士のように行動するという報告を引用して、馬繋の緊密な近隣関係と近いものがあるとしている（コーネル 1977：185）。さらに馬繋でも、寺の檀家が修理作業であつまらないとか、家を建てるときに村落や常会単位で援助が求められることが少なくなるなど、エンブリーが「村落の一体性の弱体化」としている現象がみられるとしている。しかし近隣の親密な関係の重要性は減少していないとして、シンルイ関係そのものが強化されているのではないか、という見解を示している（コーネル 1977：188）。最後の結論に、個人主義が村落の社会生活に浸透して、西洋化に伴う経済変化が世帯に対する個人の義務感に変化を及ぼすに違いないと予測しているが、親族関係や村落内の関係、個人間の関係を理解するかぎは世帯であると結んでいる（コーネル 1977：190）。

　農村はロバート・J・スミスが、1951年9月から1952年8月まで香川県安原村来栖（現香川県香川郡塩江町大字安原下来栖地区）で調査をした。彼は、地理学者のフォレスト・ピッツの勧めで調査地を来栖にしたと言う（Smith 2001：59）[72]。ピッツは、1951年に来日し、岡山フィールドステーションに在籍しながら、四国の山地で農業の調査を始めていた。ピッツの調査地は、新池が属していた行政区の加茂村、および現在の高松市の川岡村、現丸亀市の群家村と、複数の村を調査していた（石田 1985a：50）。ピッツがノーベックやコーネルのように1つの集落を集中して調査しなかったのは、彼が

地理学を専攻していたことも関係している。ピッツの博士論文は「日本の周辺地域における土地肥沃度の比較と瀬戸内海の潜在的資源」で（ホール1985：194）、ひとつの村を集中的に調査するのではなく、広く瀬戸内海全体を見る必要があったので、岡山だけでなく他の地域を調査していた。彼は韓国語も堪能で、日本国内の農業機械化に関する研究の基礎に立って、韓国政府に小型トラクター導入の有用性を説いた。韓国政府は3万ドルを計上して、日本に関係者を派遣し、新池の機械化の実情を視察するなどして「韓国の農業機械化の父」とも呼ばれるようになった（石田1985b：205、谷口2014：43）。

　スミスの調査地が岡山ではなく香川県だったのは、ミシガン大学の調査が岡山県だけに限定されるのではなく、瀬戸内海を研究対象としていたことが理由とも考えられる。民族誌の構成は、次の通りで、他の二つの民族誌の構成と同じである。序論、1章　塩江町、2章　来栖の人口と家族、3章衰退する農業、4章　生計の途、5章　変貌するむらの生活、　6章　世代、7章　地域社会としての集落、8章　集落の連帯性の後退。全体の構成と西洋化による社会変化は、他の二つの民族誌と同じなので、本書では割愛することにする。

第5節　岡山調査の学術的成果とその後の影響

　ミシガン大学は、連合軍占領下の日本で、非軍人の調査団としては唯一の入国許可を得て、調査拠点を岡山に定めて調査を開始したことは前述した。岡山の調査ステーションは、サンフランシスコ講和条約の締結をはさんで、調査活動を続けた。そこで、ミシガン大学と連合国司令部との関係は、いかなるものであったのか。ホールは、ミシガン大学のプロジェクトが、占領下で開始され、マッカーサーはアメリカ人による日本研究を継続する必要性を理解しているけれども、岡山フィールドステーションは、カメラや食料など、必要なものはアメリカから日本へ運送しており、占領軍政府とは100%独立して運営していることを強調している（Hall 1951：169-170）。

またCJSの調査プロジェクトは、農村、漁村、山村と企画され、それを実施した。これはGHQの戦後改革（農地改革、漁業改革、山林改革）のパラダイムと類似しているが、GHQの民間情報教育局の調査自体、当時のアメリカの社会科学の枠組みでおこなわれており、ミシガン大学の研究者が、民間情報教育局のスタッフと、岡山滞在当時に直接情報交換していたようには思えない。前述したように、ノーベックの調査協力者に桜田勝徳があがっているが、これは1951年8月に対馬で実施された九学会連合の総合調査に、ビアズリとノーベックが参加しており、この時、石田英一郎や宮本常一とともに櫻田を紹介されたのだと思われる。民間情報教育局が天然資源局の依頼で実施された漁業調査の報告書は、櫻田からノーベックに情報提供されたのだと思われるが、ノーベックが公式報告書のみを引用しており、調査の過程で出されたような情報をえていないので、ミシガン大学の研究者が、民間情報教育局のスタッフと占領期には接触がなかったとみていいだろう。またコーネルも、イシノ・イワオから日本の山村についての状況を教示されているが、その時のイシノの身分をオハイオ州立大学としているので、イシノが民間情報教育局の仕事を終えてアメリカに帰国した後の接触であることがわかる。

　ただ、ロバート・ホールに関しては、GHQと深い関係があったことがうかがえる。ロバート・ホールは、連合国占領下で地理調査関連事業をおこなっていた地理調査所は、総司令部から「日本本土の最大縮尺マッピングのための説明事項調査」を指令されていた。その技監は実質、ロバート・ホールの弟子である渡辺光で、職員として岡山分室とも関係あった小笠原義勝を雇用していた。渡辺は、1929年10月から1931年3月までミシガン大学に留学し、ホールの指導で地誌学を研究し、ホールとの共著論文を発表していた。地誌調査所の調査は、総司令部とミシガン大学のCJSが負っていた。これは5万分1地形図、2万5千分1地図に、全国共通基準で色々な事項の分布地図を作る計画で、2年で完成させた。調査費用は連合国司令部で負担し、地理調査所が実質調査を遂行し、ホールが123大隊長フリー少佐、その支配下の極東軍司令部、連合国司令部の工兵監部の要人に面会して実現したので、この土地利用図作成を、通称「ホール・プラン」と呼ばれていた（谷

口 2014：51）。ロバート・ホールのこうした役割は、戦時中に中国 OSS 総局長を務めていたつながりが考えられる。しかし、この点に関しては、彼が戦時中に中国 OSS 総局長を務めていた時期の具体的な活動について、極めて限られた情報しかなく、また本人もこの点は語ることがなかったので、中国 OSS でのロバート・ホールの活動を解明しないと分からない。

　岡山の調査プロジェクトの企画立案と、実際に調査地に入った研究者との間には、連合国司令部との関係や協力関係などで、岡山滞在期間中は、特別な交流がなかったとみていいだろう。そして、岡山の民族誌を見る限り、占領下から講和条約締結後などの政治状況の変遷からの影響はなかったと考える。谷口が指摘しているように、ジョン・コーネルが馬繋で調査をしたときに参考とした先行研究は、エンブリーの『須恵村』と SCAP の天然資源局報告書、Japan in Transition であった（谷口 2013：228）。後者は、第 3 章で言及したが、この著書は農地改革による社会変化を調べた報告書である。その内容は調査地の写真が中心で、記述の部分は限られており、農村の具体的な様子は、調査過程で日本人スタッフが提出した個別報告に書かれている。本書の第 3 章で論じたように、天然資源局に出された最終報告よりも、この調査の過程でされた報告こそが重要である。コーネルは、世論調査所が実施した調査過程で書かれた具体的な報告書を見ておらず、そのことからもミシガン大学の調査グループは、連合軍最高司令部の世論調査所とコンタクトを取っていなかったことがうかがえる。

　ミシガン大学の岡山プロジェクトで、人類学の理論的な面から言えば、エンブリーの『須恵村』を手本とした、ラドクリフ＝ブラウンの唱える構造＝機能主義的な調査手法による民族誌作成が、最大の成果だと言える。そして、戦後出版されたベネディクトの『菊と刀』は、ベストセラーとなっただけでなく、影響力の強い本として、ミシガンの研究者たちが克服すべき課題として、理論的に乗り越えることが課題であった。ベネディクトの『菊と刀』は、日本を軍国主義に導いた文化概念を、「恩」、「義務」、「義理」に焦点を当てていた。これはアメリカ人にとって、「奇異」に映る日本独特のものとして扱われ、ベネディクトは日本人の価値基準は西洋とは異なる「特殊な」文化

の型に位置付けた。エンブリーは、応用人類学が「国民性構造」への没頭によって、日本に対し、かつての人種主義を彷彿させるとして辛辣な批判をおこなった。そしてベネディクト達の研究は、日本からの攻撃で客観性を失い、彼らを異常な人々、あるいは未熟な文化を持つ人々と見なし、「人種的劣等性」を付与した、敵国研究によって「戦時の社会需要にうまく適合した形での自文化中心主義」と批判した（Embree 1945b：635−637, 1950：430）。

　ビアズリは、エンブリーの『須恵村』を手本とした構造＝機能主義的人類学を目的としたが、同時に、エンブリーのベネディクト批判にも影響を受けており、「国民性構造」のエスノセントリズムを克服するために、構造＝機能主義的研究が具体的な方法であると自覚していた。そして、日本社会の基層を理解して、ベネディクトの誤謬を乗り越えるために、単なる批判ではなく、具体的にベネディクトの日本文化へのアプローチの問題点を指摘している。それはビアズリが岡山の新池、および対馬の豆酘の調査経験から、日本の家族（household）や同族団（consanguine family）、階級（class）を基本的な社会関係であるにもかかわらず、ベネディクトはこれを軽視していると批判している。さらにベネディクトが日本の固有文化として描いた「義務」と「義理」は、アメリカでも他の社会でも存在し、例えばアメリカでは個人よりも社会単位に重点を置く保守的な上流階級や伝統志向が強い地域では、日本の「義理」と類似した規範が守られていると指摘する（Beardsley 1951：67−70）。谷口は、こうしたビアズリの観点を、エスノセントリズムを克服した日本社会研究には、エンブリーが基礎にした社会人類学的な村落調査と社会構造論が有効だったと指摘している（谷口 2011：506、谷口 2013：232）。ベネディクトの『菊と刀』は、現在でも繰り返し議論されている著作であるが、ビアズリを中心とするミシガン大学の日本研究に関して、ベネディクトの国民性研究の問題点を批判したエンブリーの研究、それを引き継いだビアズリの研究に関して言及したものは、谷口陽子しかいない。それは、『菊と刀』をテキスト分析し、解釈によって分析しようとする姿勢の限界であり、ベネディクト研究を歴史文脈に置いたうえで議論していなかったからである。

ロバート・ホールは、ミシガン大学の岡山プロジェクトを終えると、1954年から1960年までミシガン大学を休職して、アジア財団駐日代表に就任していた。アジア財団は、アジア21か国に事務所を構え、開発・ガバナンス支援などをおこなう公共慈善団体が表看板である。しかしその内実は、アメリカ中央情報局（CIA）が民間団体に反共支援活動であるProject DTPILLAR（1951年2月7日開始）の中核をなす支援団体だった（市原2015：299）。本書の第2章で明らかにしたように、彼は、戦時中CIAの前身であるOSSで中国総局長を務めており、彼のアジア財団駐日代表は、OSSがらみの人事だったと考えられる。彼が代表に就任した翌年の1955年から、アジアの農業・農村の機械化の実験場として、ミシガン大学の調査地である新池を調査地に選び、岡田謙を委員長とする新池調査委員会が組織された[73]。この委員会は東京と岡山に設けられ、社会学、農業経済学、歴史学、地理学の班から構成され、1956年夏から3年間継続され、4年目は他の集落と比較調査をした。このメンバーには、ミシガン大学日本研究センター岡山支所に所属して、アメリカの研究者と共同して調査に参加した者も多く、序文には、Village Japanと相補関係にあるとしている（岡田編1960：1－2）。

　このプロジェクトで、新池集落に対して、アジア財団が農業機械化のための融資を提案し、1956年夏から機械施設導入が始まった。その際、上層農家と中・下層農家の間に緊張関係が生まれたと記している。それは、機械化に強い熱意を示したのが中・下層農家で、兼業によって生じた人で不足を機械によって補い、生産を高めたいという意欲が強かったからであり、上層農家は、中・下層農家が資金の返済能力を考えずに機械を導入することへの不快感と、万一返済できない場合の連帯責任を恐れていたからであったという（岡田編1960：47）。この調査が始まった時点では、耕運機の導入によって、労働力と時間が大幅に節約され、副業に割く時間が増えて収入が増加し、また水道施設も改善されて炊事場・風呂場が改良された。これにともない、生活も大きく変わり、男女の労働分担も女性の比率が高まり、また家族内の作業分担も変化している（岡田編1960：448−49）。

　またミシガン大学の岡山調査が終了する時期に、名古屋大学医学部精神医

学の松村常雄が中心となり、ロックフェラー財団、ミシガン大学日本研究センター、日本文部省の研究助成により文化とパーソナリティの研究のフィールドに選ばれ、新池調査をしたデヴォス（George A. DeVos、1922-2010）や、ビアズリと共に新池に近い原古才で調査をおこなった古屋野正伍なども参加した（石田1985b：199-200）。ミシガン大学のビアズリも、岡山調査プロジェクト終了後、継続して新池を訪問し、継続調査をしていたが、Village Japanの追跡調査はビアズリの急死により未完に終わった。その後の新池調査に関しては、石田寛のまとめがある（石田1985b）。

第6節　課題としての岡山選定背景

　では最後に、ミシガン大学は、どうして岡山を選定したのか、という問題に立ち返りたい。岡山が選定された理由に、日本の他地域に比べて西洋化されておらず、伝統文化が残っていたからとか、特徴がないように見えるような地域で、学術調査がされていないという条件を満たしたからと説明していた。こうした公的な言説だけで、岡山を選んだ理由は納得できるのだろうか。この問題を探求した谷口陽子も、最終的に決定的な理由はみつからないとしている。この問いは、2024年8月に筆者と谷口が馬繋で調査をしたときにも、地元の人から「どうしてミシガン大学は岡山を調査したのか」と問いかけられ、「なぜミシガンは岡山を選んだのか」という疑問は、誰もが不思議に思っていた。

　岡山をフィールドに選んだのは、ロバート・ホールであり、連合軍統治下の日本で、唯一の非軍人の調査団が許可されたのも、ホールの政治的手腕が大きかったことは、異論がない。そこで、決定的な資料はないのであるが、状況証拠として、広島の隣接地として岡山を選んだ可能性を指摘したい。これは、終戦直後のミシガン大学で原子力平和利用のフェニックス・プロジェクトが動いており、ミシガン大学は次章で述べるABCCとの関係が深かったことから、被爆者と対比するための非被爆者のバックグランドとして岡山が選定されたのではないかという仮説を提示する。この推測を建てたのは、

蜂谷道彦『ヒロシマ日記』の英訳にミシガン大学の岡山ステーションにいた
研究者たち全員が協力していたことに気が付いたからである。また、戦後、
ミシガン大学で始まった、原子力の平和利用に関するPhoenix Projectとの
関わりも考えられる。

　まず、蜂谷道彦（1903-1980）の説明からしていく。蜂谷は、内科医と
して広島通信病院に勤務していた時に、自らも被爆したが、院長として被爆
者の治療と原爆症の研究をおこなった。被爆前から書かれていた日記は、原
爆投下後の被爆者の症状を内科医の専門から記録しており、高熱によるやけ
ど以外に、外傷がなくても高熱や下痢、内出血で死亡していく被爆者に対し、
薬なども限られる中で対症療法の治療しか施すことができず、試行錯誤しな
がら症状を観察し、記録した業務日記は、高レベル放射線障害の臨床事例と
して、内外から注目された。蜂谷は、その後も被爆者の治療を続け、爆心地
の距離、被爆位置、遮蔽物の有無などから、白血球数に相関関係があること
に気が付き、それを地図にして公表した。占領下の日本で、原爆関係の出版
物は検閲で禁止されていたので、サンフランシスコ講和条約締結後に『ヒロ
シマ日記』は出版されたのだが、日本語の出版と同時に英語版も公表された。
その時の序文の謝辞にあげられているのが、ロバート・ホール、ロバート・
ウォード、ジョン・ホール、リチャード・ビアズリ、ミーシャ・ティティエ
フ、ジョセフ・ヤマギワ、ドゥガル・エアのミシガン大学日本研究センター
の研究者たちである（Hachiya 1955：xxi）[74]。この翻訳の時期は、まさに岡
山調査の時期と重なる。

　ロバート・ホールをはじめ、ミシガン大学の岡山ステーションに来ていた
研究者全員が、『ヒロシマ日記』の英訳に関わっていたことは、何を意味す
るのであろうか。これを理解するためには、次にミシガン大学の中で始めら
れていた、フェニックス・プロジェクト（Phoenix Project）が、この英訳の
作業に関わったことと関係があるのではないかと考えた。フェニックス・プ
ロジェクトは、先行研究として森口（土屋）由香によって、アメリカの対
外原子力技術援助の事例として紹介した論文がある（森口 2022）。本書では、
フェニックス・プロジェクトについて、別の角度から原子力平和利用につい

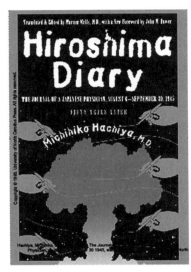

写真22 『ヒロシマ日記』の英語版

てのプロジェクト[75]と CJS の関係を見てみたい。

　1947年10月21日の Book of the Month Club での手紙では、ランチタイムミーティングで、第二次世界大戦で戦死した大学生の追悼のための議論がおこなわれ、原子力の平和利用について話し合われたことを記録している。そこで平和時における原子力エネルギーに関連する調査をおこない、原子力エネルギーによる結核治療や、希少タイプのがん治療などにアイソトープ治療の有用性を例に挙げて、医療部門での活用を期待していた。そのための施設、スタッフ、終身雇用の研究者などを想定した具体的な提言をまとめていた。大学同窓会は、100万ドルの寄付を同窓会が集め、大学に原子力エネルギーにする研究機関を立ち上げる動きとなった。そしてミシガン大学戦争追悼活動（A War Memorial for the University of Michigan）は、オペレーション・フェニックス（Operation Phoenix）と名付けられて、具体的な活動になって行く。

　ミシガン大学での原子力の平和利用が、戦後から大きな関心となった。そこで軍事技術の民間転用を模索するため、科学、医療、生物社会の各部門の研究者に広く協力を呼び掛けることがオペレーション・フェニックスの目的

写真23　フェニックス・プロジェクトの原子力エネルギー研究所（2017年11月29日 筆者撮影）

だとしている。

　作成日時が記されていないが、1950年前後にゼネラル・エレクトリックへ寄付を求めた提案書（A Proposal to the General Electric Company）には、ミシガン大学とマンハッタン計画との関係が生々しく書かれている。原子力研究のパイオニアとしてのミシガン大学（Michigan, A Pioneer in Atomic Research）では、ミシガン大学に原子力研究センターが設立されてすでに25年以上が経ってると述べてあり、1930年代には、ミシガン大学で原子力の研究が始まっていたことを示している。そして戦時中は、200以上の秘密契約を締結して、ミシガン大学はマンハッタン計画の原爆プロジェクトに重要な役割を果たしたと誇示している。特にマンハッタン計画では、機械技術部門で重要な貢献をしたと強調している。また、戦後の原爆実験に関しても、ビキニの原爆実験で、技術監督をしたラルフ・A.スワイヤーは、Horace Rackham Schoolの大学院長を務めていることを強調し、人的ネットワークも、原爆開発部門と強い結びつきに言及している。そして、社会科学と原子力の時代（Social Sciences and the Atomic Age）、原子力の利用が、医療や生

第4章　戦後の日本研究：ミシガン大学日本研究センターを中心に　119

物だけに限らず、ミシガンのフェニックス・プロジェクトは、社会科学的研究の重要性を認識し、社会科学の分野の研究者にも、広く原子力の平和利用について関心を喚起している。最後に、総経費として650万ドルが必要で、建物の建築に200万ドル、450万ドルが研究調査費と行政プログラムに必要で10年から15年を見越している。同窓会が主導して募金を集めるけれども、ゼネラル・エレクトリックには3年間に10万ドル、合計30万ドルの寄付を要請している。

　ミシガン大学は、全米で最初に放射線遺伝の研究室を創設しており、第5章で述べるABCCにも、医学部から原爆の影響調査で医師が派遣されていた。ミシガン大学の中で、原子力の平和利用への関心が高まっていたころに、ロバート・ホールはミシガン大学に日本研究センターを創設したのであり、原爆を受けた広島に調査地点を定めれば、学内のフェニックス・プロジェクトの支援対象になると思ったのではないだろうか。フェニックス・プロジェクトは、医学、生物化学など、放射線医学と直接関係する分野が助成の対象であったが、考古学も炭素14年代測定法[76]の測定器を導入するために、助成の対象になっており、日本の研究ということで、原爆の影響を意識したと推察する。

　また、谷口陽子は、ミシガン大学の研究者たちが、日本の「衛生環境」に強い関心を寄せていたとして、このテーマで論文をまとめている。ミシガン大学の新池調査では、Village Japanの第4章が形質と気質として、新池住民の身長、頭長幅、立ち姿、髪の毛、皮膚の色、歯の健康状態や衛生環境が記述されている。その基礎データは、新池全住民128人中118人を対象にして、眼科、皮膚科、血液検査、寄生虫検査などを調査した。ミシガン大学のグループには、医学を専攻する研究者がいなかったので、ビアズリたちは、医学・衛生学的調査を、瀬戸内海研究会の医学、人類学を担当していた岡山大学医学部の遠藤中節（1889-1969）に依頼した。彼は、住民118人に対する子供時代からの百日咳、扁桃炎、しょう紅熱、おたふくかぜ、チフス、脚気、マラリア、結核について既往歴を作成した。谷口は、検査を受けていない10人を、人口分布グラフから0歳から5歳までの乳幼児だと推測した。ウォー

ドがロバート・ホールに宛てた手紙から、6歳以上の全住民118名が被験者となり、1951年9月に、1日30人を岡山大学医学部付属病院へバスで送り迎えをして、遠藤医師と他の6人の医師、そして数名の技師が大便や血液サンプルの提供を受け、目や皮膚の専門家による一般検診やX線検査がおこなわれて完全な既往歴を作成した。検査中に、恐怖を覚えた子供が泣き始めたり気絶するような事態が生じたという記録があり、谷口は、この調査が半強制的におこなわれた可能性があると推測している（谷口2021：146-147）。

　ミシガン大学と広島の関係は、よく効く虫下しの薬を、ロバート・ホールの友人だった広島のアメリカ原子力委員会の医師から調達していることが、谷口の論文には書かれている（谷口2021：142）。この友人が誰であったのかは、明らかにされていないが、ミシガン大学の医学部の教員であった可能性もある。ロバート・ホールの政治力は、ミシガン大学に日本研究センターを創設し、かつ岡山フィールドステーションを、占領期に実現させたことにも表れている。それであれば、学内のフェニックス・プロジェクトの動きも、当然承知していたはずであり、『ヒロシマ日記』の英訳に、岡山フィールドステーションに来ていたミシガン大学の研究者を総動員したのも、高レベル放射線障害の臨床記録として貴重な記録だということを理解していたからである。

　そして、次の5章でも明らかにするが、ABCCの被爆者調査には、被爆者とともに、被爆していない人たちの調査も必要だった。つまり、被爆の影響を受けていることを証明するには、被爆していないバックグランドの調査が不可欠だった。ABCCの被爆者調査でバックグランドは、広島県呉市の住民から選ばれて疫学上の調査をしたのであったが、ミシガン大学の岡山というフィールドの選択は、ロバート・ホールの個人的なコネクションが岡山にあったと同時に、生活状態や衛生環境を、自然環境や経済状況が類似している岡山を調査地に選んだのではないだろうか。しかし、ロバート・ホールの岡山を選択した企画立案は、そうした意図を公表しておらず[77]、後付けで伝統文化が残っていたからとか、学術調査がされていないなどの理由が挙げられたと考えれば、ビアズリ、ホール、ウォードのような優秀なフィールド・

ワーカーが、公的な理由付けに合わせた論述をしたので、原爆の影響との関係は表に出なくなったとみている。『ヒロシマ日記』の英訳、そして『ヒロシマ日記』の内容分析が、高レベル放射線障害に、どのような生かされたかは、放射線医学の専門家に聞いてみなければわからない。上述の完全な既往歴調査は、受診した住民へのフィードバックなど、特になかった。新池の調査データの分析は、民間情報教育局の援助で設立された国立世論調査所（1949-1954）へ送られ、その調査結果を現地に知らせることはなかった。そうした意味で、当時の調査の一方的なやり方は、現在と大きく異なっていた。

　岡山のフィールドステーションが創設当時に設置されていた場所の借用契約が1952年に切れるため、1952年9月の段階で東京に連絡事務所が作られた。その後、フィールドステーションの移転先が岡山市津倉の米軍情報部宿舎跡に決まり、1955年に閉鎖されるまで、研究拠点兼宿舎として使われていた。岡山の調査が終了した後も、新池で使われた質問票による世帯調査を、日本全体に広げて比較検討する構想があった。そこでCJSでは、カーネギー財団に代わってロックフェラー財団の研究助成を申請したが、世界情勢の変化で日本の研究助成には関心が示されず、この計画は実施されなかった（谷口2013：243）。本章で、ミシガン大学の戦後の調査についてまとめたが、アメリカの民族誌調査は、戦時中の対日戦略のために日本社会を理解するために利用された人類学の知識の延長線上にあり、戦前と戦後のアメリカの日本研究を見るうえで、連続性が顕著な事例と言える。個々の民族誌だけでは分からない研究の系譜を、歴史の文脈をたどりながら再構成したいというのが、本章の目的であった。

第5章

ABCCの被爆者調査：

スコット・マツモト

第1節　ABCCの人類学者

　原爆傷害調査委員会（Atomic Bomb Casualty Commission、通称ABCC）は、広島・長崎の被爆者に与えた放射線の影響を、長期的に米国学士院－学術会議（National Academy of Sciencesda－National Research Council：NAS－NRC）がおこなうべきだとして設置された調査機関である。ABCCは、被爆者にとって、「検査はするけれど治療はしない」とか「被爆者をモルモット扱いにしている」など評判が悪い。阿川弘之の小説に『魔の遺産』という作品がある（阿川1954）。これは、主人公が「原爆8年後の広島」という文学的な報告を書く約束で広島に来たという設定で、ABCCでの取材、被爆者の話を題材にして、当時の時代の雰囲気を表した興味深い作品である。この作品によると、被爆者の間では、初めのころは被爆者にABCCへの期待があって、進んで検診をうけていた。しかし原爆を受けていない思春期の女子の第二次性徴を検査するため、アメリカの絶対命令という理由から教師も生徒も目をつぶって、呉で裸にした女学生を身体測定させたことが問題になった。さらに、検診ばかりで治療をしないことへの批判が高まり、診察を承諾する患者が減ったことなど、当時の評判を具体的に記している。

　筆者が個人的にこの作品で興味を持ったのは、主人公が被爆者を訪ねて原爆スラムへ行ったとき、臭いに閉口した箇所である。筆者は1970年代半ばに広島市内の高校に在学していたが、当時はまだ広島城の西側に原爆スラムが広がっていた。ここを通って市内に出るとき、なんとも言えない嫌な臭いがしたことを覚えている。その臭いは、地下を掘り返す工事をしていると、かならず臭ってきた。原爆投下から30年経っていながら、地中には原爆の臭いが充満していたのだが、この小説の舞台となる原爆投下8年後では、その臭いが恒常的にしていたことに、被爆地としてのリアリティを感じた。

　さて、ABCCは、1975年4月から、放射線影響研究所として改組され、日米の共同研究機関として、現在でも継続している。その歴史をみると、放射線の影響に関する科学的研究成果を掲げ、被爆者からの批判的な視点は見

られない。確かに福島第一原発事故による被曝許容量の策定や安全基準など
は、ABCC の被爆者調査がなければ、その基準値も提示できなかった。公
的資料に基づくプラスの側面の評価と、被爆者からのマイナス評価の狭間
にたたされたのが、被爆者との接触をする ABCC の被爆者接触（Patient
Contacting）の部門である。

　ABCC に関する研究は、科学史、現代史の分野で多く進められている。
筆者の専門は文化人類学であり、従来の研究史とは異なるアプローチといえ
る点は、オーラル・ヒストリーを主とするフィールドワークである。これま
で人類学史を描くために、日本、アメリカで関係者へのヒヤリングと公文書
の調査により研究を進めてきた。特に、本章で焦点を当てるマツモト・ヨシ
ハル・スコットは、戦時中の日系人収容所、戦後の GHQ の調査部門の研
究で、関係者のオーラル・ヒストリーから注目した人物である。ABCC 研
究として、これまで蓄積されてきた既存の研究と差異化を図るためには、関
係者のオーラル・ヒストリーが不可欠である。この点が、ABCC 研究では
最も困難な仕事であったが、限られた範囲で聞き取りが実現できた[78]。本章
は、ABCC の創設期に GHQ から派遣され、その後被爆者接触の部長を長
く務めたマツモトに焦点を当てて、彼の果たした役割から、ABCC の調査
について分析したい。

第2節　ABCC の被爆者調査

　ABCC の調査は、1948年に遺伝学的調査が開始された。この調査で、す
べての申請時の出生時障碍、その他身体状態、性、出生時体重、新生児期の
死亡が調査され、最終的に8万人以上の新生児について調査がおこなわれた。
1954年に終了したが、初期の遺伝学的調査が被爆者の子供の最初の疫学的
死亡率調査集団の基盤となった。しかし、被爆者および体内被爆者の調査は
一貫性がなく、各研究者が調査集団を設定して行っていた[79]。

　放射線の人体に与える影響については、すでに原爆を開発するマンハッタ
ン計画の時点で認識されており、海軍からも放射性物質を使った武器の開発

などが計画されていた[80]。原爆投下直後からの東京帝国大学医学部の都築正男のグループによる調査と占領軍による初期調査は、笹本征男の『米軍占領下の原爆調査』に詳細に論じられている。

ABCCに長く勤務されたA氏へのヒヤリングによると、ABCCでの仕事として、最初に非常に大きな転換期となったのは、1955年のフランシス委員会勧告による固定集団の設定を必要とする基盤研究の開始であった。2番目は1960年代にアメリカオークリッジ研究所で、ABCC調査のために策定された包括的線量推定方式であるT65Dが、1981年に見直しが始まり、新しい線量推定方式DS86を導入することだったという。後者については、コンピュータの発達に伴う放射線量の推定値の見直しで、「ICHIBAN」プロジェクトとして詳細な報告書がある（小林1984）。この時は、東京と広島しかない最新式のIBM大型コンピュータを使い、大量のキーパンチャーを雇用して、それまで収集したデータを再検討したことが大変な作業だったという。ここでは、最初のフランシス委員会勧告が、ABCCの調査活動の調査方針となったことについて、本章で焦点を当てるマツモト・ヨシハル・スコットの仕事と関係が深いので、この点について解説したい。

1955年になり、ABCCの調査の性質と組織の将来性に懸念が生じ、フランシス委員会が設立された。フランシス委員会（1955年）とクロウ委員会（1975年）の勧告は、ABCC調査プログラムに大きな影響を与えた。これらは、米国学士院主導でおこなわれた[81]。

この初期調査についてA氏のコメントによると、初期の調査は被爆者であるというだけで、サンプルを無計画に採取したもので、爆心地からの距離、被爆の状態、遮蔽物の有無などが判別されず、無作為に集められたデータだから科学的分析のサンプルにならない、と米国学士院から厳しく批判された。そこで米国学士院の中でフランシス委員会が結成され、フランシス委員会勧告が、その後のABCCの調査方針となった。

フランシス委員会は、アメリカ国内での準備会議に引き継ぎ、1955年10月20日から11月9日まで広島と長崎で会議を開き、調査活動を検討し、同年11月に報告書が完成した。それによると、固定集団の設置を必要とする

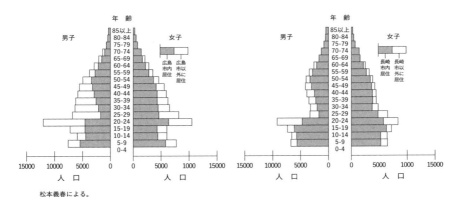

図表5 1950年における年齢・性及び住所別の広島原爆生存者

図表6 1950年における年齢・性及び住所別の長崎原爆生存者

出典：槇 1959：15

3つの基盤研究計画を中心とした統合研究計画であり、固定集団は、死亡追跡のための寿命調査（Life Span Study：LLS）集団、臨床調査のための成人健康調査（Adult Health Study：AHS）集団、病理学的調査（Pathology Studies）集団の3つだった。

フランシス委員会の勧告を受けて、ABCCは固定集団に含まれる各被爆者について、包括的な名簿を作成した。その基礎には、1950年10月の国勢調査で得られた日本全国に居住する原爆生存者データが用いられた。

図表5の下に「松本義春による」とあるのは、本章が注目しているマツモトである。この図表の説明には、「昭和25年10月1日におこなわれた国勢調査の時に被爆生存者の調査を合わせておこなうことを総理府統計局に依頼し、その資料を得ることができた」とある（槇 1959：15）。A氏のコメントによると、総理府統計局は、1950年の国勢調査の付帯調査事項に、被爆者の項目を入れることをかなり抵抗したが、日本はまだGHQの統治下にあったので、拒否できなかったという。しかし、この調査によって、はじめて1950年時点で日本に生存する被爆者の全容が明瞭になった。

この調査により、広島約15.9万人、長崎約12.5万人、合計28.4万人の被爆

者の生存が確認され、調査時に広島か長崎に居住していたことを条件に選ばれた広島9.8万人、長崎9.7万人の被爆者が基本標本となった。

　まず寿命調査（LSS）集団は、a）本籍が広島か長崎で、近距離（爆心地から2,000m以内）で被爆した基本標本に含まれる人すべて、b）本籍が広島か長崎にあり2,000-2,499mで被爆した基本標本に含まれる人すべて、c）近距離被爆群a）と都心、年齢、性別を合わせて基本標本から選ばれたほぼ同数の、爆心地から2,500-10,000mの距離で被爆した人、d）近距離被爆群a）と被爆時年齢および性が一致するように選ばれたほぼ同数の被爆時市内不在者、から構成された[82]。

　特にd）の被爆者ではない人の調査について笹本征男は、1946年末にABCC調査団が広島を訪問したとき、調査団が呉共済病院を訪問して、広島市のコントロールシティ（比較対象都市）として呉市の妥当性を議論したと指摘している（笹本1995：112）。放射線医学では、かならずバックグラウンドを測定することが、放射線の影響を考えるうえで必須であるので、被爆していない人を、被爆者と比較対照するために、呉を選んだのである[83]。冒頭の『魔の遺産』で、どうして呉の女学生がABCCの調査対象になったのかというのは、非被爆者と比較するためだった。

　次に成人健康調査（AHS）集団は、AHSの中心集団に、1950年当時生存していたLSS集団のうち、爆心地から2,000m以内で被爆し、急性放射線症状を示した4,993人全員を含んだ。このほか、都市、年齢、性を一致させてLSS集団から選ばれた次の3つの集団が含まれる。Ⅰ）爆心地から2,000m以内で被爆し、急性症状を示さなかった被爆者、Ⅱ）遠距離被爆者（広島では爆心地から3,000-3,499m、長崎では3,000-3,999mの距離で被爆した者）、Ⅲ）原爆投下時に両市にいなかった者である[84]。A氏の記憶では、約2万人が対象だったというが、資料では22,397人とあり、その数値はほぼ一致している。彼らに対して、2年に1度の診察がおこなわれ、成人健康診断と、遺伝病理であった。ABCCの調査が、診察はするけれど、治療はしないと非難され、対象者を受診させるには、被爆者接触部門では苦労したというが、その部門では対象となる被験者に担当者をつけており、時には生活保護など

の申請書作成を手助けしたり、検査結果で悪い数値が出た場合、精密検査を促したりして、担当者は被験者と日常的に接触して人間関係を作り、受診に結び付けていた[85]。ABCC調査の対応も、占領期は「拒否すると逮捕する」という高圧的なものだったが、講和条約締結以降は徐々に紳士的になり、最終的に通常の健康診断になって継続できたのである。

　最後に病理学的調査集団は、フランシス委員会提案の主要プログラムの一つで、この副次集団は、家族が広島・長崎に居住しており、剖検つまり病理解剖の許可を得るため、連絡可能な、当初の寿命調査集団7万人である。この調査の当初の目的は、死因を特定し、死亡以外の放射線関連の変化を究明するため、LSS集団全員について、可能な限り多くの剖検を実施するとした。1960年代は日本の他の地域よりも比較的高かったが、それ以降は大幅に減少した、と記している[86]。この剖検が、被爆者にも深い怒りを引き起こした検査である。この検査は、フランシス委員会が勧告を出す以前、すなわちABCCが広島、長崎に設立した直後からおこなわれていた。例えば、1949年に19歳の息子を亡くした森山マスヨは、ABCCが息子の解剖をさせてほしいという要望を拒否したが、世話になった日赤の先生からも頼まれ、仕方なく応じた。しかし、剖検の結果は知らされず、さらに息子が亡くなって1週間後、彼女にも検査の依頼が届き、激怒したことを手記に書いている（森山1966：22-23）。

　体内被爆者集団は、フランシス委員会ではなく、1960年ころに固定集団が設定されたが、1946年5月末までに広島、長崎の市内や近郊で出生した約1万人の記録に基づいている。体内被爆者臨床集団は、爆心地から1,500m以内で体内被爆したすべての日本人集団と、その集団と同等の大きさの、都市、性、出生年月日を一致させた2つの比較集団を含むよう設定された。また遺伝的影響の調査は、ABCC調査の初期化段階から重要とみなされ、放射線被ばくによる先天性異常、性比、その他遺伝的影響を調査するため、広島と長崎のすべての出生に関するデータを入手し、1950年代半ばまで、それ以上の所見は出ないと思われていた。しかし、フランシス委員会は、被爆者の子供の追跡調査の継続を認め、固定集団の設定を勧告した[87]。爆心地近くの体内

第5章　ABCCの被爆者調査：スコット・マツモト　129

被爆の出生データを、ほぼすべて入手したというのは、ABCCが産婆協会と密接な連絡を取っていたことで可能になったのである（船木・城丸2018）[88]。

第3節　マツモトの経歴

　マツモトは、ABCCの前は、GHQの民間情報教育局の世論調査所にいて、1949年9月15日からABCCに移籍している。彼は、戦時中はアレキサンダー・レイトンが組織したアリゾナのポストン収容所で、収容された日系人の社会調査グループに、イシノとともに参加して、日本人の生活習慣の基礎調査をしていた。その方法論は人類学的で、日本人の価値観と行動パターンを文化的な面で分析しようとしたものだった。その成果は、レイトンの名前で、『人間の統治』として出版されたが、日本文化の基礎的資料としてアメリカ合衆国陸軍省（United States Department of War）の戦時情報局に送られ、のちにルース・ベネディクトの『菊と刀』にも引用されるデータとなった。レイトンのプロジェクトはその成果が認められて、1944年にアメリカ合衆国陸軍省にて、6名の日系人調査助手とともに社会調査の仕事に従事した。

　戦時情報局（Office of War information）は、1942年6月13日に大統領令9182のもとに設立された組織で、Office of Facts and Figures（情報局）とDivision of Information of the Office of Emergency Management（危機管理情報部署）、Office of Government Reports（政府広報局）そしてForeign Information Service（対外情報局）の人材や組織的な任務を引き継いだ。戦時移民局（War Relocation Authority）の社会学的調査局（Bureau of Sociological Research）がポストン収容所での調査を引き継いだ後、アレキサンダー・レイトンは、ワシントンD.C.における戦時情報局の海外戦意分析課（Foreign Morale Analysis Division：FMAD）の主任になった（福井2012：85）。

　ハーバード大学人類学部のクラックホーンは、レイトンとともに共同主任を務め、海外戦意分析課には、ルース・ベネディクト、ジョン・エンブリー

を中心とする人類学者（全員7名）、レイトンの妻のドロシア・レイトンなどの心理学者（3人）ジャーナリズム（1人）や社会学の研究者（2人）、およびレイトンがポストン強制キャンプから連れてきた日系人（6人）で構成されていた。

　マツモトの分担は、地域分析（Community Analysis）と日本語と文化と書かれている。他の日系人の中には、分担に日本語と書かれていないものもあり、マツモトは英語と同時に日本語も堪能なバイリンガルであったことがわかる。戦時情報局の業務日誌[89]では、対日心理作戦の基礎調査で、東京のラジオ放送の要約、戦闘地域から獲得した日本軍文書の分析、捕虜の尋問、自発的投降兵の心理状態、連合軍からの報告、業務に必要な専門書の要約（宣伝、心理作戦関連）、戦闘地域（ニューギニア等）の地誌情報以外に、日本兵への宣伝ビラや戦略放送などのプロパガンダの企画立案がスタッフミーティングで報告され、それぞれが報告書の作成に時間を割いていた。

　イシノは、戦後、戦時情報局での勤務経験と、戦前の商業専門学校の学歴を加算して、クラックホーンの推薦を得てハーバード大学人類学部の博士課程に在籍し、戦後はGHQのCIEに勤務している。マツモトが、同じ経歴をたどりながら、なぜ戦後すぐに大学で学位を取らなかったのかは不明である。その経緯で参考になるのは、同じ経歴を持つトシオ・ヤツシロである。彼は、戦前にレッドランズ大学で社会学を専攻していたが、戦後いくつかの仕事を経て、コーネル大学に着任していたレイトンの元でアシスタントをしながら1953年に学位を取り、人類学の教職についた[90]。

　マツモトは、第3章で述べたように、戦後すぐに来日して民間情報教育局に勤務した。ここは、日本の文教政策を担当して教育改革を推進し、さらに日本の世論調査を担当していた部門である。同局の「民間情報教育局世論社会調査課」の部署には、人類学者が配属されていた。ここで中心的な役割を果たしたのがハーバート・パッシンである。オハイオ州立大学人類学部にいたジョン・ベネットは、大学から民間情報教育局に派遣された。ジョン・ペルゼルは、ハーバード大学人類学部から派遣されたが、母校に戻るため、その後任としてイシノが赴任した。イシノはハーバード大学人類学部の博士課

程の学生という身分だったので、公文書にも彼の名前は出ているが、世論調査の報告書の中には、マツモトの名前が記されているものはない。

　では、民間教育情報局の調査部門で、どのような調査が展開されたのだろうか。1949年2月3日に、調査テーマの総括がおこなわれており、その全容がわかっている[91]。それによると、この時点での調査は次の通り。

　A　独立プロジェクト

　　1. 人口問題　社会病理学と社会学　　　　　2月から4月

　　2. 公共サービス法　社会病理学　　　　　　以前[92]から1月

　　3. 医療介護と健康保険　社会病理学　　　　2月から5月

　　4. 憲法　社会病理学　　　　　　　　　　　以前から1月

　　5. 国際関係事情　社会病理学　　　　　　　以前から1月

　　6. 戦犯と戦犯裁判　社会病理学　　　　　　2月から5月

　B　コミュニティスタディ

　　1. 農村調査　分析と報告　　　　　　　　　調査終了、2月から4月

　　2. 都市調査　社会病理学と社会学　　　　　6月以降

　C　問題地域プロジェクト

　　1. 経済領域

　　　a 所有制度と経営

　　　b 労働

　　　c 経済不服審査　社会病理学と社会学　　2月

　　2. 政治領域　社会病理学と社会学　　　　　1月

　　3. 占領

　計画　　　　　　　　　　　　　　　　　　　1月から2月

　実行　　　　　　　　　　　　　　　　　　　6月

　D　傾向調査（Trend survey）社会病理学　　4月から

　このように、戦後日本の占領計画に関係する多方面の基本調査がおこなわれていたことがわかる。これらは、調査部が独自で企画するものと、他の機

132

関からの要請でされるものとがあった。それぞれに担当者がいて、その下に日本人の調査補助者がいた。その補助者は、前述したように、戦後の社会学、民俗学、人類学を担う研究者が、戦後の混乱で大学の教育体制が整うまで、調査助手として民間情報教育局で働いていた。

　マツモトと同じ経歴を持つイシノは、戦後すぐにハーバード大学人類学部の博士課程に入り、その枠で民間情報教育局に来ていたので、彼の名前は文書に出てくる。マツモトも、戦前まで同じような経歴だったが、この時には学位を持っていなかったため、名前がないのであろう。唯一名前が確認できたのは、日本民族学協会が GHQ の委託で制作を任された「日本民俗社会辞典」の編纂委員会名簿である[93]。また、1946年9月に、ハーバート・パッシン、鈴木栄太郎、小山隆、関敬吾とともに、伊豆対島村の八幡野（現在の伊東市八幡野）という場所で、氏神祭り（Deity Festival）の参与観察報告を、アメリカの人類学雑誌に発表している。GHQ に調査部をつくるためにパッシンが福岡の部隊から招聘され、最初に小山隆にコンタクトをとり、鈴木が朝鮮から引き上げて伊豆の実家に居住していた時期に、小山がパッシンを伴って鈴木を訪ねたのである。マツモトの伊豆の氏神祭りの報告は、この時からパッシンに同行していたことを示している（Matsumoto 1949）。この八幡野調査は、民間情報教育局の最初の調査「日本社会の基礎的構造の研究」の開始前で、パイロットサーベイの意味合いがあった。

　マツモトが、世論社会調査課で、いかなる職務を担当したのかを示す資料はない。なぜかと言えば、彼はあくまで現地のスタッフとして勤務し、責任者として調査に関わっていないため、GHQ 文書に名前が出てこない。彼の仕事を示唆するものは、その後に執筆された博士論文である。博士論文は、「今日の日本：個人と集団（Contemporary Japan：The Individual and the Group）」というタイトルで、序論の次の分析として、第2部門で、具体的な事例分析をしている。それは次の通り。

　　家族と家庭に関する態度：結婚、親子関係、家族計画、売春、女性の地位、
　　　　　　　　　　男女共学、権威主義、宗教実践、家への責任

第5章　ABCC の被爆者調査：スコット・マツモト　133

協力と労働に関する態度：職業序列、家族パターンとの類似、労働組合
農村生活に対する態度：長男相続、農地改革、地方の投票行動
政治的指導力に対する態度：天皇、政党

　これらは、いずれも世論社会調査課で扱った内容であり、個別の調査で資料を集めたもの以外に、戦後の人類学、社会学を牽引した研究者を調査助手として採用して文献を集め、かつアメリカの社会学、人類学の方法論で収集したデータを用いた分析なので、そのまま学術研究として利用できた。マツモトが極めて短期間に博士論文を完成できたのは、これらの資料が手元にあったからである。

第4節　ABCC時代のマツモト

　世論社会調査課に在籍していた鈴木栄太郎の息子の鈴木勁介は、「マツモトは途中でABCCに派遣された」と証言している[94]。マツモトがCIEからABCCに移籍した目的を示す具体的な資料はないが、前述したように、1950年10月におこなわれた第7回国勢調査の全国の被爆者分布図はマツモトが作成している。

　放射線影響研究所に問い合わせると、マツモトの在籍は1949年9月15日から1953年9月3日までと、1957年9月6日から1967年7月3日の2回で、専門は医療社会学（Medical Sociology）だった。特に後半の1957年から1967年までは被験者接触部（Department of Patient Contacting）の部長を務めたと記録があった[95]。マツモトは、1953年9月3日に退職して、1957年9月3日に再度赴任するまでの間、Department of Medical Sociology, American UniversityでPh.D.を取得した。ABCCの部長職はPh.D.が必要だったので、そのためにいったん退職し、アメリカへ学位を取りに戻ったのである。博士論文のテーマは、ABCCの仕事とは無関係の世論社会調査課に在籍していた時期に集めた資料で、極めて短期間に完成させ、のちに学術雑誌に全文が掲載された（Matsumoto 1960）[96]。

134

マツモトは、最初にABCCへ赴任したとき、全国の被爆者分布図を作成した以外に、被爆者接触部門の仕事として、ABCCの職員がいかに被爆者と接するかのマニュアルを執筆している[97]。このハンドブックは、時期的に見て、サンフランシスコ講和条約前であり、マツモトが世論社会調査課で調査していたマニュアルを、ABCC用に改変したものだと思われる。ABCCも占領軍としての強権発動から、講和条約による紳士的対応への転換の過程で、こうしたハンドブックを作成したのであろう。

1948年12月に調査員として採用された矢野勝彦は、次のように述べている。初代の調査員に採用されたのが、矢野のほかに3人いて、広島市内各地の被爆者を個別訪問し、被爆地点や被爆後の症状などを尋ねて調査用紙に記入する仕事だったという。そしてマツモトが調査部の課長になったころは、調査員の数も増えたと述べている（矢野 1988：30）[98]。

ABCC時代に、マツモトが仕事内容を包括的に記録したのは、ABCCの業績報告書12-69『原爆の被爆者に及ぼした社会的影響　広島・長崎』である。これは1967年1月18日から21日にニュージャージー州プリンストンで開催されたニューヨーク科学アカデミー主催の会議Interdisciplinary Communications Program の発表のための覚書だとコメントしている。この報告では、広島・長崎において1945年から1967年までの社会的動きを時系列的に並べたうえで、新聞が報道する世論の動向を注視していることがうかがえる。

その世論の動きとは、「原爆ノイローゼ」と表現される異常出産や遺伝的影響の可能性、被爆女性の結婚が少ないこと、自殺者を大きく取り上げる傾向、老齢被爆者の社会問題、原爆孤老、小頭症の子供の問題など、時系列に並べている。この世論の動向に関してマツモトは、ABCCの調査からの反論を試みている。また、地元新聞でスラム地区と被爆者を結び付けていること、日雇い労働者に被爆者が多いこと、結婚・職業・自殺などの社会問題は、実情の把握が困難だとして、ABCCの寿命調査と健康調査からの説明を試みている。その中で結婚状態については、爆心地から2,000m以内の女性の被爆者は、2,500-9,999mで被爆した女性よりも未婚率が高いこと、全

写真24 Scott Matsumoto 医科社会学部長（左）が Darling 所長から ABCC 勤続10年（1957-67年）の表彰状を受ける
出典：「Darling 所長時代－変化の15年間」放射線影響研究所
https://www.rerf.or.jp/about/history/psnacount/jablon/

　国平均からの自殺者の比率については、広島・長崎はやや低いものの、長崎の2,500-9,999mで被爆した男性は高いこと、全体として近距離被爆者の自殺比率が過度に高くないことを統計数値から説明している。

　この報告では、ABCCの活動として、成人健康調査の受診者で援助を必要とする者に対し、医療社会ケースワーカーを常時受付で待機させたとある。ABCCでは、原爆医療法に基づく健康診断委託料を積み立てたABCC社会福祉基金を設けて、ABCCだけでなく、診察をおこなったどこの病院でも日本政府から委託料が支払われ、ABCC所長が、これを積み立てて被爆者の社会福祉事業に支払うことになっていた。そこでの集計をまとめると、広島・長崎とも近距離被爆者への社会福祉ケースワーカーが圧倒的に多いという。広島よりも長崎の利用率が高いのは、長崎のABCCが交通の便の良いところにあるのに対して、広島は比治山の山の上であることが原因だとしている。また長崎の方がプログラムの規模が小さいため、社会ケースワークが手厚くおこなわれることも一因かと指摘している。

　1961年から65年の剖検入手状況から、「近距離被爆者群の協力がやや高い」とあるが、被爆者の遺族が死因に強い関心を持っているか否かは不明

であるとしている。しかし、この点に関して、ABCCは近距離被爆者が亡くなった後、執拗に剖検を要請したり、葬儀屋に手をまわして死体を入手したりしたことも関係しているのではないかと思われる。それができたのも、ABCCの健康診断の対象者の名簿を作成し、被験対象者としていたことも無縁ではない。

　マツモトは、ABCCの遺伝学的調査を紹介した1954年の論文で、新生児が9歳になるまで健康診断がおこなわれ、1952年末までに72,000人の新生児を検査したとある。マツモトの記述では、受診に来た被爆者にストレスを与えないように、医師や看護師は、できるだけ英語ではなく日本語で接するなどの配慮をしていた。受診に来る女性は、美容院に行ってから受診に来たり、貧しい人たちは隣近所から服を借りたりするなど、ABCCでの受診を「新しい平和のシンボル」と記述している。この論文では、ABCCの健康検査が被爆者に受け入れられているような努力をしているが、被爆者からは「ABCCが被爆者を豚のように扱う」と反発され、被爆者の写真が反米感情を作っていると、被爆者への接触が徐々に難しくなっている状況で結んでいる（Matsumoto 1954）。

　マツモトは、ハワイ大学に転出した後、『出生率の差異の国際比較（日本、ハワイ、カリフォルニア）』を他の2人との共著で出版している（Matsumoto, Chai, and Bel 1971）。これは「日系移民の特殊状況における発がんリスクの変異に関する研究」を東北大学医学部、ハワイ大学公衆衛生学部、カリフォルニア大学公衆衛生学部との共同研究で実施している。この調査は、日本国内とアメリカでそれぞれ2,000人、35歳以上の既婚女性を対象に、1960年の日本の人口センサスを基礎に宮城県では1962年、ハワイでは1963年から1965年、カリフォルニアでは1964年から1965年にかけてインタビューをおこなっている。この実施年から見ても、マツモトがABCCに在籍中のことであり、テーマとして発がんリスクという原爆症と関連しており、広島からの移民が多いハワイとカリフォルニアを選択し、広島と全く無関係な宮城県はバックグランドとして選んでいると考えられる。前書きには、この調査がハワイ大学の調査契約に基づき、一部国際発展機関の基金に基づくとあり、

ABCCの資金ではない。

　このプロジェクトを通じて、マツモトはハワイ大学と関係を持っており、その後、ハワイ大学へ移籍するきっかけになったのではないかと思われる。ハワイ大学移籍後、マツモトはハワイの沖縄移民についての論考を出して（Matsumoto 1982）、ABCCの仕事とは無縁の新しい研究にとりかかっている。またABCCで培った人口学の知見を活かし、日本での人口学の研究動向をまとめている（Matsumoto 1974）。

　このほか、前述したA氏の話では、遮蔽物と線量の関係を確定するために、マツモトの部屋には、戦前の広島の町中を忠実に再現した、かなり大きなジオラマがあり、個々の被爆者のヒヤリングから、その人物が建物や構築物で、どのくらいの線量を被爆したかを推測するために参考にしていたということを聞いた。この時に使用したジオラマは、現在どこに所在するかは不明である。

　被爆者との接触部門の規模は、明らかにされていないが、写真25のように、マツモトの送別会で撮影された記念写真に映った人数から、1967年の時点で、広島では56人（男性31人、女性25人）、長崎では30人（男性18人、女性12人）の規模であったことがうかがえる。

第5節　おわりに：科学と倫理のはざまで

　マツモトがハワイの沖縄移民についての論考があることは前述した。そこで、日系人研究で著名な、スタンフォード大学人類学部のハルミ・ベフ（Harumi Befu、1930-2022）が2010年に来日したとき、ハワイ大学のマツモトについて質問したことがある。驚くべきことに、ベフが1962年にウィスコンシン大学でPh.D.を取った後にマツモトから連絡があり、ABCCのマツモトのポジションでの就職を打診してきたという。部長職はPh.D.を必要とし、かつ被爆者との接触を円滑にするためには、高い日本語能力を必要としたので、その条件に適う人物として、ベフが候補者として上がったのだろう。

　広島まで面接に行ったベフにマツモトは、被爆者に受診にきてもらうため

写真25　マツモトの送別会で撮影された記念写真
出典：『ABCCニューズレター』Vol.5 No.7、1967年

　の接触が非常に困難で、人類学の手法でインフォーマント（調査対象者）からラポール（信頼関係）を取り、被爆者への接触を順調にするために、人類学で学位を取ったベフに是非赴任してもらいたいと申し出てきた。ベフは、ロサンゼルス生まれだが、日本で教育を受けている間に戦争でアメリカに帰れなくなり、戦後アメリカへ帰国し高等教育を受け、スタンフォード大学人類学部で教授になった。ベフが広島へABCC採用のための面接に行った当時、大阪に住んでいる実の兄から「ABCCはやめておけ」とアドバイスされて、マツモトからの誘いは断ったのだという。1960年代、「検査をするけれど治療はしないABCC」として、極めて悪い感情で見られており、マツモトはその打開策として人類学の手法に期待をかけたのであった。
　ABCCへの批判は、初期の「成長と発達」調査や、非治療の方針など、地元では一貫して厳しい目で見られていた（中尾1921）。マツモトの報告からも、ABCCは新聞などの世論の論調を気にしていることは分かる。しかし、原爆小頭症患者の内部資料を告発した、ABCCの元職員の山内幹子のよう

第5章　ABCCの被爆者調査：スコット・マツモト　139

な[99]、生活相談の域を超えて被爆者に寄り添い、担当した被爆者のために尽力した職員もいた。内部告発までに至らなくても、健康診断の結果で、直接ではないが、再検査や精密検査を示唆して、被験者から感謝された職員も多くいた[100]。そうした被爆者接触の職員の努力によって継続できた調査データの蓄積で、放射線量の閾値であったり、放射線防護の安全基準の基礎となったりしていることは確かである。原爆報道を全面的に検閲して禁じていた占領期に発足したABCCの影を引きずりながら、放射線影響研究所と再編されて原爆の科学的研究を続けてきた成果を、いかに継承していくのか、どのように受け入れることができるのか熟議が必要なところであろう。

補 論

マルクス主義と日本の人類学：

有賀喜左衛門と石田英一郎

はじめに

　日本の文化人類学は、1934年に日本民族学会を創設し、学知の体制を整えてきた。戦前の人類学者は、多かれ少なかれ社会主義思想やマルクス主義に影響されている。本章では、日本資本主義論争への違和感から、対抗言説としてマルクス主義を念頭に置きながら社会調査によって日本の農村社会論を打ち立てた有賀喜左衛門と、治安維持法で服役した経歴を持つ石田英一郎の2人に焦点をあてて、マルクス主義が単なる政治的な運動ではなく、知的な世界に大きな影響力を持った時代に、如何に人類学へ影響を与えたのかという問題を検討した。

第1節　近代日本とマルクス主義

　日本の人類学史をまとめていると、戦前の多くの人類学者が、何らかの形でマルクス主義に関心を持ち、そこから人類学をはじめるきっかけになっていることに気がつく。民俗学の分野では、1930年代に治安維持法で検挙された知識人が、転向後に柳田國男の下で民俗学を学んだ一群の人たちがいる。そこで日本民俗学では、マルクス主義との関係が論じられている（鶴見1998、福田1990）。けれども、かならずしも社会主義運動に深く関与しなかったものの、戦前の人類学者の回想には、多かれ少なかれ社会主義思想やマルクス主義に影響されたことに触れている。

　政治学者の丸山眞男（1914-1996）は、「マルクス主義の影響というのは、コミンテルンや共産党の政治的影響をもってはとうていはかり得ない規模を持った一種の知的な運動としてのそれであった」という知見を述べている（古在・丸山 2002：206）。そしてマルクス主義の世界観が、哲学と科学と革命運動とが「三位一体」をなしており、「マルクス主義」を歴史的対象として論ずる場合に、三者の区別が混同し、そこから議論の混乱を引き起こすと指摘する。さらに戦前は、次の二つの要因で混乱を助長したという。そ

の原因は、まずコミンテルンを中心とした国際共産主義運動が、世界観や科学の次元でも、正当根拠の判定者になっていたことがある。次に大日本帝国の権力は、「思想問題」という象徴的名称で社会科学の研究を実践運動と同じ次元で取り締まり、帝国にとって「危険性」と「安全性」の尺度から取り扱ったので、国家権力が学問と思想と党活動を無差別に弾圧した（古在・丸山 2002：205）。日本におけるマルクス主義と人類学の問題を考える場合、特に後者の思想弾圧を受けて転向した知識人の受け入れ先として、柳田國男の研究会と、渋沢敬三のアチック・ミューゼアム（後の日本常民文化研究所）などがあり、マルクス主義に影響を受けた研究者は、日本民俗学や社会経済史の分野で研究を継続することができた。

　戦前は「社会科学」という言葉自体がマルクス主義を表していたように、社会を総合的に分析し、人類史を発展段階的に説明する仮説として、マルクス主義は大きな影響力を持った。さらに、第一次世界大戦から第二次世界大戦の間の戦間期は、ロシア革命、共産主義革命の高揚期でもあり、丸山が指摘するように、マルクス主義が知的な世界に大きな影響力を持った時代であった。

　マルクス主義はそして革命運動の延長線で、反戦活動をするためだけでなく、国家の情報を分析する上で、軍や国家の情報機関で分析される基礎原理となり、日本では満洲の経営に携わった南満洲鉄道株式会社の調査部で調査の基本原理となった。さらにアメリカでもドイツから亡命したフランクフルト学派の社会主義者たちが第二次世界大戦の時に情報機関の中心的役割を果たしていた（Katz 1989、中生 2010：99-100）。コミンテルンの情報機関も、ゾルゲ事件で逮捕され処刑されたリヒャルト・ゾルゲ（Richard Sorge、1895-1944）がフランクフルト学派の研究者と深いつながりがあったように、学術から国策、情報まで幅広い分野でマルクス主義の社会分析は影響力を持った。

　二章のテーマは人類学であるが、どのように民俗学と差異化をすれば良いのだろうか。民俗学が日本の事例を扱い、民族学あるいは文化人類学が海外の事例を扱うと分類したら、両者は明確に区別できるのであろうか。日本

民族学会の会員を「文化人類学」とするならば、民俗学と差異化できるのであろうか。『日本民俗学のエッセンス』に扱われている石田英一郎は、東京大学に文化人類学コースが創設された時の初代教授であるし、石田こそ人類学の代表的な研究者といえるのだが、民俗学で取り上げられるのは不適切であろうか。民話研究の関敬吾は、通常民俗学に分類されるが、現在の日本文化人類学会の前身である日本民族学会の会長に就任していたこともあり、所属学会の区分で人類学者と民俗学者を区別できない。民族学・民俗学・社会学・人類学は、いわば1920年代から30年代にかけて学問の体制が整ってきたのであり、学会の創設時に、同じ研究者が様々な隣接領域に関わっていた。そこで本章では、「人類学」を隣接分野も含む幅広いものとしてとらえたいと思う。

　また、社会主義の理論的指導者で、治安維持法で収監中に、日本の社会経済史的関心を持ち、その分野で著作をものしている福本和夫（1894−1983）などは、どのように位置付ければよいのだろうか。社会運動から、民衆の生活に関心を寄せた赤松啓介（本名は栗山一夫、1909−2000）、日本資本主義講座が引き起こした論争に距離を保ちながら、小作の社会関係について論じた有賀喜左衛門（1897−1979）など、社会の実態把握や社会調査の親和的な関係は、1930年代のマルクス主義運動と深い関係がある。

　丸山眞男は、マルクス主義が大規模な知的運動として把握することの重要性を説いている。この見解は、戦前の民俗学・民族学・人類学の研究者にも当てはまる。そこで本章は、1920年代から30年代にかけて、いかにマルクス主義が知識人の間で影響力を持ち、それが広義の意味での人類学の理論に反映していったのかということを検証することを目的としたい。

第2節　人類学におけるマルクス主義の系譜

　マルクス主義と人類学の親和性は、マルクスがモルガンの『古代社会』を読み、原始社会のノートをとって社会進化論の枠組みから、マルクスの原始共同体への関心、資本主義に先行する社会形態への関心に発展し、当時の民

族誌や民族誌を参照しているので、理論的には全く無縁ではない。人類学の分野でも、モーリス・ブロック（Bloch, Maurice、1939-）が『マルクス主義と人類学』という著作をものしている（ブロック 1996）。また1925年から27年中国革命の高揚期に展開されたアジア的生産様式論争がスターリンによって30年代に中断されたが、1964年にモスクワで開かれた国際人類学・民族学会議でアジア的生産様式論の再検討を呼びかけたマルクス主義者たちの中に、人類学者のモーリス・ゴドリエ（Godelier, Maurice、1934-）も入っている（福冨編 1969：2）。

ヨーロッパにおいて、マルクス主義が人類学に与えた影響は、理論的な側面だけで、実際の社会運動から人類学を始めた研究者は見当たらない。イギリスでは、ラドクリフ＝ブラウンがクロポトキン（Kropotkin, Petr Aleksovich、1842-1921）の『相互扶助論』から比較社会学に関心を持ったことも、多少はマルクス主義と関係がある（Fortes 1963：viii）。フランスでは、マルセル・モース（Mauss, Marcel、1872-1950）が若い時に社会主義運動の活動家であった（ビルンボーム 1974：96-98、蔵持 1985：140）。一般にデュルケーム学派は左翼思想に共感を持つものが多く、マルクスの影響を受けている。

ヨーロッパにおいて、日本のように社会主義運動を強力に弾圧したのは、帝政ロシアである。ロシアでは、ナロードニキ出身の人類学者であるシュテルンベルク（Sternberg、1861-1927）がいる。彼はサハリン流刑の8年間でギリヤークやツングース系諸民族の調査をおこない、刑期を終えてペテルスブルクに戻った後、人類学民族学博物館に招かれ1918年にはレニングラード大学民族学部門の初代教授になった。彼が流刑中に発表したギリヤークの婚姻制度はエンゲルスに取り上げられ、モルガンの『古代社会』にも影響を与えたことで有名になった（黒田 1987：358、Grant 1999）。ロシアでは日本と同じく政治思想による弾圧が、人類学を始めるきっかけになる場合があったが、アナーキズムの思想家として著名なクロポトキンは、若いころ地理学を専攻していて、軍隊時代にシベリアの奥地探検をして地誌を書いていて、これが『相互扶助論』に民族誌的データが豊富な要因である（クロポト

キン 1979)。

共産主義国家として中国を比較すると、民俗学や民族学は[101]、社会主義運動と無縁である。中国民俗学は、中華民国初期の文学革命と呼ばれる1919年の五・四運動から生まれた（直江 1967：241-244）。中国民俗学の草創期は、新文化運動の進歩的文化人、および外国人宣教師によって設立されたミッション系の学校によって指導され、文学革命の一環として口頭文芸の収集から民間信仰、物質文化の研究が主流になった。

さて、マルクス主義の影響は、日本の場合どうだったのであろうか。日本の人類学者の中には、戦前に社会主義運動に関わり、治安維持法で逮捕され、出獄後に人類学を志した人たちがいる。しかし、そこまで政治運動に深く関わっていないが、若い時代にマルクス主義の古典を読むことで人類学への関心をもった人たちもいる。日本では、明治時代の近代国民国家建設と同時に国家意識を形成し、中国とロシアとの戦争によるナショナリズムの高揚という歴史を経て、大正時代（1912-1925）は、民主主義や自由主義思想が流行した。この時期、ロシア革命の影響もあり、日本ではマルクス主義、社会主義の思想が強い影響力を持ち、マルクス、エンゲルス、レーニン、クロポトキンの著作が翻訳された。特に旧制高校の学生や大学生は、社会主義の文献に関心を持っていたので、廉価な文庫本で翻訳書が多く出版された。

しかし、1925年に公布された治安維持法で、社会主義運動は厳しく取り締まられ、多くの知識人が逮捕、拘留された。彼らはマルクス主義思想を放棄する転向声明を出すことで釈放されたのだが、そうした彼らを受け入れたのは、民俗学の柳田國男であった（鶴見 1998、2000）。

柳田は大学の教育職につかず、民間の研究者として民俗学を独立の学問に確立した人物である。柳田は私的に研究会を組織し、そこで日本各地の民族誌作成に関心のある一般の人々や大学生と民俗調査を計画していた。柳田のもとに集まった研究者の中で、社会主義運動で逮捕され、転向した経験があるのは、橋浦泰雄（1888-1979）、比嘉春潮（1883-1977）、大間知篤三、守随一（1904-1945）、関敬吾である（福田 1990：140）。この中の大間知と守随は、満洲へ渡り、大間知は建国大学、守随は南満洲鉄道株式会社調査

部で社会調査を続けた。石田英一郎は、転向せずに刑期満了し、柳田の研究会に出席して人類学を学び、ウィーン大学で民族学を正式に学んだ。石田以外に、赤松啓介も社会主義運動から民俗学にはいった。赤松は柳田の民俗学を学びながら柳田批判を展開した（福田 1990：155-156）。

ヨーロッパでは、日本のように社会主義運動をきっかけにマルクス主義から人類学へ関心を向けることはなかったと言えるだろう。遅れて国民国家を建設した日本の場合は、ヨーロッパの諸制度を急速に輸入し、大正デモクラシーの時代に流行した自由思想の一環としてマルクス主義の文献が読まれ、人類史の著作を通じて人類学の知識が広まった。

福田アジオは、柳田自身がマルクス主義に対して批判的であったことを指摘している。福田によると、柳田民俗学は農民が貧困である原因を探り、農村・農民の発展の方向を明らかにしようとした主張が、貧困の状態に置かれた日本人民を解放する変革の道を明らかにしようとするマルクス主義と共通の目標を持っていたので、社会主義運動家に受け入れやすかったと分析している。国家による激しい弾圧で、社会主義思想を持った人たちは転向を迫られたが、その後に柳田の目指す「経世済民」の学としての民俗学を受け入れるのに、心理的葛藤はなかったと分析している（福田 1990：144-150）。マルクス主義思想や社会主義運動が人類学や民俗学を始めるきっかけになっている点が、日本の人類学の顕著な特色である。

第3節　日本資本主義論争と農村調査：有賀喜左衛門

有賀喜左衛門は、研究者として最終的に農村社会学、あるいは社会経済史として位置付け、人類学のカテゴリーから外れるかもしれない。しかし、柳田國男との関係、雑誌『民族』、『民俗学』の編集、さらに調査に基づく民族誌を、渋沢敬三が主催するアチック・ミューゼアムから出版されている点で、本章では有賀を取り上げたいと思う。

有賀は、1931年から岩波書店より刊行された『日本資本主義発達史講座』（以下『講座』と略する）を契機に始まる日本資本主義論争に違和感を持ち、

補論　マルクス主義と日本の人類学：有賀喜左衛門と石田英一郎　147

農村の小作制度の実態を調査して、論争している講座派と労農派の双方に与しない「第三の道」となる論文「名子の賦役」を発表している。この論文の前提として、1933年1月から翌年2月にかけて『法律新聞』に分載された「捨子の話」が出発点になっている。最終的に、小作制度の研究は『日本家族制度と小作制度』に結実した。有賀はマルクス主義と一定の距離を保ちながら、日本資本主義論争の中心テーマである小作制度について、家族制度という社会的な側面に焦点を当てた民族誌を作成しているので、必ずしも社会主義運動に関わっていないが、マルクス主義理論に間接的に影響を受けた研究者と位置付けられる。

（1）有賀喜左衛門の足跡

　有賀喜左衛門は、1897年に長野県上伊那郡朝日村に生まれた。生家は地主であった。1915年に仙台第二高等学校一部乙類（独法科）に入学し、渋沢敬三は同期生、岡正雄が2年下級生だった。1918年京都帝国大学法学部に入学したが、経済学部で河上肇（1879-1946）の資本主義経済の講義だけを聞き、トルストイ、ツルゲーネフの小説、クロポトキンの自叙伝などを読んでいた。1年で京都帝国大学を退学し、東京帝国大学文学部に移った。この年、朝鮮独立運動に関して好意的に評論した柳宗悦（1889-1961）の「朝鮮人に想ふ」に感銘を受け、卒業論文は朝鮮美術をテーマに選んだ。卒業論文作成のため、1か月余り慶州から平壌まで旅行して、美術を生んだ民衆の生活の理解の必要性を感じていた。その後大学院に進学するも、研究の方向性がみつからなかったが、1924年に岡正雄を通じて柳田國男を紹介してもらい、雑誌『民族』の編集委員になっている。1925年には渋沢敬三のアチック・ミューゼアムの同人となっている。1927年には雑誌『民俗学』の編集委員となり、民俗学や人類学関係の論文を発表し始めた。

　有賀の回想によれば、大学卒業後は研究の方向性が見つからず、戯曲を書いたりドイツの音楽理論を読んだりして試行錯誤の日が続いた。そして高校から面識のあった岡正雄と民俗学の話をしてフレーザーの本を読み、柳田國男に紹介されて、『民族』という雑誌を手伝った。当時は日本と朝鮮と中国

の仏教美術の比較を考えていたが、まず日本をやろうとして柳田のところへ行き始めた。有賀は、東京大学に在籍していたころ新人会に顔を出したこともあったが、自分の考えにあわないと思い参加しなかった。しかし『資本論』を読んで面白いと思ったが、唯物史観にはどうしても共感が持てず、アナーキズムのほうに心酔した時期もあり、マルキシズムは一種のシンパにすぎなかったと述べている（北川編 2000：13-14）。

　有賀が社会学に関心を持ったのは、雑誌『民族』の編集者に田辺寿利（1894-1962）からフランス社会学を勧められて、デュルケームを読み始めたからである。そこで社会構造や生活構造に関心を持った（北川編 2000：15-16）。「名子の賦役」を書いた後に、渋沢敬三のアチック・ミューゼアムの共同研究に参加して、岩手県二戸郡石神の大家族を3年調査し、アチック・ミューゼアムの彙報として『南部二戸郡石神村に於ける大家族制度と名子制度』（有賀 1939）を出版した（北川編 2000：20-22）。有賀にとって、このモノグラフ作成の経験が、最終的な『日本家族制度と小作制度』に結実して行く上で重要だった。

　有賀の研究の出発点は、柳田から学んだ方言から社会構造を分析する手法である。特に柳田が1929年に出版した「野の言葉」の論文は（後に『家閑談』、に「オヤと労働」という名前になって収録された）、有賀の家族制度と小作の研究の出発点になっている。これは親類の方言が「オヤコ」と「イトコ」の二つが代表的であると取り上げたもので、この論文より有賀は方言から社会構造を解釈する方法に注目した。そして「捨子の話」を書き、次に小作という言葉の解釈から「名子の賦役」の論文を書いたのだと述べている（北川編 2000：17）。

　また有賀は、この論文を書いた動機として、1929-30年頃に盛んだった講座派と労農派の論争に影響され、双方が小作制度の解消という議論をしていても、全く日本の習俗からかけ離れた議論なので、実地に農村へ行き、小作制度を考えようとしたと述べている（北川編 2000：18）。その基礎として、有賀自身が小さいながらも村の地主で、小作人と仲良く、実家に帰省した時に彼らから話を聞いていた原体験が（北川編 2000：15）、この議論への違

和感を深めたのであろう。

　有賀は、自らの小作研究を、日本資本主義論争で講座派と労農派のどちらにも与しない「第三の道」と位置付けているが、古在と丸山が当時の論争は、多くの知識人が関心を持っていたと述べるように、有賀も間接的に影響を受けている。そこで、有賀は小作制度や日本社会の理解について講座派と労農派が日本の実情からかけ離れていると批判しているけれども、そこでの議論は、有賀の研究に具体的にどのような影響を与えていたのであろうか。これまでの有賀研究では、有賀が論争を批判して「第三の道」を選択したとして資本主義論争を検討していないので、本章では論争の流れをまとめたうえで、有賀の家族制度と小作制度の立論と比較してみよう。

（2）日本資本主義論争

　1929年の世界経済恐慌をはさんで、大正デモクラシーから戦争とファシズムの時代に大きく転換する時代に、日本の資本主義を、いかにマルクス主義的に分析し理解するかという問題について、学界や言論界で大きな論争がひきおこされた。これは講座派と労農派の日本資本主義論争と呼ばれるものである。その論争は、極めて党派的で政治的な性格のものであったが、当時の知識人に大きな影響を及ぼした。その論争の前提として、日本における共産主義運動のヘゲモニーをいかに握るかという政治的な闘争でもあった。まず1922年に創立された日本共産党が、政府の弾圧で一度解体し、1926年に再建されたが、その過程で合法的大衆組織を通じての変革を主張する分派がうまれ、機関紙『労農』を発行して共産党批判を展開した。その論争の過程でコミンテルンの特別委員会が開催され、日本共産党代表団とコミンテルン指導部で日本問題を討論した「日本問題に関する決議＝27年テーゼ」が発表された。この27年テーゼをめぐり、共産党と労農派が自派を有利にするため解釈論争を展開した（大石 1982：11-12）。

　論争は戦略的規定だけでなく、日本資本主義の歴史と現状把握をめぐってなされた。その中心的問題は、国家の階級的性格、ないしその絶対主義勢力の階級的＝物質的基礎をめぐる問題、日本資本主義の現段階の矛盾の特質を

めぐる問題であった。野呂栄太郎（1900-1934）は、論争のさなかに未熟さを痛感した党の理論戦線を強化するため、組織外のマルクス主義者に理解ある社会科学者を動員して、『日本資本主義発達史講座』を刊行した。これに対して、合法的無産政党の党外研究団体となった「労農派」、および共産党批判を展開する「解党派」が『講座』のいくつかの論稿を厳しく批判した（大石 1982：12）。

　講座派は、日本資本主義には強い封建性が残存し、経済構造、特に農業面に寄生地主的土地所有下の半封建的生産関係が支配的で、それを物質的基礎とする天皇制の独自性と権力ヘゲモニーを確認し、革命の目標を天皇制打倒と農業革命の遂行にもとめ、革命の性質をブルジョア民主革命と規定した。それに対して労農派は、日本資本主義における封建的要素を重視せず、農業生産関係における封建性の残存は支配的でなく、天皇制は政治上でも遺制化して、ブルジョアジーが全権力を握っているとみなした。だから天皇制に対する闘争や農業革命を二次的なものとし、戦略目標は帝国ブルジョアジーを打倒し、社会主義革命を実現すると規定した（小山編 1953：18）。しかし、この論争の背景として、世界の革命運動を推進するコミンテルン（国際共産党）の指導で作られた「日本共産党綱領草案」、いわゆる27年テーゼをめぐって、共産党内部で戦略上の対立があった。それが表面化し、労農派と共産党の論争が起きた（小山編 1953：19-21）。この論争は、単に共産党内部の論争ではなく、1929年以降、国家権力により共産党は激しく弾圧され、組織が破壊されていたので、労農派は天皇制との闘争を避け、合法性を利用した活動を継続しようとした外圧への対応という側面もあった。

　野呂栄太郎は、『日本資本主義発達史』をまとめ（野呂 1930）、自分の理論を構築するとともに、論敵であった猪俣津南雄との論争過程で、日本資本主義の実証的研究、特に農業問題の研究を痛感した。そして共産党の外郭的研究団体「プロレタリア科学研究所」（1929年10月創立）や野坂参三が主催した「産業労働調査所」の調査・研究活動が拡充・強化された。そして「共産党シンパ事件」（1930年）を契機に、大学等を辞職した学者たちが、マルクス主義理論の動向に関心を示しつつ、日本資本主義の歴史分析をおこなおう

とした（大石 1982：14）。

　プロレタリア科学研究所では、日本資本主義研究会、農業問題研究会、中国問題研究会、世界情勢研究会、法及国家理論研究会、ソヴェート科学研究会、教育問題研究会、エスペラント研究会などを運営し、1930年にはいくつかの研究会による共同研究の必要性が生まれ、さらに歴史分析だけでなく現状分析の必要性も強調された（大石 1982：16-18）。このような背景で、1931年春に野呂が『講座』の準備を計画し、小さな出版社では当局による左翼弾圧でつぶされることが懸念されたので、岩波書店から出版することになった（大石 1982：23）。

　日本は1931年に満州事変を起こし、中国大陸を侵略し始めた。そこで1932年5月に、国際的緊張関係が高まる中、日本の革命運動に新しい方針がコミンテルン執行委員会で決議された。これが「日本の情勢と日本共産党の任務に関するテーゼ＝32年テーゼ」である。これで「労農派」「解党派」の主張が退けられ、出版が始まっていた『講座』の主要部分が、32年テーゼを理論的に基礎づける結果となった（小山編 1953：13）。

　岩波書店は『講座』を学術的であることと合法的範囲をでないことを編集者の野呂に要望し、了承されたのだが（大石 1982：24）、出版には検閲での削除、伏せ字、出版差し止めが続出した。しかし読者からは出版当初から大きな反響があり、労農派から『講座』への批判が始まった。

　論争のテーマは大きく分けて、日本資本主義段階論争、農業問題＝小作料論争、幕末生産段階論争（マニファクチュア論争）、幕末土地問題論争、「日本資本主義分析」論争、日本農業問題論争で、その他派生的問題の小論争に農業上の諸問題として「徭役労働」論争、「経済外的強制」論争、「農業資本主義化」論争があった。

　論争の初期段階で、日本資本主義の性格が農業生産関係の歴史的性格を如何に捉えるかによって異なるので、農業問題、とくに小作料を巡る論争が活発になった。野呂やプロレタリア科学研究所の論客は、日本農業の封建制を規定するが、労農派の猪俣は農業の半封建的性格を否定した。現物小作料は、単に「中世期の扮装をつけた」貨幣地代の一種にすぎなく、高利地代

こそが日本の封建的、前資本主義的なもので、特殊の寄生地主的土地所有の搾取形態の表現であるとする。この論争に対して、「日本経済研究会」から野呂たちの小作料を封建的物納地代とする見解を批判して、封建的農村と資本主義下で貨幣経済が浸透する農村を混同していると批判する論文が発表された。（小山編 1953：54-55）。つぎに櫛田民蔵（1885-1934）は「わが国小作料の特質について」という実証的な論文を発表した。これは、小作料を半封建的生産＝搾取関係と見る見解を批判して、小作料は物納制であっても、観念的には貨幣化されており、封建地代からは区別されるべきと主張している。そして小作料の高率制は封建的従属関係と「経済外的強制」によってもたらされるかを検討している。そして小作料の封建性を主張する見解を批判し、封建地代でもなければ資本主義地代でもなく「前資本主義的地代」として、小作人組合運動の圧力による小作料の引き下げと政府の中小農保護政策を過渡的、資本的への方向と位置付けている（小山編 1953：56-59）。これらの見解に対して、野呂とプロレタリア科学研究所の論客は、彼らの主張に反論を加えているが、および共産党の政策を正当化するための政治的な意図を、マルクス主義の理解という抽象的なレベルで反論しているにすぎない。

　「日本資本主義分析」論争でも、日本の小作制度を資本主義発展のための基礎となるかどうかとか、小作料の資本転化の問題、封建的残存などのテーマで論争が展開されているが、ロシア・ドイツ・フランスの事例を挙げて、抽象的な議論に終始している。

　1933年からマニファクチュア論争と同時に農業論争も展開された。前半は、前述した櫛田の批判が中心だったが、『講座』が刊行され始め、講座派は積極的に「半封建地代」論を展開した（小山編 1953：136）。講座派は櫛田の第三地代を否定する論文と、櫛田の反論、そして日本の自作農が封建的でも資本的でもなく、封建的要素を残しながら資本主義経済に入り込んでくる「過小農」であることを論証しようとした。これに対して櫛田は、生産＝搾取関係の特殊性を把握することが問題で、そのため流通過程の契機から考察する必要があると主張したので、講座派はさらに反論するため日本農業の生産関係を具体的に解明する必要が生じた（小山編 1953：140）。

平野義太郎（1897-1980）は、近代的土地所有と封建的土地所有を比較し、生産過程における諸関係により区別することを明確にした。前者は土地を任意に資本投下することを制約する土地所有が除去されることで、農業そのものが資本主義的に経営されることが絶対条件になるのに対して、後者は農民からの余剰労働の搾取が身分的従属関係に基づき、経済外的強制によっておこなわれるとすると区別した（小山編 1953：141）。

　平野の「半封建地代論」により経済外的強制の有無が論争の焦点となった。平野に反論した労農派の論客に、有賀と関係している土屋喬雄（1896-1988）がいる。土屋は経済外強制の有無をとりあげ、半封建地代が本質的な封建地代でないとする論文を発表していることが重要である（小山編 1953：150）。農業上の問題に関する小論争として「徭役労働」論争は、有賀の研究に密接な関係がある。この論争は地代＝小作論争から派生した議論で、講座派農業論を基礎づける重要なテーマであった。これは櫛田が「農業史家の参考として残存するにすぎない」と軽視したのに対して、野呂が批判を加えていた。そして山田盛太郎（1897-1980）が現物年貢と徭役年貢を封建地代の二形態ととらえ、後者を原始的な形態で、典型的な農奴制型の従属関係であるとして、江戸時代の薩摩藩鹿児島郡谿山郡、さらに近年の岩手県九戸郡大野村の名子制度に言及した。また山田が徭役労働を全国的で労働地代の典型であるとするのに対して、岡田宗司（1902-1975）は、徭役労働を例外的特殊性で、小作争議は小作料や土地取上げをめぐる争いばかりであるのに、徭役労働をめぐる争議は起きていないと反論している（小山編 1953：175）。

　小林良正（1898-1975）は、資本論の徭役労働の言葉から、特殊小作こそ労働地代の残滓であるばかりか、半封建土地所有を典型的に体現したものだと主張した。そこで、名子小作の分布状態を示し、名子が地主の手作業経済の漸時不必要になるに従い「刈り分け」小作へ移行し、刈り分け小作が大正初期に青森・岩手で最も広範におこなわれていたとして、岡田を批判した。また平野も名子制度が全国的な半封建的小作慣行の原型であるとする論文を発表し、相川春喜（1909-1953）も賦役＝労働地代の残存に関する府県別・地帯別概括表を作成し、徭役が全国に存在し、労働地代が次の生産物地代に

転換する形態をとるため刈り分け小作や永小作の解消形態を取らざるを得ないと結論する（小山編 1953：176-177）。

　こうした講座派からの批判に対し、労農派からの反駁として、土屋喬雄は岩手県二戸郡の実地調査に基づき、名子制度が変化して形骸化している地域は多くあるとし、名子制度が現物年貢の根底を制約するものでないと主張した。これに対して講座派の論客の一人で、大正以来の農民運動に豊富な体験を持つ弁護士の布施辰治（1880-1953）は、岩手県二戸・九戸を調査して、土屋報告を批判した。布施は、土屋が血縁別家や譜代奉公人の「カマド」分家以外は名子制度と認めないようだが、名子制度の本質が土地の独占的大所有と隣接の他集落境界との峻別のため、集落の定住者が一地主の大土地所有に依存せざるをえないので、半封建的農奴支配を本質とする名子制度そのものは崩壊していないと主張する（小山編 1953：179）。

　土地所有＝農業生産関係が封建的であるか否かの基準を、地主・小作人の間にある「経済外的強制」の有無に置くかで講座派と労農派が対立した[102]。講座派は経済外的強制の存在が必須であったので、土地取上権や伝統や習慣に姿を変えて現存することを主張した。これに対して労農派は流通的契機で近代化を主張したので生産関係における規定的概念である経済外的強制はほとんどふれなかった。そこで当初は労農派が生産関係を見ないという批判に重点がおかれたが、講座派が経済外強制について土地取上権として貫徹するとか、直接的強制から関係の力に転化をしながら本質的に存在すると主張した（小山編 1953：181-184）。労農派の反論、および講座派の再反論は、いずれも抽象的な理論にとどまり、最後は袋小路に入り込み、実証的な研究には結び付かなかった。

　講座派と労農派の論争そのものは、1936年6、7月、講座派を中心に一斉検挙されたため、論争は突然中断した（小山編 1953：129）。しかし、この論争こそが、最初に丸山が指摘したように、戦前のマルクス主義思想が、哲学と科学と革命運動とが三位一体となっていたので、純然とした学術的研究が、コミンテルン・共産党の政治闘争に巻き込まれ、かつ治安維持法による国家の思想弾圧で更なる沈黙を強いる結果になった。

講座派を鋭く批判した土屋喬雄は、講座派の歴史分析を「政治から与えられた特定のテーゼに合わせて分析することは、一つの政治的活動であって、ひとえに真理の把握のみを直接目的とする自主・独立の科学的活動ではない」という意識で、講座派の批判論文を書いたと述べている（土屋1984：63）。講座派の見解は、戦後も受け継がれ、1950年半ばまで日本の社会科学学界で支配的であったのは、日本共産党に対する若いインテリの同情が強いために、日本共産党に結びついた講座派が正しいと信仰的に考えていたと土屋は指摘している（土屋1984：67）。しかし、1956年にソビエトの日本研究者のリーダーであったエイドゥスの『日本現代史』の翻訳が出版され、明治維新を不完全ながらもブルジョア革命であったと記し、ソビエト科学アカデミー東洋学研究所編の『日本近代史』も明治維新ブルジョワ革命説を採用したので、講座派は急激に支持を弱めた（土屋1984：68-69）。

（3）有賀の小作制度研究の展開

有賀は、「名子の賦役」を書く頃、資本主義論争が盛んだったが、それらの見解には疑問を持っていた。論争の両者は、唯物史観というマルクスが立てた作業仮説に拠ればよかったが、自分はそれと別の作業仮説を作り上げねばならなかったので苦しんだと述べている（有賀1969：445）。

しかし丸山と古在が述べているように、当時の知識人の間で、日本資本主義論争は深く影響を受け、講座派と労農派の論争は広く読まれていたことを考えるならば、有賀自身が納得できないながらも、関心を寄せて読んでいたのではないかと思われる。

特に「名子の賦役」は、第二高等学校の同期生だった土屋喬雄の推薦で『社会経済史』に掲載された。同紙に掲載する研究者からは、いい論文だといわれたものの（北川編2000：19）、ほとんど社会的には相手にされなかったと有賀は述べている（有賀1966a：3-4）。有賀は自らの小作慣行の研究について、次のようにまとめている。

（前略）この方法によって当時主として経済的関係として捉えられてい

た小作慣行の社会的意義は広汎に究明されると私は考えたのであり、これと関連させて日本の政治や経済の構造の基本的性格を明らかにすることができると見た。当時の学界はマルクス主義を中心とする西洋の社会科学の方法論や考え方が一般的に支配的であったから、私のようにそれとは角度のちがう考え方は多くの人から高く評価されなかった。

しかし私は私の考え方、農村以外の、武士、商人、寺社などの社会にも、日本の政治構造にも十分に適応し得ることを感知したし、主従関係と結びついて成立した同族団の基礎単位となった家は、西洋の家族と甚しいちがいのあることに眼をつけて、全体社会との関係において、これらの問題に取り組むべきであると考えた（後略）。

岩本由輝（1937-）は、有賀の養子＝捨子論が柳田國男の着想を発展させたものだと指摘している。柳田は、1920年に『赤子塚の話』を刊行し、この中で1917年の全国の棄児総数330人中、長崎県が124人と集中していることに言及し、棄児は赤ん坊の押し売り、断り聞かずの養子の申し込みという側面を指摘した。さらに柳田は、農業労働組織である「イエ」における嫡子＝総領＝親方の労働指揮権に着目し、オヤコが労働組織で指揮する者とされる者の関係を示す言葉であり、捨子が拾われて受け入れられる余地が多かった段階で、拾われた捨子はその「イエ」の「コ」として家長とオヤコ関係を結び、労働力として扱われたとする。有賀は柳田の着想を基礎にしたのであるという（岩本2000：127-129）。

有賀の「捨子の話」では、柳田の著作を直接引用しているわけではない。この論文では、冒頭に実際の捨子の事件から説き起こし、「徳川禁令考」や、民法規定から捨子の取り扱いに関する変遷を追い、年季奉公も捨子同然という展開から、奉公人と主人の支配保護、人身売買、親方子方の関係、産婆と嬰児、元服親・宿親と宿子という身分関係、そして地主小作について、具体的な事例を挙げて分析している。小作に関して、経済的な負担以外に、身分的な従属関係を強調しているのは、当時論争で「経済外要因」について議論されていたことを意識していたのではないかと思われる。

「捨子の話」の中から、とくに小作に重点を置いて執筆したのが「名子の賦役」である。この論文の副題に「小作料の原義」とあるように、当時、講座派と労農派が激しく日本資本主義について論争をしていた小作料の性質をめぐる重要なテーマであった。論文は序論、名子の名称、名子の分類、賦役の種類、賦役と物納小作料、賦役と刈分け、刈分けと検見と定免、賦役の本質、賦役の年季と、民俗語彙から始まるけれども、経済史関係の資料を分析している。

有賀が依拠した名子の分類は、岩手県を調査した木村修三の（1）血族の分家によるもの、（2）主従関係によるもの、（3）土地家屋の質流れによるものという3分類で、分析事例を『郷土』などの民俗学資料に求めている。特に主従関係に奉公人と捨子を含めており、「捨子の話」からも引用しており、柳田の親子関係における子の意味を、労働組織の一単位を意味する説を支持して、「オヤコが社会組織における身分関係と同時に労働組織におけるコの地位を示す」として、柳田の着想を発展させたことを示している（有賀 1969：234-237）。

『日本家族制度と小作制度』の構成は、「名子の賦役」の論文構成とほとんど同じである。前者の構成で後者にないのは、第1章の家族制度と小作制度だけであり、2章以下は順番も「名子の賦役」と全く同じである。

有賀が「名子の賦役」を発表した1933年から『日本家族制度と小作制度』を発表した1943年の10年間で、有賀の最も大きな変化は、1935年から渋沢敬三のアチック・ミューゼアムの共同研究に参加して、岩手県二戸郡石神の大家族を調査したことである。この報告書はアチック・ミューゼアムの彙報として『南部二戸郡石神村に於ける大家族制度と名子制度』を出版されたが、その序には、次のように調査の動機を記している（有賀 1967：19）。

　　昭和9年7月東北旅行から帰った渋沢敬三君によって初めて石神という小さな村の名と多少の見聞とが我々の間にもたらされた。石神村の発見といえば事々しいが、この部落が渋沢君によって初めて見出された動機はやはり石神という注意をひく名前のためであったということも私に

とっては少なからぬ興味がある。なぜかといえば日本の民俗学的研究に
とっては、柳田國男先生の『石神問答』以来、「石神」という言葉はい
ろいろな意味でクラシカルな響を持っているからである。しかし渋沢君
のもたらした石神村の生活資料は、意外にも石神信仰のそれではなくて、
大きな家を持っている斎藤家の大家族と名子制度に関する若干であっ
た。このことは私に石神村についての共同調査に参加させる動機となり、
「石神」は意外な方向に発展する運命を与えられた。

　1934年9月に渋沢は民家調査を担当する今和次郎（1888-1973）を連れ
て再訪し、有賀は斎藤家の大家族制度と名子制度を担当することになり、経
済史の調査で土屋喬雄とともに1935年7月31日から8月6日まで石神に滞在
し、1936年1月に単身で再調査に訪れて、1938年12月に刊行した『農村社
会の研究：名子の賦役』で石神集落の斎藤家に従属する名子の実態について
言及した（岩本2000：134[103]）。この本で、本分家の互助集団を大家族形態
と規定したのに対して及川宏（1911-1945）が批判し、この集団を家単位
の互助組織としての同族団と規定すべきと指摘された（及川1939）。有賀は
この批判を受け入れて改訂に着手し、『日本家族制度と小作制度』を発表す
るにいたった。
　有賀が石神で大家族制度と名子制度を担当するようになったのは、「名子
の賦役」の論文を書いていたことと関係しているが、有賀が社会調査に関心
を持ったから柳田から距離を置いたことは興味深い。
　柳田民俗学が確立されようとした1930年代前半に、有賀は1933年刊行の
『郷土調査要目』で「民俗」の項目を担当している（竹内1988：6）。この
項目作成で柳田からの示唆はあったが、有賀の独自性が生かされていた。柳
田からの直接の影響と、柳田に紹介してくれた岡正雄の影響で、この時期、
有賀は民族誌を読むようになった。さらに、雑誌『民族』の編集に関わって
いたフランス社会学を専攻する田辺寿利からしきりにデュルケームの社会学
を勧められ、マルセル・モースの「贈与論」や「エスキモーの地縁的移動」
という論文に影響された（北川編2000：15、20）。

有賀は民族誌を読むうちに、フレーザーのような広く比較研究するのは学問が深くならず、民族誌として特殊研究をすることで学問は深くなると思うようになったと述べている（北川編 2000：21）。その後、有賀は柳田から完全に離れていき、木曜会にも姿を見せなくなった。有賀が岩本に直接語った言葉で「山村生活調査とか海村生活調査とかいっても、柳田さんは個別の村の調査結果を項目ごとにバラして並べて、これが日本の山村だとか、海村だとかいっているだけで、あれじゃムラの生活構造なんかわかりっこないんだ。ムラの生活構造を知るにはモノグラフィックな調査をやらなければ駄目なんだ」と言われたと紹介している。岩本は、柳田が民族誌的な村落調査の意味を解さないことに我慢できなくなって離れたと指摘している（岩本2000：124）。

　有賀が石神の民族誌を書くときに念頭に置いたのは、マリノフスキーのトロブリアント諸島の研究やラドクリフ＝ブラウンの『アンダマン島民』で、民族誌を書くことを通じて、文献資料だけで書いた「名子の賦役」のテーマを深く実体験として理解できるようになったと言っている（北川編 2000：23）。

　『南部二戸郡石神村に於ける大家族制度と名子制度』の凡例には、石神の調査が、土屋喬雄との共同執筆の予定であり、経済史は土屋が担当したので、古文書資料に関しては必要最小限度しか触れていないと断っている（有賀1967：36-37）。土屋は、日本資本主義論争の賦役＝労働地代について、有賀と共同調査をした資料をもとに短い論文を発表したが、完成稿には至らなかった[104]。

　土屋の石神調査ノートには、表紙に「昭和10年7月18日」の日付が入っているが、ノートの中に日付があるのは「昭和9年石神斎藤家家族」と「昭和10年8月5日写、橋本鉄五郎家の屋敷」とあり、1度目にアチック・ミュージアムのメンバーと共同でおこなった時と、その後、有賀とおこなった時を一緒に記録している。最初に訪問した時に書こうとしていた論文は「岩手県二戸郡石神村斎藤家における名子制度」という表題で、次のような構成だった。

第1章　概論

1、村勢概観

  1　位置

  2　面積広裏

  3　官民有地反別

  4　民有地地積細別

  5　広狭別による土地所有者数

  6　耕作面積並びに耕作戸数

  7　戸数及び人口

  8　職業別による現住戸数

  9　重要農林産物生産高

  10　納税

2、村勢の史的考察

  1　本村の成立

  2　本村成立当初の人的構成

  3　経済的変遷—生産、交換、交通上の諸変化

  4　貢租関係の変化

第2章　斎藤家名子制度の史的発展

1、斎藤家略歴

2、同家産業の史的考察

3、同家の本村に於ける地位の史的考察

4、同家の他村に対する関係

5、同家召使及び名子の変遷

6、特に地租改正以後如何なる程度の影響を受けてきたか

第3章　斎藤家各名子制度の現況

1、同家の家族構成

2、同家の社会的地位

3、　同家の産業

4、　召使及び名子の家族構成

5、　召使及び名子の同家に対する関係

　　1　　その隷属の程度

　　2　　その労務提供の状況

　　3　　その生活の実状

6、本制度に関する同家の意見

7、本制度に関する召使及び名子の意見

第4章　　結論

1、　本制度は如何なる意味において封建的か

2、　本制度は如何なる程度において非封建的なるモデファイされているのか

3、　本制度は将来も永続すべき可能性を有するか

4、　本制度は崩壊に向ひつつあるか

5、　岩手県の名子制度一般との比較―その特徴に関する暫定的考察

　土屋が有賀と一緒に調査を始めた時は、すでに資本主義論争で講座派批判の論文を立て続けに発表していた時期と重なる。調査ノートの最初に、このような論文の構成を書いており、このテーマに従った聞き書きや、古文書の筆写をしていた。有賀の初版には、共同執筆ができなくなったことだけを書いており、著作集に収録するときにも、当時の事情を明かしていない。そこで土屋の経歴を調べてみたが、日本資本主義論争で日本共産党側の講座派を批判したにもかかわらず、1942年の東条英機政権の閣議決定で、「自由主義者、あるいは左翼的大学教授は病気その他の目立たない理由で休職にするか、あるいは占領地域の要員として占領地域にだすこと」という通達を出したので、土屋は病気による休職扱いになっていた。土屋は敗戦まで休職したのであるが、この間、『渋沢栄一伝記資料』や『大正十年府県別小作慣行調査集成』上下の編纂をしていた（土屋 1973：84-86、土屋編 1983）。これらの

事情を考慮すると、石神の経済史は、病気休職という理由で執筆できなくなったのである。だから土屋の分担部分を、有賀が引き継いだ。有賀は、石神のモノグラフを作成した経験が、最終的に『日本家族制度と小作制度』へと発展させることができた。

有賀は、『日本家族制度と小作制度』の中で、史的唯物論的な分析を白川村の大家族の具体的な事例から批判している。赤木清[105]がモルガン的な通文化比較の図式で白川村の大家族の原始性を主張したのに対し、有賀は日本の家の歴史の中で位置付けなければ通文化的比較はできないと批判した。さらに白川村の大家族を近世の諸条件から特殊な形態をもつもので、奈良時代の家と結びつけることにも反対した（有賀 1969：448）。

『日本家族制度と小作制度』では、赤木清がヨバイ婚を母系制の遺制であり、共同労働を原始的共産的共同体遺制として、白川村の場合だけが人間労働の健全性と創造性があり、その他の封建関係では創造的精神が全くあらわれず、ドイツの建築家タウト（Bruno Julius Florian Taut、1880-1938）が絶賛した民家建築も、前者において発揮されたものと結論付けている。赤木の単純な原始礼賛に対して、有賀は創造的精神が原始的共同体のみに現れるものではなく、白川村の特殊な生活条件により生みだされ、特異な家族形態＝生活組織を成立させたものとして、労働組織や婚姻習俗など、詳細な民族誌データにより反論している（有賀 1966a：314-315）。

小作制度の議論については、講座派批判を軸に議論を展開している。有賀が晩年に「第三の道」と表現しているが、土屋との密接な関係から、土屋の主張を擁護し、土屋が批判した講座派の平野義太郎や山田盛太郎の議論を批判している。

例えば平野義太郎が、日本の小作料が高率であるのを、封建的貢租が小作料の中に転入された結果と主張したのに対し（平野 1934：34）、有賀は小作料が必ずしも貢租と直接関係なく、小作料を決定するのは小作関係の内部と外部の契機であり、内部的には地主と小作人との関係で、生活上の関係が基準になったとしている。そして従来の小作料率を議論する講座派と労農派の議論を暗示して、「日本村落の性格やそれに規定される小作関係を考えず

に、ただ外面的な小作料のみを問題にしてきた」と批判している。そして古い大地主の没落は新興中小地主の出現など、日本の資本主義的経済に影響され、小作料が高率なのは新たに生じた比較的小さな地主に多くみられ、彼らはいわゆる封建的関係をかなぐり捨てた人々だとする（有賀 1966b：686-688）。

山田盛太郎の『日本資本主義分析』で大野村の晴山家の名子制度や鹿児島藩の門割制度の賦役を徭役労働の典型としている主張に対して、有賀は依拠した事例を検証している。有賀は、晴山家の事例が家屋敷・田畑山林の貸与を金高に換算する対比を、単に換算したのみで実際に金納がおこなわれたわけでなく、地頭の親方子方の身分関係で生じたものでヤトイと区別されるべきだとか、鹿児島藩の門割に関して山田が依拠した資料を再分析して、山田がこれらを徭役労働＝労働地代の典型だとする主張に反論を加えている。山田の典型に対する反論は、土屋も展開しているが、有賀の批判はそれを補充するものだった（有賀 1966b：604-607）。

（4）対抗言説としてのマルクス主義と有賀理論

有賀は、『日本家族制度と小作制度』の新版のまえがきで、「マルクスのような偉い学者に盾を突く気はなかったが、日本の学者の論説は日本人の生活をふまえての研究ではないということをしだいに強く感じるようになった」と述べている（有賀 1969：2）。

有賀の立場は、自分の小作制度研究を日本資本主義論争の講座派にも労農派にも属さない「第三の立場」としている（永野 2000：217）。当時の論争からは顧みられなかったと述べているが、当時の一般的な知識人の状況からみれば、有賀もこの論争に関心を持っていたといえる。永野由紀子は、有賀の「第三の立場」をマルクス主義と民俗学の系譜ととらえ、地主は支配する側で絶対的な悪の存在、これに対して小作人は地主に支配される同情すべき存在か、覚醒以前の無知蒙昧な輩という一面的なマルクス主義の見方に、有賀が民俗学の系譜を継承しつつ親方子方関係として地主小作関係をとらえる独自の理解を深めていったと指摘している（永野 2000：218-219）。これは

従来の有賀喜左衛門研究の一般的な理解である。

　また河村望は、『日本社会学史研究』で資本主義論争と有賀社会学を分析している。河村は、有賀の研究を「名主と名子の関係で、封建的労働地代にもとづく関係ではなく、オヤカタ・コカタという擬制的な血縁関係であり、複合大家族を再生産単位とする家独自の血縁組織原理の中で把握されるべきであるものであるとしたことは、有賀の研究における画期的成果であった」としており、「複合大家族の解体と単婚小家族の成立、子方百姓の独立という近世における重要な変化を（中略）『左翼科学者』にたいする批判の論拠」としていたと指摘している（河村 1975：192-193）。従来の有賀研究で、河村を例外として、日本資本主義論争との関係に着目してこなかったので、本章では、日本資本主義論争の農業、とくに小作や「経済外強制」についての論点をまとめてみた。そこには、講座派にも労農派にもマルクス主義という前提があるので、その前提に基づいてロシア・ドイツ・イギリスなどの事例と日本の状況を対比するなど、必ずしも日本の現状を分析対象としていない論考が目立っていた。

　有賀は、日本資本主義論争で、講座派の図式的な地主小作制度のとらえ方を、実証的な経済史研究とフィールドワークで得られた実体験に基づいて批判している。そして、マルクス主義に対抗する理論に腐心したとしているが、当該書の結論部分で「一般性は特殊性を通じて、特殊性は一般性を通じて追求しなければならないということは、科学研究における基礎理論と考えられるのであって、（中略）後者（＝特殊性）がはなはだしく欠けていることに気づかなければならない」として（有賀 1966b：706）、理論を先行するあまり、実例を軽視、あるいは実例を理論に合わせて解釈し、さらに日本の小作制度を西洋流の概念で規定する見解に強く反対している[106]。その意味で「日本の学者の論説は日本人の生活をふまえての研究ではない」とする有賀の批判は当然である。

　有賀と関係が深い土屋喬雄は、日本資本主義論争の論客として論争に加わっており、有賀の「名子の賦役」を『社会経済史』に掲載したり、渋沢敬三が企画した岩手県石神の共同調査に行ったりして、有賀との共著でアチッ

ク・ミューゼアムの報告書を作成する計画であったなど、単に旧制高校の同期生だったというだけでなく、研究面でもかなり深い関係であったことが分かる。

　そこで、日本資本主義論争は、有賀の小作制度と家族制度研究に対して、対抗言説としての骨組を与えたと言える。平野義太郎が展開した「半封建地代論」から経済外的強制の有無が論争の争点になったが、経済外強制を日本の小作制度の封建的性格と位置付けており、これも公式的なマルクス主義の解釈で終わっている。有賀は、経済外強制に名子制度、そして大家族制度を見ていたのであり、この部分の分析にマルクス主義的な方法論では限界があるので、柳田國男の民俗学を用いて分析しようとしたのが、有賀の農村社会学の特徴である。

　また労農派の議論に、小作争議を小作の性質を判断する実証資料として用いているため、小作争議に至らない一般的な小作の社会的性質を分析するには限界がある。有賀が石川県鹿島郡高階村の調査で聞いた小作料をめぐる地主と小作人の交渉は、対立図式からかなりはずれる。当地では、明治以前から年貢小作を隠匿する「シャッポ被った田」があったが、日露戦争の増税で、そうした隠し田も摘発されて減少した。そこで地主は小作料を引き上げようとしたが、小作人との間で争いになった。しかし、第一次世界大戦の好景気により、農地を捨てて都市に出る小作人が増加し、地主側は小作料の引き下げを余儀なくされた（有賀 1966a：75-76）。

　このように、地主と小作の関係が、単に搾取という見方では割り切れない現実があるにもかかわらず、資本主義論争は農村の現実を見ていないので、有賀は民俗学の報告と自らのフィールドワークで小作の実態と労働組織からみた親方子方関係という柳田の着想を敷衍して、独自の研究を展開してきた。

　有賀がマルクス主義の枠組みでの議論の中でもっとも違和感を持ったのは、唯物史観、つまりアジア的―古典古代的―封建的―ブルジョア的―共産主義的という五段階をへて人類の歴史が必然的に進化するという考え方である。

　さらに、現在では日本資本主義論争が、単なる学術論争ではなく、コミンテルンの27年テーゼと32年テーゼをめぐる日本共産党の内部の権力闘争と

いう政治的な性質が強かったことが分かっているし、例えば山田盛太郎のように、コミンテルンの方針の変化に応じて、自らの主張を変えていくように、決して純然たる日本社会の性質を深める学術論争ではなかったことも、有賀は早くから気が付いていたのであろう。

有賀の理論は地主側のイデオロギーの擁護に過ぎないという批判もある。鳥越皓之は有賀自身が幼少からの地主としての経験が無縁でないと指摘する（鳥越 1994：365）。確かに、地主として農民の生活に深く関わったことと、柳田民俗学への関心から自覚的に農村の社会組織に関心をむけたことが、有賀の農村社会研究の出発点になっている。しかし、地主側イデオロギーの擁護のための研究という批判は、有賀の研究の本質的な部分を理解していない。また政治闘争にありがちな敵対構造の創出による批判は、学術的議論になじまない。

戦後になり、講座派からも柳田農政学を再評価する動きがでている。例えば、柳田の『時代ト農政』が日露戦争後の農村における急激な階層分化や独占資本への癒着で、肥料、種子、苗木、農具の購入を通して資本に隷属しなければならない現状を憂慮し、いたずらに精神共同体の必要性を説く報徳主義を批判した柳田を再評価している（福冨 1978：21-23）。地主小作関係論に関しても、小作料米納制の習慣が、商品経済の浸透、地租の金納化、地主の地代取得者としての地位への寄生に伴う地主小作関係の共同経営者関係喪失という側面から、地主・小作・国家より維持される必要性がなくなり、金納制に解消されるという柳田の指摘は、講座派も労農派も説明できていない（福冨 1978：172-175）。このように、福冨正実（1930-1997）は、地主研究が柳田國男から有賀喜左衛門に継承されて発展した民俗学から、「自己流に解釈した世界史的一般法則への安易な公式主義に安住していた「講座派」理論や「労農派」理論のゆがみを鋭く突いている」と指摘する（福冨 1978：172-175）。さらに講座派は一般的に西洋的類型をアプリオリに典型的と決め、それに合致しない日本型の過渡的生産関係を「封建的」と規定した（福冨 1978：194-195）。

日本資本主義論争の講座派と労農派への反論が、有賀の主著である『日本

家族制度と小作制度』の根底に流れており、その方法論として柳田民俗学と石神をはじめとする日本各地でのフィールドワークの経験であった。これは地主と小作人の関係を経済関係のみに抽象化して扱うのではなく、ムラの生活事象全体で位置付け、その内面的関連で小作関係の持つユイの意義を解明しようとしたのが、「名子の賦役」以来一貫して続く有賀の基本着想である。その基本概念は「生活組織」であり、モースの「贈与論」に示唆された「全体的相互給付関係」の概念であった（竹内 1981：2）。

　戦後になって、藤田五郎は経済史から有賀の業績を日本資本主義の発達の中に位置付けた。藤田は「経済外的強制」を「領主的強制」と「部落的強制」に二分し、前者を政治学的範疇に、後者を社会学的範疇に属すとして、後者の社会的強制を有賀の研究成果に依拠すべきとしている（藤田 1970：24-25）。藤田は、「階級史観」と対比させた「共同体史観」という概念を建て、有賀が日本的性格を解明しようとする時勢に沿ったものであるが、その中で最も科学的で地に着いた研究書だと評価している（藤田 1970：55）。有賀は、日本資本主義論争で自らの研究は全く反響がなかったと言っているが、論争の政治性が色あせた時、有賀の実証研究は、反対に古典的な研究として後世に残った。

第4節　石田英一郎

　石田英一郎は、学生運動に深く関わり、戦前に治安維持法で逮捕された経験のある人類学者である。すでに鶴見太郎の著作でも、マルクス主義に関わった民俗学者の代表として取り上げられている。また戦後、東京大学の文化人類学コースの主任教授となったので、石田に関する著述は複数ある（山口 1979、杉山 1988）。

　マルクス主義と石田英一郎の文化史研究との関係についての分析は、杉山晃一が最も優れていると思う。石田英一郎のマルクス主義に関する業績は、エンゲルスの訳書『反デューリング論』や、論文「唯物史観と文化人類学：とくに文化の構造と人間性の問題をめぐって」がある（杉山 1988：314）。

『反デューリング論』は、戦後、フランスとロシアで起きたアジア的生産様式の論争で重要な文献でもあり、これを翻訳していることは重要である。

しかし石田は、有賀とは対極的に、全くフィールドワークに基づいた議論をせず、抽象的な理論から人類文化史を研究する方法論をとった。石田のマルクス主義も、社会運動からではなく、やはり理論から入った。石田の足跡とマルクス主義について、筆者が入手した新たな資料を紹介しながらまとめていきたい。

（1）石田英一郎の足跡

石田英一郎は、1903年大阪に生まれ、高校時代からマルクス主義の研究会に入り、1924年に京都帝国大学経済学部へ進学して、在学中に学生社会科学連合会（略して学連）に参加した。1925年、父の死にともない男爵を継承した。その同じ1925年に学連参加者の33人が治安維持法で逮捕され、石田は押収された日記の中に皇室を疑問視する表現によって不敬罪でも起訴された。大正天皇の崩御により不敬罪は大赦となり、一度保釈された。1928年に3.15事件に連座して逮捕され、石田は転向せずに刑期を満了した1934年まで大阪刑務所に服役した。

石田は、マルクス主義への関心からだと思われるが、在学中にロシア語の勉強をしたが、その時の教師が、柳田國男と交流を持つニコライ・ネフスキー（Николай Александрович Невский Nikolai 、1892-1938）だった。ネフスキーは1915年に来日して、卓越した語学力により沖縄・宮古島の民俗、アイヌ説話の研究をしていた。石田はネフスキーから柳田國男と折口信夫の名前や、フレーザーの『金枝篇』を知った。彼は収監されている間、モルガンの『古代社会』やフレーザーの『金枝篇』を読んで人類学の基礎を築いた。

石田は出所後に、岡正雄や柳田國男と知り合い、1937年にウィーンへ留学して民族学を学び、シュミットの下で「馬の文化史」をテーマに内陸アジア遊牧文化の起源について研究した。1939年に帰国して、1940年から帝国学士院東亜諸民族調査室の嘱託となり、1941年夏にサハリンのオロッコ、

1942年の夏に中国内蒙古のムスリムを調査した。1943年に民族研究所の嘱託を経た後、1944年に西北研究所の次長として赴任している。石田は、張家口にいる間、全く調査に関心を示さなかったという。当時石田はどこに行くにも特高や憲兵の尾行がつきまとい、かつ定期的に憲兵隊へ出頭し活動報告をせねばならなかった（鈴木二郎談）。戦後は、中国から引き揚げたのちに雑誌『民族学研究』の編集をしていたが、GHQの下部組織である民間情報教育局の嘱託として働いたのち、東京大学に文化人類学コースを創設する初代教授として迎えられた（鶴見 1998：171-186、杉山 1988：313-315）。

　1964年に東京大学を定年退職したが、その前年に東北大学文学部付属日本文化研究施設教授となり1967年まで勤務した。その後埼玉大学教養学部教授となるが、1968年に多摩美術大学の学長となり[107]、わずか半年で肺がんのため亡くなった。

（2）京都帝国大学学生社会科学連合会

　1917年のロシア革命の影響、さらに翌年7月の米騒動で、日本でも社会運動が高揚した。1922年に小さな研究団体として学生社会科学連合会が組織され、東京帝国大学、早稲田大学の雄弁会が学外の左翼運動家の指導を受けて街頭デモや学内集会を組織した。しかし1925年以前には、当局が学内活動に加入することなく、学生が学外での非合法活動で検挙されても警察は大目に見ていた。そこで学連は全国的に組織化が進み、東大、早稲田、明治の大学のみならず、一高、三高、五高など各地の主要な高等学校を包括して20数校に達した（ミッチェル 1980：68-69、我妻編 1976：69）。さらに学生連合会は、1924年9月に全国代表者会議が開催され、49校、1,500名の会員となった。関西では京都、同志社、大阪外語を中心に関西連合会が結成された（我妻編 1976：70）。

　1925年11月末に、軍事教練反対のビラが京都の同志社大学にまかれた事件を通じて、京都府警は、非合法の日本共産党が学連を通じて工作している疑いを持ち、同年12月16日、全国から司法、警察官僚を集めて会議を開き、治安維持法を最初に適用して学連を消滅させる決定がされた（ミッチェル

1980：71)。石田は学生運動の影響を受けて、マルクス主義に深くのめり込むことになった。

　1923年末に、社会科学研究会が全国の高校に組織され、東大新人会が高等学校班と連絡を取り、学生連合会に統合された。東大新人会から菊川忠雄（1901-1954）が第一高等学校に派遣され社会思想研究会を作った（杉山 1972：547)、成績優秀で教授から信頼が厚い学生を獲得する目的で石田英一郎を説得し、研究会に参加させた。これによって、男爵の家の息子であり、石田のような優等生が研究会に入るのなら、世間でいうような悪いものでないと語られたという（住谷 1969：165)。

　石田は、河上肇を慕って1924年に京都帝国大学経済学部へ進学して、在学中に京都帝国大学社会科学研究会に参加した。これは別名「学生社会科学連合会」と言った。1925年に、当時共産党のイデオロギー指導者であった福本和夫を京都帝国大学に招き、講演会を開催した。福本は、公式社会主義、特に河上マルクス主義が弁証法を欠如しているとして、京都帝国大学の河上肇、山川均（1880-1958）、櫛田民蔵を論駁したので、石田は福本に心酔し、河上に対して決別宣言をした（住谷 1969：161)。

　福本和夫は、1922年から文部省の派遣でパリに2年半留学し、マルクス主義の歴史の見方、経済学の方法論、マルクス主義政党の組織問題について研究して、1924年8月に帰国し、山口高商で教鞭をとっていた。福本はフランスから帰国後、雑誌『マルクス主義』に留学成果を投稿していた。また帰国後、京都帝国大学で日本経済史と農業問題を研究しようと大学院に交渉したが、文部省が大学院入学を許可せず、山口高商に勤務することになった。こうした経緯があり、京都帝国大学の学友会からの依頼ということで、進化論講座の第二部、社会進化論の講演を依頼された。福本は、フランスで研究した上述した3つの研究テーマのうち、第一の「社会の構成並びに変革の過程」について講演をした。この内容は、弁証法的唯物論に立脚した歴史の見方、つまり科学的社会主義の人生観、宗教観、世界観、社会観、歴史観の成り立った由来と、その基本的な構造、組み立てを明らかにしようとしたものだった。京都帝国大学の草稿が、後に同題名で処女作として出版された。2

日に及ぶ講演会には、河上肇をはじめとする教員も出席したが、福本は河上が唯物史観を全く理解していないことに驚いたという（福本 2004：15-44）。

　講演会の後に学生との座談会があり、石田英一郎も出席している。福本自身が述べている講演内容と、上述の住谷が福本講演をまとめたものとには多少違いがあるけれど、結果として福本が河上肇を筆頭にする京都のマルクス主義は、理論的に欠陥があると非難し、石田は福本の講演で福本の説くマルクス主義理解に心酔して、その後、河上に決別を宣言し、京都帝国大学時代は教授と人的接触さえも絶ち、理論的指導をほとんど受けなかったというのは、潔癖症である石田の性格をよくあらわしている（杉山 1972：547）。

　石田の福本理論への傾倒ぶりは、社会科学研究会で唯物史観に関する研究発表に表れている。河上肇と櫛田民蔵も列席した研究会で、この時の模様を住谷は次のように記している（住谷 1969：162）。

　　マルクスの「経済学批判の序文」の「唯物史観の公式」における、下部構造と上部構造の問題であり、哲学的には、「彼の社会的存在では、彼の意識を決定する」というマルクス主義思想の核心的な問題と取り組んだものであった。石田さんはこの唯物史観の公式に、決定されるという被制約性を持っている観念形態―イデオロギーのところでマルクスは、法律的・政治的・宗教的観念形態というように一々掲げているのに「経済的意識形態」乃至は「経済的観念形態」を挙げていないのはどういう理由でしょうか、と問い質している。さらに、唯物史観では、自然的環境というものを、観念の決定者として採り容れてよいですか、御意見をお伺いしたいというのであった。

　石田の発表は、福本の『経済学批判の方法論』（福本 1926）を踏まえての発表ではないかと思われる。福本はこの本で河上肇の『資本論略解』を批判したと解説している。河上は、この批判で満身創痍となり、全面的に書き換えて『資本論入門』を出版した。また、福本の『経済学批判の方法論』について、河上門下の櫛田民蔵から、方法論は後回しにすべきで資料の蒐集編成

が急務という趣旨の反論があった（福本 2004：51-54）。こうした福本の発表内容から考えるならば、石田は、恩師の河上と櫛田の前で、河上批判の急先鋒である福本の著作に基づく研究発表をしたのではないだろうか。だから、この研究会では緊張感があり、出席者は深い印象を残したと思われる。

　このほか、研究会では「ロシア共産党史」やスターリンの「レーニン主義の基礎」を紹介した。1925年には父の死にともない男爵を継承したが、同年6月に研究会の仲間の大田遼一郎と中国へ渡り、北京で5・30事件後の北京大学生と交流し、劉少奇、中江丑吉、鈴木言一を訪れている[108]。1926年1月15日に石田は出版法違反の嫌疑で社会科学研究会員13人とともに拘引された。この時、京都帝国大学の河上肇、同志社大学の河野密、山本宣治、関西学院の河上丈太郎も家宅捜索や拘引をされた（高桑 1955：127）。石田は治安維持法違反と不敬罪で起訴され、いったん保釈された1927年春に、日本共産党から派遣された水野成夫と上海に潜行した。中共中央部を指導していたコミンテルンの極東方面指導者、ボイチンスキーが上海にいたので、水野たちが合流した。しかし、1927年4月12日に蔣介石の反共クーデターが起きたので、水野たちは漢口まで逃れるのに、石田も同行した。（杉山 1972：547）。

　1925年に学連参加者の13人が治安維持法で逮捕され、一度釈放された。しかし石田は押収された日記の中に皇室を疑問視する表現によって不敬罪にも問われた。1929年、大正天皇の崩御で不敬罪と出版法違反は特赦となり、全員が治安維持法の有罪を宣告された。石田は、不敬罪は問われなかったものの、治安維持法違反で1934年まで留置された[109]。石田は1928年3月15日の第二次日本共産党事件にも連座して、その罪も加えられている。検察庁での尋問や公判廷での質問で、石田の意思は一貫していた。山口昌男（1931-2013）は、石田の正々堂々とした供述を「みずからの正しさを主張して全く小気味よい」と評している。それは、石田が、いつ、どこで、どのような会合がおこなわれたか、その時誰が集まったかを明快に供述しており、取り調べの検事に向かい「国家権力で思想を取り締まらなくても、マルクスならマルクスの学説のどこが間違っているのか、正々堂々と証明してくれたらど

うです。バカでなければ、誰も誤った説なんかについてゆかないでしょう」と述べている（石田 1970a：36）。これを、山口は「お坊ちゃんのこっけいな発言としてではなく、実に真面目な発言に聞こえるのは、石田の性格に基づく一貫した態度ゆえと思える」と、石田の性格の潔癖性を示す言葉と捉えている（山口 1979：64）。

石田の潔癖症は、生涯変わることはなかったが、石田自身、マルクスの議論に不明な点が多くあった。石田は次のように述べている（石田 1970a：35-36）。

　　学生の私にとって『資本論』はやはり難しすぎたようだ。労働価値説から地代論にいたるマルクスの経済学説は、河上博士などの解説に助けられて筋道だけ理解できても、その証明力という点では最後まで納得いかなかった。（中略）マルクスの経済学説が誤りであろうとなかろうと、人による人の搾取という歴史的現実の存在は、厳として動かすべくもない。マルクスの剰余価値説でこの事実が解明できぬなら、他のよりすぐれた経済学説が、もっと説得力のある解釈をくだすだろう。われわれは現に目前に横たわる恐るべき大衆の貧困と、これをもたらした階級的搾取及び支配の撤廃のために戦うのだ。

当時の学生運動が、社会的不平等への怒りと、共産主義革命への幻想よりマルクス主義に傾倒していったことは一般的な傾向である。石田が『資本論』に取り組みながら、不明な部分を理解するために、河上肇の講義を手掛かりにしたと書いているけれども、福本和夫の講演を聞いてから、福本の著作を頼りに『資本論』をはじめとするマルクス主義の理解を深めようとしていった。

今西錦司（1902-1992）は、石田英一郎と西北研究所で所長、次長の関係で面識があり、そして戦後は東京大学と京都大学で人類学の主任教授であったという縁から、石田に対して、自らの学問姿勢と対比をしている。つまり、今西は自分がセオリー・メーカーであったのに対し、石田がセオ

174

リー・フォロアーであったと指摘している（今西1971：1-3）。石田の理論は、マルクス・シュミット・クローバーというように、依拠する理論の枠組みで人類史・文化史を構築してきた。その傾向は、すでに大学時代から顕著である。そして、石田の言葉にもあるように、マルクスの理解は、直接マルクスの著作によるのではなく、福本和夫の解説によって、マルクス主義的方法論を理解していった。

福本は、前述したように、マルクス主義の歴史の見方、経済学の方法論、マルクス主義政党の組織問題の3つのテーマでフランス留学の成果をまとめていた。福本が石田と出会った時は、まだ非合法活動に参加しておらず、山口高商の助教授という身分であり、新進気鋭のマルクス主義研究者であった。

石田は師である河上肇と決別宣言をするくらい福本和夫に心酔した。特に福本が講演した「社会の構成並びに変革の過程」の内容が、科学的社会主義の人生観、宗教観、世界観、社会観、歴史観の成り立った由来という、いわゆる社会科学全般に及ぶ問題をあつかっていたので、その後の石田の民族学、民俗学への問題関心の発展を示唆する内容だった。また、福本は京都帝国大学での講演をする前後から共産党活動を始めており、潔癖症の石田は、マルクス主義の師と定めた福本がたどった道を、同じように突き進んだのではないだろうか。この点は後述する。

（3）西北研究所の文献研究

石田の研究スタイルは、現地調査に基づくものではなく、基本的に文献研究だけである。しかし、東京大空襲で原稿を焼失したものの、帝国学士院の嘱託時代から「漢化した回教徒の研究」をテーマに、華北と内蒙古のイスラーム教徒の民族誌をフィールドワークにより書いていた。石田は、1948年の佐口透論文「中国ムスリムの宗教的生活秩序」の解説として、当時の調査写真を掲載しており[110]、西北研究所での研究分担としてイスラーム教を担当していたことが窺える。当時の石田を知る藤枝は、蒙古平原に近い、埃っぽい張家口の町を、毎日アイロンをあてたワイシャツに蝶ネクタイをして、靴に埃が付くと神経質に払っていたと述べている（原山・森田1986：74-75）。

戦後、石田はイスラーム関係の論文を発表しておらず、回教徒の調査経験は石田の研究に影響を及ぼしているとは思えない。基本的に文献研究だった石田は、北京の輔仁大学で教鞭をとっていた民俗学の直江広治（1917-1994）を訪ね、直江の助力で借り出したフランス語やドイツ語の民族誌を張家口に持ち帰って読んでいた。藤枝も、石田が執筆した回教徒の調査は、西北研究所に来る以前の帝国学士院時代の資料に基づいて書いていたもので、実地調査には全く関心を示さず、文献ばかり読んでいたと証言している（原山・森田 1986：75-76）[111]。

　当時、石田は柳田國男の古稀記念論文を執筆しており、規定の枚数を大幅に上回ったので、単行本にする計画で執筆に専念していた。石田は張家口にいる間に『河童駒引考』を脱稿したが、内容が世界の民間伝承の比較であったので「戦争完遂には不急不要の書である」という理由で日本出版会の審査を通過せず出版できなかった（石田 1970b：13）。この本の新版の序文では、戦時中に戦争と縁遠い古代文化史の研究に沈殿していたのは「著者のひそやかなレジスタンスでもあった」と回想している（石田 1970b：5）。戦時中の「民族学」調査が、直接間接に軍部への協力になったことは、帝国学士院時代に思い知らされており、このことが西北研究所時代、調査することを一層消極的にさせたのではないかと思う。

　しかし、西北研究所の蔵書は、西域の地方誌を中心に、かなり漢籍資料が充実しており、これらの基礎資料を読み込むことで、『河童駒引考』の基礎資料としていた。石田が主観的に国策への抵抗で実地調査を拒否して文献研究に打ち込んだつもりであっても、広い意味では当時の西北工作とは無縁ではない。

　西北研究所が設立する以前の蒙古善隣協会調査部は、「歴史上より観たる西北ルート」という報告書を、西北ルートに関する紀行文、漢籍、諸民族文献に現れた新疆地方の都市・駅站でまとめた。この資料は、戦後、関係者によって復刻されている（蒙古善隣協会 1962）[112]。この仕事は、駐蒙軍から善隣協会に依頼されたもので、ロシア領内を通過するシルクロードの歴史的ルートを歴史資料から復元している[113]。

西北研究所で同僚だった藤枝晃（1911-1998）は、西北研究所の所員となることを、自分は文献学者だから、文献がないところには赴任しないと一度断っている。しかし、その後事情が変わり、藤枝が西北研究所へ赴任することになってから、蒙古善隣協会図書館の蔵書を確認するため、蒙疆政府の知人に十数冊の書名を問い合わせた。その返答は、善隣協会の図書部が照会した書籍の8割近くを所蔵しており、その蔵書の豊富さを意外に思い、特に西域地誌のコレクションの多さに驚いたという（藤枝談）。石田が『河童駒引考』の執筆で参照した漢籍資料は、前述した善隣協会調査部が「歴史上より観たる西北ルート」を作成するときに、北京の書籍店から大量に購入した西域の地方誌である。石田は、文献研究に専念することで「ひそかなレジスタンスだ」と思っていても、その文献自体がソ連軍の動向をさぐり、シルクロードのルートを推定するための基礎資料として蒐集された西域地誌だった。石田の『河童駒引考』も、広い意味で日本の軍事戦略の傘下にあったといえる。

（4）民間情報教育局時代

　石田英一郎は、論争の名手であったと評価されている。さらに、石田は座談会などで議論をまとめる才能にも秀でていた。特に、戦前に岡正雄がウィーン大学へ提出した学位論文を、戦後になって連合軍経由で入手し、岡に返還した後、「日本民族＝文化の源流と日本国家の形成」という座談会を企画して、大きな反響を呼んだ。

　清水昭俊（1942-）が指摘しているように、日本でウィーン学派が流行したのは、戦後になってからである（清水 1996：23）。清水が指摘しているのは「日本民族＝文化の源流と日本国家の形成」という座談会の公表と[114]、歴史・言語・考古・形質人類学などの学会からの反響である（石田 1958）。戦後は、皇国史観を克服しつつ、唯物史観に立つ研究者によって新しい日本史が書き始められていた時に、東アジアの文化史という視点で日本を描こうとした点で、皇国史観と異なる歴史観として注目された。特に、江上波夫が唱えた大陸北方系騎馬民族の部族連合体が日本へ侵入して大和において征服

王朝を樹立したという仮説は、ジャーナリズムによって大々的に取り上げられた（江上 1986：324-327）。ウィーン学派の文化圏説は、日本民族起源論に応用され、天皇制の文化史的位置付けを展開して、戦前のタブーを打ち破ったという意味で社会的注目を集めた。

　日本民族学会の雑誌『民族学研究』は、戦後、すぐにGHQの下部組織にある民間情報教育局の管理下に置かれていた。そこで編集作業をしていた石田は、その仕事と同時に、座談会の司会者としてまとめる能力を高く評価されて、民間情報教育局の顧問教授に採用された。

　アメリカの公文書館に、民間情報教育局への採用過程に関する石田の文書が保存されている[115]。この文書は、プライバシーに関わる部分があるとして、機密扱いになっていたが、筆者はアメリカの情報公開法に基づき1年がかりで申請し閲覧することができた。この資料によると、石田英一郎を採用するように民間情報教育局が申請したのだが、明確に書いてはない「別の機関」から彼の採用に関して異論が出され、石田の戦前の治安維持法違反と日本共産党へ入党していた前歴が問題視された。そこで、石田は過去の治安維持法違反での入獄と非転向を認めながら、出獄後、日本共産党との関係は一切ないことを強調して採用に至っている。以下は、この文書の中で、石田と共産主義運動との関係を書いている部分である。

　採用面接　1949年6月8日
　部門　世論及び社会調査部門（Public Opinion & Sociological Research Division）
　職位　顧問教授（Prof. Consulate）
　賃金　月給7,490円
　特記事項　就職書類は1949年5月27日に提出された。

　出願機関：世論及び社会調査部門
　責任者：ベネット博士（Dr. J.W. Bennett）

義務と職責

一般的

世論及び社会調査部門におけるアドバイス、および占領とその政策に関係する日本人の生活と世論の社会学的側面を調査するプロジェクトに参加し、分析し、報告書を作成。

特殊

1　世論及び社会調査部門の陸軍民間部門（DAC）[116]の人事部に利用できる日本語の社会調査資料を助言し、要約を用意し、同資料の文献目録を作成すること。

2　世論及び社会調査部門の陸軍民間部門の人事部に利用できる資料を、占領とその政策に関連する日本人の生活と世論を社会学的側面から調査する企画に参加し、立案、分析、報告すること。

石田の委嘱された仕事は次の通り。

1　民間情報教育局の企画する社会調査に関する助言（20％）。
　（a）農地改革が農村社会の指導者と社会組織に及ぼした影響、（b）経営と企画の自由化に基く財閥解体と経済の非集中化、（c）労働、商売、政治的・法的強制組織に内在するオヤブン・コブンシステム解体のための効果的プログラム立案、（d）行政と労働運動の社会組織、（e）GHQの各部門と占領軍第8師団から要求された他の社会調査。

2　次に述べる技術的問題の実施をめぐる責任（40％）。
　（a）一般的調査技法と特殊な調査企画の実施をめぐり、調査員への準備作業と授業の開講、（b）日本語参考文献の作成と要約を翻訳する資料の推薦、（c）当該部門の副部長が指示したインタビュー、あるいは観察のため個人、グループを手配、（d）資料収集の基礎スケジュールの立案と実行　①世論調査のアンケート、②統計資料、③集中的な個人、グループ調査のスケジュール、④グループや個

人の観察リスト、（e）調査の日程と調査実施を運営するための準備、（f）事前調査と調査の参加、（g）アメリカ人の調査分析官によって要求された問題を回答し解説するための調査結果の分析と報告。

3　上述の調査を実施するための監督（25%）。

4　民間情報教育局に雇用された他のアドバイザー、GHQや第8軍担当者の部門、さらに社会学やそのほかの分野の日本人専門家、及び日本政府の関係する部門との調整役（15%）。

　以上のように、世論及び社会調査部門が石田を雇用しようとしたのは、単なる調査アシスタントではなく、調査をするためのアドバイザーであり、その内容は、占領軍の日本改革政策全般であった。しかし、石田の雇用申請は、世論及び社会調査部門の上位機関である民間情報教育局から簡単に受理されなかった。1949年12月16日の部門間備忘録（INTRA-SECTION MEMORANDUM）で「日本人採用者、石田英一郎を雇用することへの反対意見に関する当該部門の意見概要」という文書には、1949年9月27日付で「日本国籍の採用者を雇用しないように勧める」という表題の文書を明示し、これに対する反論を次のように展開している。

　　a）石田は若い時に共産主義運動に関わったが、すでに25年前のことであり、その後の15年間は共産党の活動に関わったことがない。

　　b）彼の経歴に関する我々の得た資料によれば、共産主義の活動に「参加を隠匿した意図」もなく、共産主義者でもない。

　　c）15年から25年前に、日本の思想警察の記録に共産主義者であると記載されているが、卓越し国際的に知られた日本人学者を排除することは、占領を窮地に陥れる。

　この文書に添付して、石田を雇用する必要性と、石田が20代の若い時に共産主義活動により収監された事実を認めながら、その後は共産党の活動から距離を置いており、共産主義者であるという証拠はないと反駁している。

180

そして参考資料Aに石田の逮捕歴と政治的な待遇を詳細に述べている。これは、本人が書いた文書には出ていない[117]。

a）1925年12月1日、彼は出版法違反の容疑者として捜査された。古い日本の出版法は、訓令[118]第93号の概念に違反していた。占領下の圧力で、出版法は保留・廃止となった。

b）1926年1月15日、彼は治安維持法違反の容疑者として逮捕され、1926年8月28日まで収監された。彼は7か月収監されていたが、この訴追に対して彼には判決が下されていない。治安維持法は「訓令118第93号1b（2）によって特に廃止された。

c）1926年10月29日、彼はA級警察監査と指定された。警察監査は訓令第93号1b（1）によって廃止された。

d）1929年12月12日、彼は治安維持法により禁固刑6年の判決を宣告された。訓令第93号1b（1）参照。

e）1934年5月13日、彼は仮出所し、日常生活に戻った。

f）1935年6月1日、彼はA級共産党員に分類された。訓令第93号1b（2）1b（3）参照。

g）1942年10月28日、彼は思想警察の保護観察課からB級共産党員として監視を解除された。訓令第93号1b（2）1b（3）参照。

石田の採用を要望する最終的な結論で、石田の戦前の活動は、リベラリストとしての活動であり、石田が勾留された容疑は、すべて占領政策によって廃棄された法律であるので、石田を民間情報教育局で雇用するにはなんら問題がないというものだった。

石田が共産主義者でないと説明する文書の中に、石田が釈放後、どのように人類学と関わるかについて詳細に述べている文書がある。その部分を翻訳すると、次のようになる。

a）1934年に釈放以来、石田氏は日本の民族学・民俗学・伝統的古典

補論　マルクス主義と日本の人類学：有賀喜左衛門と石田英一郎　181

学の権威である柳田國男に雇われた。日本の知識人に精通する者は、誰もが柳田博士が共産主義者でないことは明白である。柳田博士が共産主義者を雇った可能性はわずかにある。柳田博士が石田氏の行為に対して完璧に認識していたとしても、彼は刑務所から釈放された石田を調査員として喜んで迎えたはずである。

b）石田氏は1937年から1939年までウィーン大学へ留学し、シュミットとコッパーズ博士のもとで博士号を取得した。この2人は世界的に卓越したカトリックの民族学者である。さらに民族学界に通暁している者ならば、シュミットとコッパーズが博士号を認めた者は、共産主義やマルクス主義に意味はないと認めている。シュミットとコッパーズは、政治的にも社会科学理論としても共産主義とマルクス主義を否定していると示唆している。シュミットはバチカンと親しく、戦時中はバチカンですごした。世界文化の中の川の精霊（＝河童のこと）の分布を扱う石田氏の学位論文は、エンゲルスやルイス・モルガン、その他経済決定論者の著作にみられるマルクス主義の社会科学的精神と完全に背馳する。さらに、我々はこのテーマで共産主義者の著作に包含する内容を見つけることはできない。

c）石田は1939年に日本へ帰国し、帝国学士院で人類学の調査員になった。

d）石田のネットワークは人類学者全体に及んでいる。個人的に面識のあるのは、前日本銀行総裁の渋沢敬三で、彼は幣原内閣の大蔵大臣を歴任しており、渋沢財団の責任者であり、政治的経済的に排除された学者を庇護している。渋沢男爵とすべての日本の民族学者は、若いころ石田氏がマルクス主義者であったことを周知している。彼らは、石田氏が共産主義者ではなく、彼を親しい友人であり共同研究者として受け入れている。

e）これらの確信は、石田氏が日本民族学会の機関紙『民族学研究』の主任編集者に投票で選んだ事実で裏付けされている。

f）1947年に、石田氏は雑誌『展望』に、学術的なマルクス主義批判の論文を発表している。この論文で石田氏は、共産主義について、

人々を騙すための巧妙な策略にすぎぬと主張することもできる。しかし、彼が若い頃からマルクス主義活動をおこなった形跡は微塵もなく、学術雑誌に論文を執筆することは、明確な公約を意味するので、石田氏が共産主義者と争っているか、あるいは民族学界を混乱させるために共産主義者と何らかの深く考え抜かれた陰謀を企てているかのどちらかである。しかし、この論文は彼の科学的観点を表していることに間違いない。

　この文書は、日本民族学会の内部事情に精通し、柳田國男と石田の関係にも詳しいので、おそらくハーバート・パッシンが作成したものだと思われる。またアメリカ公文書館の石田文書の中で、日時が明示していない文書に、世論調査部と上級機関のやり取りを記録したものがある。この翻訳は次のとおりである。

　　占領本部と軍務部門（service group）よる付随的な命令は、石田氏が「若い時に政治的な組織に指示されていた個人的な活動歴と、完璧な警察記録の記入が欠落している」ということだった。当該部門によって検証された利用可能な資料では、政治的な活動や組織的関係など申請すべきことはなかった。石田氏は、要求された書類はすべて記入したと述べている。当該部門は、ペイニー女史を通じて、占領本部と軍務部門に彼（石田）が必要な事実を申告していない証拠となる文書を我々に示すよう要望した。占領本部と軍務部門はこの要求を拒否した。それに、彼が周知の事実である記録を隠そうとしたなどはあり得ないことである。彼の人生で、刑務所に収監されたのに続いて、彼は経歴の質問と調査項目に記入せねばならなかったが、このような事例で彼の過去の事件を隠して得られるものは何も期待できない。

（5）総合人類学への転向とマルクス主義の限界

当時、連合軍内部では、中国大陸で中国共産党による共産主義国家建設を

目前にした共産主義への警戒感が顕著な時期であった。民間情報教育局で期待された石田の仕事は、農地改革の影響調査や、占領政策に関係した世論調査であったが、実際の報告書や、調査に関わった人たちの回想からは、石田がどのようにアドバイスをしたのか、全く分からない。しかし石田の出勤簿を見ると、かなり律儀に出勤していたことがわかる。

ただ、石田が民間情報教育局で実際やったことは、図書館でひたすらアメリカ人類学の著作を読むことであった。特に、クローバーへの傾倒は大きく、依拠する基本理論を戦前のマルクス、そしてシュミットの文化圏説からクローバーに変化させている。このように、人類史の普遍化からアメリカ的なイデオロギーの普遍化に変化したきっかけが、民間情報教育局図書館でアメリカ人類学関係書籍を読んだ結果であった（住谷・坪井・山口・村武1987：169）。

石田が依拠する人類学理論が、ウィーン学派の文化伝播論からアメリカの総合人類学へと変わったことについて、次のような二つの評価がある。一つは、戦前から勉強したウィーン学派の文化史論の延長であるとするとらえ方である。山口昌男は、石田の「クラウゼとその文化構造論について」（石田1943）を評価して、この議論が、戦後のクローバーの構造論と変わらないと指摘している。つまりクラウゼの文化構造論は、対比、平衡からなる構造よりも相対という意味を持っており、クローバーの文化分析論に近い考えだったので、戦後、石田がクローバーに接近する考え方がもともとあったという見方をしめしている（住谷・坪井・山口・村武1987：193）。もう一つは、一種の知的転向であるという見方である。石田は、民間情報教育局での読書によって、アメリカの文化人類学基本原理を理解した。その後、東京大学に人類学のコースを創設するとき、「文化人類学」という名称が、あまりにアメリカ的であるという学内の批判に対して、至上原理であるかのように総合人類学確立の必要性と必然性を説いた。石田の性格から見て、たとえGHQの民間情報教育局にいたとしても、占領軍という外圧に左右されたとは思えないが、至上原理のような抽象的の高い観念に対して意外にもろく、政治的転向ではないが、一種の知識人の転向の型であると山口昌男は指摘す

る（住谷・坪井・山口・村武 1987：173-4）[119]。

　さらに、民間情報教育局のパッシンは、自らのセクションで石田をアドバイザーとして採用しようとして、多くの反対にあった。それにも関らず、パッシンが石田を採用したのは、石田の学識の広さと日本民族学会での人脈、人望であった。石田は学会誌『民族学研究』の編集後記に、戦時中の民族調査を報告書にして投稿するよう呼びかけている（石田 1972：385）。これは、戦争という状況でおこなわれた調査でも、学術的価値の高いものは、出版する価値があるという趣旨で呼びかけたものだった。しかし1950年8月には、日本人の南方軍政に関わった司政官や軍政関係の人たちがパッシンの自宅に呼ばれて東南アジアの統治、特に宗教政策や宣伝などのヒヤリングをおこなっており、日本の軍政統治の問題点を理解するため、呼び出された日本人にメモを持参させてヒヤリングをおこなっていた[120]。そこで東南アジアの現地事情を把握するため、戦時中に日本人が東南アジアでおこなった民族調査は、GHQが欲していた情報であった[121]。

　石田は、マルクスの唯物史観を一種の文化論として重視している。唯物史観は近代資本主義社会の分析を基礎にして、文化の構造を動かす内在的な基本要因を物質生活の生活過程から明らかにしようとする最も体系的な作業仮説だと評価する。石田の唯物史観理解の特徴は、「上部構造」が「経済的基礎構造」の上に立ちながら相対的独立性を保ち、逆に基礎構造に影響を及ぼすので、唯物史観は単なる経済決定論ではないことである。次に唯物史観における社会進化論の位置付けである。石田は資本主義社会に先行する進歩の4段階（アジア的、古代的、封建的、近代ブルジョア的）を提起しただけで、世界共通の一線的進化の系列として決めてかかる史学者の態度を批判する。だから進化論から切り離して、唯物史観を文化構造理論として評価し再検討する必要を強調している（杉山 1988：322-3）

　石田は、一方で1949年に「民俗学と歴史学」という論文を書き、その中で民俗学を批判しながら柳田を高く評価している。これは当時の歴史学の流れで、人類学、民俗学、民族学とは葛藤や行き違いがあり、『河童駒引考』や日本民族の源流の座談会に対してマルクス主義史学は対応できなかっ

た（住谷・坪井・山口・村武 1987：157）。このことに対して、石田が文化史、人類史を研究する上で、マルクス主義は限界があると見切りをつけていたのだろう。石田の文化人類学の研究対象はあくまで「文化」で、その内容によって、価値、技術、社会、言語の4範疇に類別し、相互関係に結ばれた「複合的全体」を形成すると考えた（杉山 1988：319）。

　しかし、石田のマルクス主義を出発点にしたことによる人類学研究の限界もあった。石田は大正時代に学生時代を送ったので、新カント派はプチ・ブルジョア的なイデオロギーだという批判が強かったから、ウェーバーを読む機会を逸したと言っている（住谷・坪井・山口・村武 1987：160）。さらに、石田はエスニックの問題関心が欠落していると指摘されている。これを、住谷はフィールド・ワーカーでないことを理由にしている（住谷・坪井・山口・村武 1987：163、166）。しかし、帝国学士院の嘱託時代は、まさにエスニシティと関係が深い中国イスラーム教徒のフィールドワークをおこなっており、西北研究所時代でも、基本的に張家口ではエスニシティの問題は触れている。ウェーバーはエスニシティについての論考を『経済と社会』の中でも展開しており、いわば石田にウェーバー的問題意識がないことが、エスニックの問題関心を欠落させた要因ではないかと考えられる。

　また石田は、理論を作る研究者ではなく、依拠する理論に基いた研究をするタイプであった。若いころのマルクス主義は、ある意味で生涯影響を受けたわけだが、これはマルクス主義の著作自体からの影響というよりは、その解釈をした福本和夫の影響が大きいといえる。今までに、石田英一郎研究では、福本和夫の影響について、あまり言及されていない。しかし、近年福本和夫の著作集が刊行され、福本自身の自叙伝も出版されているので、徐々にマルクス主義だけではなく、福本の問題関心の全体像が分かってきた。

　福本は治安維持法で収監され、獄中で「日本ルネッサンス史論」の着想を得ている。彼が32年テーゼと封建派の明治維新封建革命論のあやまりを、根源にまでさかのぼって批判することであることは、鶴見太郎によっても指摘されている（鶴見 1998：141）。その後、1941年に福本が出獄してから、柳田國男を訪問し、郷里の鳥取県東伯郡下北条村に帰郷後、実地調査によっ

て郷土誌を作成している（鶴見 1998：141-157）。戦後、福本は、日本の民間芸能や技術史について論文を書き、『カラクリ技術史』『捕鯨史』などの研究は渋沢敬三も支援している。このことからも、福本和夫のマルクス主義理解は、経済や党組織論だけでなく、社会史的な見方も含まれていたので、文化史への展開は不可欠であり、必ずしも政治活動を禁止されて転向した結果とは言えない。今回は、福本の初期の著作と石田英一郎の文化史研究への影響を詳しく検討することはできなかったが、この点は比較検討する価値があると思う。

第5節　結論と課題

　大学で専門的に人類学を学ぶ機会が限られていた戦前の研究者たちは、はたしてどのような経路をたどって人類学を学び始めたのだろうか。この観点から人類学史を整理すると、日本の特色が明らかとなる。戦前の人類学者には大きく分けて社会主義運動、登山あるいは探検、そして宗教学がある。本章では、主として社会主義運動が、どのように人類学を学ぶきっかけになったのかという観点で日本の人類学史を検討した。

　転向者と柳田民俗学については、これまで著名な民俗学、人類学者が集まっていたので、研究が蓄積されている。しかし、渋沢敬三とアチック・ミューゼアムについては、あまり注目されてこなかった。例えば、日本常民文化研究所に入ったマルクス主義に造詣の深い戸谷敏之（1912-1945）という研究者がいた。彼は一高の丸山眞男の1年先輩で、丸山が大学へ進学した頃、読書会で指導を仰いだり、ヘーゲルの読書を勧められたりしたのだという。しかし戸谷は、東大経済学部の進学が決まっていたが、治安維持法違反で起訴され、遡って一高卒業取り消しとなり、法政大学予科に入り直した。そこで当時助教授だった大塚久雄（1907-1996）のゼミに加わり「イギリス・ヨーマンの研究」を書き、大塚経済史学の形成に寄与したと言われる。戸谷は法政大学卒業後、日本常民文化研究所に入り、マルクスとウェーバーとシュンペーターを総合した視点から同研究所の資料を使って農業経営

史を中心とする研究をしていたが、1944年3月に応召してフィリピンに出征し、45年9月に戦死した（古在・丸山 2002：221-222）[122]。戸谷敏之は、アチック・ミューゼアムから『社会経済史料雑纂』第1輯、第2輯（アチックミューゼアム編1938）をまとめ、江戸時代の古文書から、日本の社会経済史の基本資料を整理している[123]。

　マルクス主義と人類学といえば、人類学的民族誌のデータとマルクス・エンゲルスの著作との関係を論じ、また社会運動からの転向という政治的な問題などで議論される。しかし、丸山眞男が指摘したように、戦前はマルクス主義が単なる政治的な運動ではなく、知的な世界に大きな影響力を持った時代だった。石田英一郎のように、学生運動に身を投じて治安維持法で刑務所に服役していた人類学者もいた。その反面、有賀喜左衛門のように、マルクス主義とは距離を置きながらも、資本主義論争への違和感から、社会調査によりマルクス主義を対抗言説として自らの学的基礎を築いた研究者もいた。1930年代に学知として実態を整えてきた人類学、民族学、民俗学は、そうした意味で、海外の人類学の歴史とはかなり異なり、日本ではマルクス主義に影響を受けながら知的世界を構築した歴史があることを明らかにしてきた。

あとがき

　中国に「飲水想源（水を飲むとき、その水源を想う）」という諺がある。私たちはどこから来て、どこへ行くのだろうか。行先を迷った時、ふと立ち止まって、これまで歩いてきた道のりを思い返してみると、これから行く方向が見つかるのではないだろうか。ただ昔を懐かしみ、感傷に浸るのではなく、過去から現在に至る過程を反芻することで、将来の路を思い描くことができる。そうした意味合いが、この言葉には込められていると思う。

　前著の『近代日本の人類学史：帝国と植民地の記憶』で、戦前の日本の人類学が、植民地、傀儡政権、占領地で、どのように展開したのかをまとめた。本書は、その継承発展版で、戦後いかにアメリカの人類学が日本研究を通じて変容していったのか、そして日本へ如何に影響を与えていったのかを書いていった。前著の主眼も、戦前と戦後の断絶と継承であったが、本書は戦前との連続性を強調した。それは敗戦国と戦勝国の違いでもある。日本とアメリカのアーカイブとを比較すると、その差は歴然としている。最初にアメリカの国立公文書館へ行ったとき、報告書を作成するためのメモも含めて保管してあり、ここまで資料が残っているのかという驚きが大きかった。それに対して、日本の防衛庁戦史資料室に行ったときは、東京大空襲で焼けてしまい、残って居ません、というそっけない対応で、限られた資料から、あるいは公開できる資料から探っていく必要があった。アメリカの文書館は、正式の報告書だけでなく、その前の構成の段階や、報告書を書く前のメモや草稿まで参照できた。

　本書の特徴は、研究書に留まらず、そうした公文書や、大学に所蔵してある私文書、フィールドノート、手紙もふくめたアーカイブ調査と、2000年代におこなったオーラル・ヒストリー研究である。前著でも、1990年代に、戦前から活躍していた人類学者の聞き取りをおこない、かつ現地を訪れて、できるだけリアルな人類学史を目指したが、今回もアメリカで、類似した仕事ができた。それは、科研費による出張とともに、2006年と2014年から15年にかけてのミシガン大学CJSでのトヨタ訪問学者によるアメリカ滞

在が、非常に役に立った。受領した科研費は以下の通り。

「戦後のGHQの極東政策と人類学の利用」(研究代表者)

研究課題／領域番号：15520525、基盤研究（C）2003-2005。

「『原爆報道』に関する基礎的研究」(研究分担者)

研究課題／領域番号：19H04422、基盤研究（B）2019-2023。

「ファシズム期における日独伊のナショナリズムとインテリジェンスに関する人類学史」(研究代表者)

研究課題／領域番号：19H04363、基盤研究（B）2019-2024。

本書は、今まで発表した以下の論文の重複部分を調整して、戦中から戦後にかけての、アメリカにおける人類学の日本研究を系統づけて論じたものである。それぞれの論文は、それ以前に出版した論文に言及したり、簡略に要約したものを前提に論じたりしているので、相互に関連があり、若干時間的に前後したものもあるが、出版の元になった原稿は以下のとおりである。

第1章　序論

第1節　アカデミズムと国家戦略の媒介者：クラックホーン

2018「クライド・クラックホーン」岸上伸啓編『はじめて学ぶ文化人類学』東京：ミネルヴァ書房、52-57。

その他　書下ろし

第2章　ミシガン大学の日本研究

2014「アメリカにおける戦前の日本研究：ミシガン大学の陸軍日本語学校と日本地域研究」『社会情報研究』11号、21-33。

2017「戦時中のアメリカにおける対日戦略と日本研究：ミシガン大学ロバート・ホールを中心に」『桜美林論考　人文研究』7号、99-110。

第3章　GHQの人類学者

2006「日本占領期の社会調査と人類学の再編：民族学から文化人類学へ」末廣昭編『「帝国」日本の学知』第6巻、岩波書店、144-178。

2012「日本占領期の人類学史：GHQの応用人類学」ヨーゼフ・クライナー編『近代<日本意識>の成立：民俗学・民族学の貢献』東京：東京堂出版、228-247。

第4章　ミシガン大学日本研究センター
書下ろし

第5章　ABCCの被爆者調査
2023「ABCCの被爆者調査」小池聖一編『原爆報道の研究』東京：現代史料出版、261-283。

補論　マルクス主義と日本の人類学：有賀喜左衛門と石田英一郎
2011「マルクス主義と日本の人類学」山路勝彦編『日本の人類学：植民地主義、異文化研究、学術調査の歴史』兵庫：関西学院大学出版会、343-402。

　各章で、ほぼそのまま採録してあるのもあるが、大幅に書き加えたり、構成を変えたりして、重複記述を調整した。補論は、野坂参三に関する日本共産党の動きは、日本資本主義論争との関係が深く、さらに石田英一郎が第3章のGHQの民間情報教育局に関係していたので本文に組み入れることが難しく、この論文全体を採録することにした。草稿を読んで意見をもらったのは、小林亮介、谷口陽子の両氏で、個別の問い合わせに答えていただいた宮脇千絵、高柳ふみ、ヨーゼフ・クライナー、森口（土屋）由香、山本武利、泉水英計である。記して謝意を表わしたい。

　既存の原稿は、出版の時、校正で変更を加えたものは、その時点で書き換え、さらに新しい資料を見つけると、逐次バージョンアップを重ねてきた。2024年9月から、サバティカルで台湾に来ており、フィールドの蘭嶼に滞在していた。全体を見直し、第4章を独立して書いた方がいいと判断し、資料が限られる中で新たに執筆した。蘭嶼では、季節外れの台風が来襲し、船も

欠航して台北に出て資料を確認する機会がなかった。天気がいいと、青い空と海に囲まれた別天地の島だが、台風の直撃を被ると、風速90メートル超えの暴風に見舞われるため、生活はいつも天候に左右されている。この環境が、どのように文章にしみ込んだかわからないが、長年温めたテーマに一区切りできたことで良しとしよう。

2024年12月4日　台湾蘭嶼にて

参考文献

日本語 （　　）内は初版の出版年。

阿川弘之

1954 『魔の遺産』東京：新潮社。

有賀喜左衛門

1966a 『有賀喜左衛門著作集Ⅰ　日本家族制度と小作制度　上』東京：未來社。

1966b 『有賀喜左衛門著作集Ⅱ　日本家族制度と小作制度　下』東京：未來社。

1967 『有賀喜左衛門著作集Ⅲ　大家族制度と名子制度：南部二戸郡石神村における』東京：未來社。

1969 『有賀喜左衛門著作集Ⅷ　民俗学・社会学方法論』東京：未來社。

有賀喜左衛門、中野卓編

1980 『文明・文化・文学』、東京：御茶の水書房。

アチックミューゼアム編

1938 『社会経済史料雑纂』第1輯、第2輯、東京：アチックミューゼアム。

石田英一郎

1941 「邦領南樺太オロッコ族に就いて（一）」『民族学年報』3巻、343-390。『石田英一郎全集』、5巻所収）。

1943 「東干に対する若干の考察」『回教圏』7巻4号、9-30。（『石田英一郎全集』、5巻所収）。

1956 「唯物史観と文化人類学：とくに文化の構造と人間性の問題をめぐって」『東洋文化研究所紀要』、第9冊、1-22。（『石田英一郎全集』2巻所収）。

1958 「九年の後に」岡正雄他『日本民族の起源』東京：平凡社。

1968 「序文」西川一三『秘境チベットを歩く』東京：芙蓉書房。

1970a 『石田英一郎全集』4巻、東京：筑摩書房。

1970b 『石田英一郎全集』5巻、東京：筑摩書房。

1972 『石田英一郎全集』8巻、東京：筑摩書房。

石田寛

1985a 「アメリカ地理学者による日本研究」石田寛編『外国人による日本地域研究の軌跡』東京：古今書院、39-53。

1985b 「『新池』をめぐる日本地域研究の追跡調査・再訪問調査」石田寛編『外国人による

地域研究の軌跡』東京：古今書院、199-221。

石田布佐子

1969 「夫英一郎との日々」『展望』125号：167-175。

1995 『空白の時期』東京：私家版。

伊藤武雄

1964 『黄竜と東風』東京：国際日本協会。

今西錦司

1971 「文化人類学の責任」『石田英一郎全集月報』8巻、東京：東京大学出版会。

市原麻衣子

2015 「アジア財団を通じた日米特殊関係の形成？：日本の現代中国研究に対するCIAのソフトパワー行使」『名古屋大學法政論集』260号、299-318。

井村哲郎編

1995 『米国議会図書館所蔵戦前期アジア関係日本語逐次刊行物目録』東京：アジア経済研究所。

岩本由輝

2000 「有賀喜左衛門研究と柳田国男」北川隆吉編『有賀喜左衛門研究：社会学の思想・理論・方法』東京：東信堂、113-145。

ウィスウェル・エラ・ルーリィ著、河村望・斎藤尚文訳

1987 「日本語版への序文」『須恵村の女たち　暮しの民俗誌』東京：御茶の水書房（Robert J. Smith & Ella Lury Wiswell, 1982, *The women of Suye-mura*, Chicago：University of Chicago Press）。

上野 和男

1991 「日本の地域性研究における類型論と領域論」『国立歴史民俗博物館研究報告』35巻、241-270。

宇佐美誠次郎

1951 「戸谷君のこと」戸谷敏之『イギリス・ヨーマンの研究』東京：お茶の水書房。125-136。

内田穣吉

1949 『日本資本主義論争』上巻、東京：新興出版社。

江上波夫

1986 「わが生い立ちの記：学問の探検」『江上波夫著作集』別巻、東京：平凡社。

エンゲルス、岡村繁訳

1948 『反デューリング論：オイゲン・デューリング氏の科学の変革』東京：彰考書院（Engels, Friedrich, *Herrn Eugen Dührings Umwälzung der Wissenschaft*）。

エンブリー、ジョン・F著、田中一彦訳

2021 『全訳須恵村：日本の村』埼玉：農山漁村文化協会。

及川宏

1939 「同族組織と婚姻及び葬送の儀礼」『民族学年報』2輯、1−40。

大石嘉一郎

1982 「『日本資本主義発達史講座』刊行事情」『日本資本主義発達史講座刊行五十周年記
　　　念復刻版 別冊1解説・資料』東京：岩波書店。

大塚久雄

1951 「戸谷敏之氏の論文『イギリス・ヨーマンの研究』に就いて」戸谷敏之『イギリス・ヨー
　　　マンの研究』東京：御茶の水書房、135−144。

太田好信

2008 『亡霊としての歴史』京都：人文書院。

2016 「文化人類学と『菊と刀』のアフターライフ：21世紀におけるリベラリズムと文化概念との
　　　新たな対話」桑山敬己編『日本はどのように語られたか』京都：昭和堂、31−56。

岡正雄

1979 『異人その他』東京：言叢社。

岡正雄他

1958 『日本民族の起源：対談と討論』東京：平凡社。

岡田光子

1966 「ABCCに働いて」原水爆禁止広島市協議会編『加害者への怒り　ABCCはなにを
　　　したか』広島：原水爆禁止広島市協議会、35−41。

岡田謙他

1953 「特集社会調査」『民族学研究』17巻1号、1−98。

岡田謙、神谷慶治共責任編集

1960 『日本農業機械化の分析：岡山県高松町新池部落における一実験』東京：創文社。

小笠原義勝

1951 「日本の土地利用区」『地学雑誌』630号、21−29。

小野澤正喜

2022 「アメリカ合衆国における日本文化論の形成に関する一考察：コロンビア大学における2つ
　　　の源流の形成を中心に」『育英短期大学研究紀要』39号、63−76。

カフリー、マーガレット・M著、福井七子、上田誉志美訳

1993 『ルース・ベネディクト：さまよえる人』大阪：関西大学出版部（Ruth Benedict：Margaret
　　　M. Caffrey, 1989, *Stranger in this land*, University of Texas Press）。

加藤哲郎

2005 『象徴天皇制の起源：アメリカの心理戦「日本計画」』東京：平凡社。

川島武宜

1946 「日本社会の家族的構成」『中央公論』61巻6号、27-37。

2000（1948）『日本社会の家族的構成』東京：岩波書店、初版、学生書房）。

河村望

1975 『日本社会学史研究』下、東京：人間の科学社。

菊川忠雄

1931 『学生社会運動史』東京：中央公論社。

菊池一隆

2003 『日本人反戦兵士と日中戦争：重慶国民政府地域の捕虜収容所と関連させて』東京：
御茶の水書房。

北川隆吉編

2000 『有賀喜左衛門研究：社会学の思想・理論・方法』東京：東信堂。

北支那方面軍司令部

1939 『包頭駝運事情』陸支密受第3005号、方軍地資第10号。

喜多野清一

1976 『家と同族の基礎理論』東京：未來社。

キンズバーグ・カディア、ミリアム

2022 「冷戦中の協働：1945〜1960年のアメリカにおける日本学」森口（土屋）由香、川島真、
小林聡明編『文化冷戦と知の展開：アメリカの戦略・東アジアの論理』京都：京都大
学学術出版会、50-89。

クラックホーン、クライド著、光延明洋訳

1971 『人間のための鏡：アメリカの文化人類学の世界的権威による古典的名著』東京：サイマ
ル出版会（Clyde Kluckhohn, 1949, *Mirror for man : the relation of the anthropology
to modern life*, UT Back-in-Print Service）。

蔵持不三也

1985 「モース」綾部恒雄編『文化人類学群像』、1〈外国編①〉、東京：アカデミア出版、
137-153。

黒田信一郎

1987 「シュテルンベルグ」石川栄吉等編『文化人類学事典』東京：弘文堂、358。

クローバー（A. L. Kroeber）、松園万亀雄訳

1971 『文明の歴史像：人類学者の視点』東京：社会思想社（*An Anthropologist looks at*

History, University of California Press,1963)。

クロポトキン、P.著、高杉一郎訳

1979『ある革命家の手記』、上・下巻、東京：岩波書店（Kropotkin, P. A.、*Memoirs of a revolutionist*）。

桑山敬己

2016「エンブリー『須恵村』のRe‐View（再見/再考）：日本農村研究の古典をいま読み直す」『日本はどのように語られたか：海外の文化人類学的・民俗学的日本研究』東京：昭和堂、57‐83。

桑山敬己・中西裕二

2016「ビアズレーらによるVillage Japanの宗教観：愚直なまでの民族誌的記述から見えること」『日本はどのように語られたか：海外の文化人類学的・民俗学的日本研究』東京：昭和堂、85‐144。

ケント、ポーリン

1997「ベネディクトの人生と学問」ルース・ベネディクト著、福井七子訳『日本人の行動パターン』東京：日本放送出版協会、173‐211。

コーネル、ジョン著、篠原徹、川中健二訳

1977「馬繋：山村の生活と社会」『岡山理科大学蒜山研究報告』3号、81‐207（John B. Cornell, 1956, "Matsunagi：the life and social organization of a Japanese mountain community", in *Two Japanese villages, Occasional papers*, no. 5, Center for Japanese Studies）。

小島恒久

1976『日本資本主義論争史』東京：ありえす。

小林孝雄

1984『極秘プロジェクト　ICHIBAN：問い直されるヒロシマの放射線』東京：日本放送出版協会。

小森恵編

1981『昭和思想統制史資料』別巻（上）、東京：生活社。

小山弘健編

1953『日本資本主義論争史』上巻、東京：青木書店。

古在由重・丸山眞男

2002『一哲学徒の苦難の道：丸山眞男対話編　1』東京：岩波書店。

小山隆

1971「鈴木さんと私」『鈴木榮太郎著作集第3巻月報5』東京：未來社。

佐々木彦一郎

1931「聚落の生態」『郷土科学』7号、25-33。

笹本征男

1995『米軍占領下の原爆調査』東京：新幹社。

ジェームス・小田

1995『スパイ野坂参三追跡：日系アメリカ人の戦後史』東京：彩流社。

塩沢君夫

1970『アジア的生産様式論』東京：御茶の水書房。

篠原徹

1986「ある再会：人類学者と村の変容」『民俗フォーラム』2号、9-22。

1994「文化人類学の日本研究と民俗学：J. B. コーネルの残したもの」『岡山民俗』202号、1

  -14。

島田錦蔵

1948『林政学概要』東京：地球出版。

渋沢敬三

1992『渋沢敬三著作集 犬歩当棒録・東北犬歩当棒録』第3巻、東京：平凡社。

清水昭俊

1995「民族学と文化人類学：学会の改称問題によせて」『民博通信』70号、8-27。

庄司興吉

1975『現代日本社会科学史序説：マルクス主義と近代主義』東京：法政大学出版局。

杉山晃一

1972「（石田英一郎）年譜」石田英一郎『石田英一郎全集』第8巻、東京：筑摩書房。

1988「石田英一郎」綾部恒雄編『文化人類学群像』、3〈日本編〉、東京：アカデミア出版。

住谷一彦、坪井洋文、山口昌男、村武精一

1987『異人・河童・日本人』東京：新曜社。

住谷悦治

1969「京大生時代の石田君」『展望』125号、159-166。

杉原芳夫

1965「原爆症をめぐる二つの立場」『科学朝日』25巻8号、23-32。

スミス、ロバート・J著、河村能夫、久力文夫訳

1982『来栖むらの近代化と代償』ミネルヴァ書房（Smith, R.J., 1956, *"Kurusu" in Two*
  Japanese Village, Occasional Paper No.5, The Center for Japanese Studies at The
  University of Michigan）。

関敬吾

1981a 『関敬吾著作集7　民俗学の歴史』京都：同朋舎。

1981b 『関敬吾著作集8　民俗学の方法』京都：同朋舎。

泉水英計

2008 『米軍統治下の沖縄における学術調査研究』神奈川大学国際経営研究所。

2010 「沖縄の地誌研究−占領期アメリカ人類学の再検討から」坂野徹、愼蒼健編著『帝国の視角/死角：「昭和期」日本の知とメディア』東京：青弓社、147−176。

2012 「ジョージ・P・マードックと沖縄−米海軍作戦本部『民事手引』の再読から」『歴史と民俗』28号、217−244。

2016 「米海軍「民事ハンドブック」シリーズの作成過程にみるアメリカの対日文化観」桑山敬己編『日本はどのように語られたか：海外の文化人類学的・民俗学的日本研究』東京：昭和堂、151−177。

2025 「農村社会研究がインテリジェンスになるとき：学説史のなかの『須恵村』、社会史のなかのエンブリー」中生勝美・飯田卓編『ファシズム期の人類学』東京：風響社（印刷中）。

祖父江孝男

1958 「米国人類学者による日本研究：展望と評価」『民族学研究』22巻3−4号、275−282。

1978 「クラックホーンの理論」蒲生正男編『文化人類学のエッセンス』東京：ぺりかん社、301−315。

高桑末秀

1955 『日本学生社会運動史』東京：青木書店。

竹内利美

1969 『家族慣行と家制度』東京：恒星社厚生閣。

1981 「『農村社会の研究』と有賀先生の研究の途」『昭和前期農政経済名著集第20巻　月報』東京：農山漁村文化協会。

1988 「初期研究の出発点：「郷土調査項目・民俗」柿崎京一・黒崎八洲次良・間宏編『有賀喜左衞門研究：人間・思想・学問』東京：御茶の水書房、3−26。

田中一彦

2017 『忘れられた人類学者（ジャパノロジスト）：エンブリー夫妻が見た「日本の村」』福岡：忘羊社。

2018 『日本を愛した人類学者：エンブリー夫妻の日米戦争』福岡：忘羊社。

谷口陽子

2006 「日米研究者は「家」をどう書いてきたか：1950年代から1970年代の日本社会研究から」お茶の水女子大学博士論文（社会科学）。

2010 「米国人人類学者が見た戦後日本のむら：コーネルと馬繋」岡山理科大学『岡山学』研究会編『シリーズ岡山学 8　高梁川を科学するPart 1』吉備人出版、92–109。

2011a 「米国人人類学者への日本人研究者からの影響：1930年代から1960年代までの日本研究」山路勝彦編『日本の人類学：植民地主義、異文化研究、学術調査の歴史』関西学院大学出版会、495–516。

2011b 「コンタクト・ゾーンとしての文化人類学的フィールド：占領期日本で実施された米国人人類学者の研究を中心に」田中雅一・船山徹編『コンタクト・ゾーンの人文学：Problematique/問題系』晃洋書房、20–46。

2013 「米国人による戦後日本調査とその展開：ミシガン大学日本研究所による1950年から1955年の瀬戸内海地域研究」『国際常民文化研究叢書 4：第二次大戦中および占領期の民族学・文化人類学』神奈川大学国際常民文化研究機構、225–248。

2014 「ミシガン大学日本研究所の戦後日本調査：初代所長ロバート・B・ホールの活動と岡山フィールドステーションの開設」『社会情報研究』第11号、35–56。

2022 「CJSの占領期日本「衛生環境」と日本へのまなざし」『武蔵野美術大学研究紀要』52号、139–152。

土屋喬雄

1935 「岩手縣二戸郡荒沢村名子制度研究」[手稿]（一橋大学図書館所蔵）。

1973 「社会科学50年の証言 21　土屋喬雄　資本主義再論争のために」『エコノミスト』1973年12月4日号、82–88。

1981 （1937）『日本資本主義史論集』東京：象山社。

1984 「私の履歴書」日本経済新聞社編『私の履歴書　文化人17』東京：日本経済新聞社。

土屋喬雄編

1982 （1942–3）『大正十年府県別小作慣行調査集成』上下、東京：象山社。

鶴見太郎

1998 『柳田国男とその弟子たち　民俗学を学ぶマルクス主義者』京都：人文書院。

2000 『橋浦泰雄伝：柳田学の大いなる伴走者』東京：晶文社。

ドーア、R.P. 著、並木正吉、高木径子、蓮見音彦訳

1965 『日本の農地改革』東京：岩波書店、（Dore, R.P., 1959, *Land Reform in Japan*, Oxford University Press）。

十時厳周

1962 「文化人類学の応用について：文化人類学における研究領域の拡大に関する若干の考察」『法学研究：法律・政治・社会』Vol. 35, No.2、1–32。

戸谷敏之

1941 『徳川時代に於ける農業経営の諸類型：日本肥料史の一齣』アチックミューゼアムノート
　　　第18、東京：日本常民文化研究所。

1943a 『明治前期に於ける肥料技術の発達：魚肥を中心とせる』日本常民文化研究所ノート
　　　第28、東京：日本常民文化研究所。

1943b 『切支丹農民の経済生活：肥前国彼杵郡浦上村山里の研究』東京：伊藤書店。

1949 『近世農業経営史論』東京：日本評論社。

1952 『イギリス・ヨーマンの研究』東京：御茶の水書房。

冨田芳郎

1972 『台湾地形発達史の研究』東京：古今書院。

鳥越皓之

1994 「有賀喜左衞門：その研究と方法」瀬川清子・植松明石編『日本民俗学のエッセンス：
　　　日本民俗学の成立と展開（増補版）』、東京：ペリカン社、363－373。

直江広治

1967 『中国の民俗学』東京：岩崎美術社。

中生勝美

2006 「日本占領期の社会調査と人類学の再編：民族学から文化人類学へ」末廣昭編『帝
　　　国の学知』第6巻、東京：岩波書店、144－178。

2009 「陳紹馨の人と学問：台湾知識人の戦前と戦後」『桜美林大学紀要　日中言語文化』
　　　第7集、53－93。

2010 「コミンテルンの情報組織と1930年代の上海：ゾルゲと尾崎秀実を中心に」『人文研究』
　　　創刊号、87－103。

2011 「マルクス主義と日本の人類学」山路勝彦編『日本の人類学：植民地主義、異文化研究、
　　　学術調査の歴史』兵庫：関西学院大学出版会、343－402。

2012 「日本占領期の人類学史：GHQの応用人類学」ヨーゼフ・クライナー編『近代〈日本意識〉
　　　の成立：民俗学・民族学の貢献』東京：東京堂出版、228－247。

2014 「アメリカにおける戦前の日本研究：ミシガン大学の陸軍日本語学校と日本地域研究」『社
　　　会情報研究』11号、21－33。

2016a 『近代日本の人類学史：帝国と植民地の記憶』東京：風響社。

2016b 「ミシガン大学の歴史図書館：所蔵資料と利用の現状」広島大学文書館編『個人文
　　　書の収集・整理・公開に関する諸課題（第1回広島大学文書館研究集会記録集』
　　　広島大学文書館研究叢書2、17－32。

2025a 「鳥居龍蔵の外地民族誌と学知の発信」松田利彦編『植民地帝国日本とグローバル

な知の連環』京都：思文閣出版（2025年3月出版予定）。

2025b「戦前の内蒙古におけるドイツと日本の特務機関：モンゴル学者ハイシッヒと岡正雄」中生勝美・飯田卓編『ファシズム期の人類学』東京：風響社（2025年5月出版予定）。

中尾麻伊香

2021「ABCCの被爆者調査―治療と調査をめぐる攻防」若尾祐司・木戸衛一編『核と放射線の現代史：開発・被ばく・抵抗』京都：昭和堂、22-49。

中野泰

2012「日本占領期に於ける日本民俗学者とアメリカ社会人類学者の邂逅：民間情報教育局（CIE）によるNational Fishing Village Surveyとattitude surveyから」『歴史人類』40号、75-146。

永野由紀子

2000「有賀社会学における「第三の立場」から見た日本の近代化：マルクス主義の系譜と民俗学の系譜」北川隆吉編『有賀喜左衛門研究：社会学の思想・理論・方法』東京：東信堂、215-226。

日本民族学協会編

1952『日本社会民俗辞典』全4巻、東京：誠文堂新光社。

農政調査会

1956『農地改革事件記録』東京：農政調査会。

野呂栄太郎

1983（1930）『初版　日本資本主義発達史』下巻、東京：岩波書店。

蜂谷道彦著

1955『ヒロシマ日記』東京：朝日新聞社（Hachihya Michihiko, 1955, *Hiroshima Diary：The Journal of a Japanese Physician, August 6 – September 30, 1945*, UNC Press）。

パッシン、ハーバート

1949「現代アメリカ人類学の諸傾向」日本民族学協会編『現代アメリカの社会人類学』東京：彰考書院、1-17。

1978『遠慮と貪欲　コトバによる日本人の研究』東京：祥伝社。

1981『米陸軍日本語学校：日本との出会い』（Encounter with Japan：the American Army Language School）東京：ティビーエス・ブリタニカ。

林孝司

2017「あるアメリカ人経済学者と近代中国の出会い：若き日のC. F. リーマー」『成城・経済研究』216号、135-158。

原山煌・森田憲司

1986 「西北研究所の想い出：藤枝晃博士談話記録」『奈良史学』 4号：56-93。

ヒューズ、ロランス・アイ・著、農林省農地局農地課訳

1950 『日本の農地改革』東京：農政調査会（Laurence, I. Hewes, *Japanese Land Reform Program*, Natural Resources Section Report No.127）。

平野義太郎

1934 『日本資本主義社会の機構：史的過程よりの究明』東京：岩波書店。

ヒラリー・ラプスリー著、伊藤悟訳

2002 『マーガレット・ミードとルース・ベネディクト：二人の恋愛がはぐくんだ文化人類学』東京：明石書店（Hilary Lapsley, 1999, *Margaret Mead and Ruth Benedict : the kinship of women*, University of Massachusetts Press）。

ビルンボーム、宮島喬訳

1974 「社会主義から贈与へ」アルク誌『マルセル・モースの世界』東京：みすず書房（Birnbaum, Pierre, "Du socialisme au don", *L'Arc* 48）。

フェアバンク、J. K. 著、蒲地典子・平野健一郎訳

1994 『中国回想録』東京：みすず書房（Fairbank, John King, 1982, *Chinabound : a fifty-year memoir*, Harper & Row）。

福井七子

2011 「訳者解説　ジェフリー・ゴーラーの日本人論」ジェフリー・ゴーラー著、福井七子訳『日本人の性格構造とプロパガンダ』東京：ミネルヴァ書房、171-263。

2012 「ルース・ベネディクト、ジェフリー・ゴーラー、ヘレン・ミアーズの日本人論・日本文化論を総括する」『関西大学外国語学部紀要』第7号、81-109。

福田アジオ

1990 「日本の民俗学とマルクス主義」『国立歴史民俗博物館研究報告』27集：137-165。

2009 『日本の民俗学：「野」の学問の二〇〇年』東京：吉川弘文館。

福冨正実

1978 『日本マルクス主義と柳田農政学：日本農政学の伝統と封建論争（1）』東京：未來社。

福冨正実編訳

1969 『アジア的生産様式論争の復活：世界史の基本法則の再検討』、東京：未來社。

福本和夫

1926 『経済学批判の方法論』東京：白揚社。

2004 『革命運動裸像：非合法時代の思い出』東京：こぶし書房。

2008 『福本和夫著作集　第7巻　カラクリ技術史・捕鯨史』東京：こぶし書房。

2009『福本和夫著作集　第9巻　日本ルネッサンス史論』東京：こぶし書房。

藤田五郎

1970（1947）『藤田五郎著作集　第1巻　日本近代産業の生成』東京：御茶の水書房。

藤田元春

1929『尺度綜攷：尺度考 里程考 地割考 都城考』東京：刀江書院。

船木沙織、城丸瑞恵

2018「日本人医師・看護婦の証言からみる広島ABCC設立草創期の看護」『日本放射線看
　　護学会誌』VOL.6 NO.1、43−51。

ブロック、モーリス、山内昶・山内彰訳

1996『マルクス主義と人類学』東京：法政大学出版局（Bloch, Maurice, *Marxism and
　　anthropology : the history of a relationship*, Oxford University Press, 1983）。

ベイトソン. メアリー・キャサリン、佐藤良明、保坂嘉恵美訳

1993『娘の眼から・マーガレット・ミードとグレゴリー・ベイトソンの私的メモワール』東京：国文
　　社（Mary Catherine Bateson, *With a daughter's eye : a memoir of Margaret Mead and
　　Gregory Bateson*, Perennial, 2001）。

ベッドフォード・雪子

1985「アメリカのエアリア・スタディにおける日本近代化研究の軌跡」石田寛編『外国人による
　　日本地域研究の軌跡』東京：古今書院、277−317。

ベネディクト、ルース著、福井七子訳

1997『日本人の行動パターン』（Japanese behavior patterns）東京：日本放送出版協会。

ベネディクト、ルース著、角田安正訳

2008『菊と刀』東京：光文社（Benedict, Ruth, 1946, *The chrysanthemum and the sword :
　　patterns of Japanese culture*, Boston : Houghton Mifflin）。

ボック、フィリップ.K著、白川琢磨、棚橋訓訳

1987『心理人類学』東京：東京創元社（Bock, Philip K. 1980, *Continuities in
　　psychological anthropology : a historical introduction*, W. H. Freeman）。

ホール、ジョン W.著、米田巖訳

1985「ミシガン大学日本研究センターにおける研究活動」石田寛編『外国人による日本地域研
　　究の軌跡』東京：古今書院、194−198。

ホール、ロバート著、矢澤大二訳

1933a「佐渡が島（上）」『島』1巻3号、43−48。

1933b「佐渡が島（中）」『島』1巻4号、23−28。

1933c「佐渡が島（下）」『島』1巻5号、49−54。

ホブズボウム、市川泰治郎訳

2006 『共同体の経済構造：マルクス『資本制生産に先行する諸形態』の研究序説』、東京：未來社（Hobsbawm, E. J, *Pre-Capitalist Economic Formations*, London：Lawrence & Wishart, 1964）。

槙弘

1959 「ABCCの調査について」『厚生の指標』6巻1号、14-19。

正井泰夫

1985 「渡辺光先生を偲んで」『お茶の水地理』26号、巻頭。

ミード、マーガレット編著、松園万亀雄訳

1977 『人類学者　ルース・ベネディクト：その肖像と作品』東京：社会思想社（Margaret Mead, 1974, *Ruth Benedict*, Columbia University Press）。

ミッチェル、リチャード、H、奥平康弘、江橋崇訳

1980 『戦前日本の思想統制』、東京：日本評論社（Richard H. Mitchell, *Thought control in prewar Japan*, Cornell University Press, 1976）。

箕浦康子

1984a 「国民性と文化」大橋正夫[ほか]編『現代社会心理学：個人と集団・社会』東京：朝倉書店、234-248。

1984b 「文化とパーソナリティ論（心理人類学）」綾部恒雄編『文化人類学15の理論』中央公論社、95-114。

宮本常一

1968 『宮本常一著作集1 民族学への道』東京：未來社。

宮本又次編

1970 『アメリカの日本研究』東京：東洋経済新報社。

御厨貴・小塩和人

1996 『忘れられた日米関係：ヘレン・ミアーズの問い』東京：筑摩書房。

メイヤスー、C.[ほか]、山崎カヲル編訳

1980 『マルクス主義と経済人類学』東京：柘植書房。

蒙古善隣協会

1962（1940）『歴史上より観たる西北ルート』出版地不明：出版社不明。

森口（土屋）由香

2022 「ミシガン記念フェニックス・プロジェクトと台湾：アメリカの公立大学による対外原子力技術援助」森口（土屋）由香、川島真、小林聡明編『文化冷戦と知の展開：アメリカの戦略・東アジアの論理』京都：京都大学学術出版会、188-216。

森山マスヨ

1966 「わたしのいのち　息子を奪われて」原水爆禁止広島市協議会編『加害者への怒り　ABCCはなにをしたか』原水爆禁止広島市協議会編『加害者への怒り　ABCCはなにをしたか』広島：原水爆禁止広島市協議会、19-24。

ライシャワー、E.O.著、徳岡孝夫訳

1987 『ライシャワー自伝』東京：文藝春秋（Reischaaer, Edowin. 1986. *My life between Japan and America*, J. Weatherhill）。

ラディン、ポール、滝川秀子訳

1991 （1980）『ある森林インディアンの物語：北米ウィネバゴ族の生活と文化』東京：思索社（Paul Radin, 1920, *The autobiography of Winnebago Indians, University of California Publications*）。

ラディン、ポール他、皆河宗一[ほか]訳

1974 『トリックスタ』東京：晶文社（Paul Radin, 1956, *The trickster : a study in American Indian mythology, Routledge and Paul*）。

リケット・ロバート

2012 「鈴木勁介さん、その生い立ちと思想」『和光大学現代人間学部紀要』5号、165-171。

レッドフィールド、ロバート著、安藤慶一郎訳

1960 『文明の文化人類学：農村社会と文化』東京：誠信書房（Robert Redfield, 1956, *Society and Culture : An Anthropological Approach to Civilization*, University of Chicago Press）。

柳田國男

1937 「親方・子方」『家族制度全集　史論篇』3巻、東京：河出書房89-124（『柳田國男全集』12巻、1990年、筑摩書房所収）。

1989 『柳田國男全集』15巻、東京：筑摩書房。

柳田國男編

1949 『海村生活の研究』東京：日本民俗学会。

矢野勝彦

1988 「ABCCと私」『放影研ニュースレター』vol.14。

山極晃

2005 『米戦時情報局の『延安報告』と日本人民解放連盟』東京：大月書店。

山極晃, 中村政則編：岡田良之助訳

1990 『天皇制（資料日本占領, 1）』東京：大月書店。

山口昌男

1979 『石田英一郎：河童論』、東京：講談社。

山本武利

2002 『ブラック・プロパガンダ：謀略のラジオ』東京：岩波書店。

山本武利編訳：高杉忠明訳

2006 『延安リポート：アメリカ戦時情報局の対日軍事工作』東京：岩波書店。

油井大三郎

1989 『未完の占領改革』東京：東京大学出版会。

我妻栄編

1970 『日本政治裁判史録　昭和・前』東京：第一法規出版。

和田春樹

1996 『歴史としての野坂参三』東京：平凡社。

渡辺俊雄

1991 「占領期の部落問題」『部落解放史ふくおか』58号、388−409。

著者記載なし

1950 『日本人文科学の新しい進路──米国人文科学顧問団報告書』学術資料刊行会。

中国語

1999 『美国間諜在中国』香港：明鏡出版社（Yu Maochun, *OSS in China：Prelude to Cold War*, New Haven and London, Yale University Press,1996）。

Angelus, Jerold
2011, *Clyde Kluckhohn,* Le Mars, Iowa, Santa Fe, New Mexico, University of Wisconsin-Madison, Princeton University.

Barrett, David D.
1970, *Dixie Mission : the United States Army observer group in Yenan*, 1944, California : University of California.

Beardsley, R , Hall, J and Ward, R
1959, *Village Japan*, The University of Chicago Press.

Beeman, William O
2000," Introduction : Margaret Mead, Cultural Studies, and International understanding" in Mead, Margaret and Métraux, Rhoda ed., *The study of culture at a distance*, Berghahn Books, xiv-xxxiv.

Bennett, John
1961, "Japanese Society via American Social Science", *The Journal of Asian Studies*, vol.20 no4, 509-514.

Bennett, John, Passin,W. Herbert, McKnight, R obert K.
1958, *In search of identity : the Japanese overseas scholar in America and Japan*, University of Minnesota Press.

Bennett, John W. and Ishino Iwao
1963, *Paternalism in the Japanese Economy : Anthropological Studies of Oyabun-kobun Patterns*. Minnesota : University of Minnesota Press.

Bennett, John and Michio Nagai,
1953,"The Japanese Critique of the Methodology of Benedict's " Chrysanthemum and the Sword", *American Anthropologist* 55（3）: 404-411 .

Beardsley, R.
1951, "The Household in the Status System of Japanese Villages", *Occasional Paper* 1, Center for Japanese Studies , Ann Arbor : The University of Michigan Press, 64-72 .

Beardsley, R , Hall, J and Ward, R.
1959, *Village Japan*, The University of Chicago Press.

Center for Japanese Studies, The University of Michigan ed.
2001, *Japan in the World, the World in Japan*, Center for Japanese Studies, The University of

Michigan.

Cornell, J.B & Smith, R.J

1956, *Two Japanese Villages*, The University of Michigan Press.

Darnell, Regna

2001, *Invisible Genealogies : A History of American Anthropology*, University of Nebraska Press.

Deane, Huge

1978, "Koji Ariyoshi : In Memoriam", Deane, Huge ed. *Remembering Koji Ariyoshi : An American GI in Yenan*, Los Angeles : US－China Peoples Friendship Association.

Diamond, Stanley ed

1979, *Toward a Marxist Anthropology : Problems and Perspectives,* The Hague, Paris New York ; Mouton Publishers.

Embree, John F.

1939, *Suye mura : A Japanese village* , University of Chicago Press.

1941, *Acculturation among the Japanese of Kona, Hawaii* (Memoirs of the American Anthropological Association, no. 59).

1945a, *The Japanese Nation : Social Survey*, New York : Farrar & Reinehart.

1945b, "Applied Anthropology and Its relationship of Anthropology", *American Anthropologist* Vol.47 (4), 635－637.

1946, "Anthropology and the War", *Bulletin of the American Association of University Professors (1915－1955)*, Vol. 32, No. 3 ,485－495.

1950, "A Note on Ethnocentrism in Anthropology2, *American Anthropologist*, New Series, Vol. 52, No. 3 ,430－432 .

Emmerson, John K.

1970 (1945) , "Paper entitled The Japanese Communist Party by John K. Emmerson of U.S. Embassy, Chungking", in *The Amerasia Papers*, Vol.II, Washington, 1218－1225 .

1978, *The Japanese thread : a life in the U.S. Foreign Service*, Holt, Rinehart and Winston).

Fairbank, John King

1982, *Chinabound : a fifty-year memoir*, Harper & Row .

Finch, Vernor C. and Trewartha, Gleen T.

1942, *Pical Elements of Geography*, New York : McGraw－Hill .

Fortes, Meyer

1963, "Preface" in Fortes, M. ed., *Social Structure : Studies presented to A.R. Radcliffe－Brown*,

New York : Russell& Russell Inc.

Grant, Bruce

1999, foreword, in Sternberg, Lev Yakovlevich, *The Social Organization of the Giliyak*, The American Museum of Natural History .

Gresko, Joyce

1992, " The Development of the Center for Japanese Studies : A Journey from an Idea to an Institution", A Senior Honors Thesis to the University of Michigan Department of History .

Gerard Groot

1940, "Besonderheiten der Ryūkyūsprache", *Monumenta Nipponica*, Vol. 3, No. 1, 300−313.

1948"Archeological Activities in Japan Since August 15, 1945", *American Anthropologist* Vol.50 No1, 166−171.

Gorer, Geoffrey

1943," Themes in Japanese culture", *the New York Academy of Sciences,* series II, v.5, no.5, (A condensation of the author's Japanese character structure and propaganda, published 1942).

Gross man, Joel B

1997,"The Japanese American Cases and the Vagaries of Constitutional Adjudication in Wartime : An Institutional Perspective", *University of Hawaii Law Review*,19,649−695.

Hall, R.B

1931a, " Some rural settlement forms in Japan", *Geographical Review*, Vol.21, No1, 93−123.

1931b, " Sado Island," *Papers of Michigan Academy of Science, Arts and Letters*, Vol.16, 275−297.

1932, "The Yamato Basin, in Japan," *The Annals of the Association of American Geographers*, Vol.22, No4, 275−297.

1934a, "Agrarian regions of Asia, Part 7, The Japanese Empire," *Economic of Geography,* Vol.10, no4,323−347.

1934b "Agrarian regions of Asia, Part 7, The Japanese Empire," *Economic of Geography,* Vol.11,No.1,33−52.

1934c, "The Cities of Japan : Notes on distribution and inherited form," *The Annals of the Association of American Geographers*, Vol.24, No4,173−200.

1935 "Agrarian regions of Asia, Part 7, The Japanese Empire," *Economic of Geography,* No.2,130−147.

1936, "A map of settlement agglomeration and dissemination in Japan," *Papers of Michigan Academy of Science, Arts and Letters*, Vol.22, 365−367.

1939, "Geographical factors in Japanese expansion", *Proceedings of the Institute of World Affairs,* 16th Section, 1938, 46−55.

1942a, " Tokaido : Rood and Region," *Geographical Review,* Vol.27, No4, 373−377.

1942b, "The rood in old Japan," *American Council of learned Societies, Studies in the History of Culture,* 122−155.

1947, *Area Studies : With Special Reference to Their Implications for Research in the Social Sciences,* New York Social Science Research Council.

1951, "Japanese Study at Ann Arbor and Okayama", *Michigan Alumnus Review*, Vol.57 no14,166−174.

Hall, R.B and Watanabe, A.

1932, "Landforms of Japan," *Papers of Michigan Academy of Science, Arts and Letters,* Vol.18, 157−207.

Hirabayashi, Lane Ryo

2001, *The Politics of Fieldwork.* Arizona : University of Arizona Press.

Jorgensen, Joseph G.

1979, "Mischa Titiev 1901−1978", *American Anthropologist* Vol.81, 342−344.

Katz, Barry M.

1989, *Foreign Intelligence : Research and Analysis in the OSS*, Harvard University Press.

Kent, Pauline

1994, "Ruth Benedict's " Ruth Benedict's Original Wartime Study of the Japanese", *International Journal of Japanese Sociology*, Vol.3 ,81−97.

Kingsberg, Kadia, Miriam

2020, *Into the field : human scientists of transwar Japan*, Stanford University Press.

Kroeber, A.L. and Kluckhohn, Clyde

1952, *Culture : A Critical Review of Concepts and Definitions*, Papers of the Peabody Museum of American Archaeology and Ethnology, Harvard University, v. 47, no. 1.

Kluckhohn C. and Leighton, D.

1974 (1946), *The Navaho*, Harvard University Press.

Leighton , Alexander H.

1949, *Human Relations in a Changing World : Observations of the Use of the Social Sciences,* New York : E.P. Dutton & Company, INC.

Leighton, Alexander, H.

1946, "That Day at Hiroshima", in *The Atlantic*, October 1946, 85-90.

1968 (1945), *The Governing of Men: General Principles and Recommendations Based on Experience at a Japanese Relocation Camp*, Princeton: Princeton University Press.

Leighton, Alexander H. and Leighton, Dorothea C.

1945, *The Navaho Door: an introduction to Navaho life*, Harvard University Press.

2007, "Shared Abodes, Disparate Visions: Japanese Anthropology during the Allied Occupation", *Social Science Japan Journal*, published on line on November7,2007, 176-196.

Matsumoto, Scott Yoshiharu

1949, "Notes on the Deity Festival of Yawatano, Japan", in *Southwestern Journal of Anthropology*, Vol.15, no.1, 62-77.

1954, "Patient Rapport in Hiroshima", *American Journal of Nursing* Vol. 54 no1,69-72.

1960, "Contemporary Japan: The Individual and the Group", *Transactions of the American Philosophical Society*, Vol.50 Part 1, 1-75.

1982, "Okinawa Migrants to Hawaii", *Hawaiian Journal of History*, vol. 16, 125-133.

Mead, Margaret and Métraux ,Rhoda ed.

2000 (1953), *The study of culture at a distance*, Berghahn Books.

Nakao, Katsumi

2007, "Shared Abodes, Disparate Visions: Japanese Anthropology during the Allied Occupation", *Social Science Japan Journal*, Vol.10 no2, 176-196.

Norbeck, Edward

1954, *Takashima: a Japanese fishing community*, University of Utah Press.

1974, *Demographic research in Japan, 1955-70: a survey and selected bibliography* (Papers of the East-West Population Institute, no. 30) East-West Center.

Oppenheim, R.

2008, "On the Locations of Korea War and Cold War Anthropology" in *Histories of Anthropology Annual* Vol 4, 1-20.

Price, David H.

2008, *Anthropological intelligence: the deployment and neglect of American Anthropology in the Second World War*, Durham: Duke University Press.

Passin, Herbert

1980(1977), *Japanese and the Japanese*, Tokyo: Kinseido .

1982, *Encounter with Japan*, Tokyo: Kodansha International.

Patterson, Thomas C.

2001, *A Social History of Anthropology in the United States*, Berg.

Pelzel. J.C.

1948, "Japanese Ethnological and Sociological Research", *American Anthropologist*, Vol.50
(1), 54-72.

Pitts, F.R.

1960, "An American's Impression of Korean and Japanese Farming", *Food and Agriculture*, 5-2.

1961, "The Improving Farm Life for Korea's Future", *Food and Agriculture*, 5-3.

1964, "Rural Prosperity in Japan, Studies on Economic Life in Japan", *Occasional Papers* No8,
Center for Japanese Studies .

1969, "Marriage Distances in Kagawa", *Occasional Papers: East Asia* No1, Asian Studies at
Hawaii Series No3.

1971, "Factorial Economy of Soeul and Taegu, Korea : Preliminary Report", *Economic
Geography*, 47-2.

Radcliffe-Brown

1923, "The Methods of Ethnology and Social Anthropology", *South African Journal of
Science*, Vol. 20, No. 1, 124-147.

Raper, Arthur F. et al.

1950, *The Japanese Village in Transition*, Central Headquaters Supreme Commander for the
Allied Power.

Remer, C.F.

1933, *A Study of Chinese Boycotts, with Special Reference to their Economic Effectiveness*,
Baltimore : Johns Hopkins Press.

Service, John S.

1970 (1944), "Report No.24 entitled The Program of the Japanese Communist Party from
Service, John S. US Army Observer Section, to Commanding General, U.S. Armed
Forces, China-Burma-India theater, with attached notes of conversation with Okano
Susumu " in *The Amerasia Papers*, Vol.I, Washington, 846-851.

Shimizu, Akitoshi and Bremen, Jan van eds.

2003, *Wartime Japanese Anthropology in Asia and the Pacific*, Senri Ethnological Studies, no.
65, Osaka, National Museum of Ethnology.

Smith, R. Harris

1972, *OSS : the Secret History of America's first Central Intelligence Agency*, University of

California Press.

Smith, Robert J.

2001, "Tozama among Fudai : A Cornellian in Okayama", in *Japanese in the World, the World in Japan : Fifty Years of Japanese Studies at Michigan*, Ann Arbor : Center for Japanese Studies, 57–61.

Straus, Ulrich

2003, *The Anguish of Surrender : Japanese POWs of World War II*, Seattle and London : University of Washington Press.

Susan M. Lindee

1994, *Suffering Made Real : American Science and the Survivors at Hiroshima*, Chicago : University of Chicago Press.

Trewartha, G. T.

1934, *A Reconnaissance Geography of Japan*, University of Wisconsin.

Tyana Santini and Takahiro Yaji

2014, "Robert B. Hall's approach to the study of the Japanese Built Environment", *Journal of Architecture and Planning* (Transactions of AIJ) 79 (702) : 1799–1807.

Titiev, Mischa

1953 "Changing Patterns of Kumiai Structure in Rural Okayama", *Occasional Papers* No4, Center for Japan Studies.

Trewartha, Gleen T

1934, *Reconnaissance Geography of Japan*, Madison, Wisconsin : University of Wisconsin Press.

1965, *Japan : a Geography*, Madison, Wisconsin : University of Wisconsin Press.

Ward, Robert E.

1951, "Pattern of Stability and Change in Rural Japanese Politics", *Occasional Paper* 1, 1 –6, Center for Japanese Studies.

2001, "Reflections of the Origins of the Center for Japanese Studies : A Tribute to Robert Burnett Hall (1896–1975)" in the Center for Japanese Studies, The University of Michigan ed., *Japan in the World, the World in Japan : : Fifty Years of Japanese Studies at Michigan*, the Center for Japanese Studies, The University of Michigan.

Yamagiwa, J.K.

1946, *The Japanese Language Programs at the University of Michigan during World War II*, Ann Arbor : Michigan.

巻末注 ─────────────

※ネットのアクセス時が記載されていないものは、2024年12月4日時点のもの。

1 ウィーン大学の大学アーカイブを調べたクライナー教授から、岡正雄とクラックホーンがコッパーズの授業を同時期に受講していたと教示された。

2 ジュリアン・スチュワード（Julian Haynes Steward、1902-1972）、クラックホーン、ジョン・プロヴィンス（John H. Provinse、1897-1965）、フランク・ロバート（Robert Frank、1924-2019）、ホーマー・バネット（Homer Garner Barnett、1906-1985）から構成される委員会が、政府に近い人類学者として影響力を持っていた。彼らは、そうした政治的力をバックに、人類学の同僚に人類学の組織改編の提案を送り、反発を買っていた。その提案は、American Anthropological Association の再編を含んでおり、その目的は言語学者、考古学者、形質人類学者、応用人類学者を統合することだった（Patterson 2001：107）。

3 Nov.19.1944 / To：Mr. Vinacke / From：Clyde Kluchhohn / Subject：Annex on Treatment of Japanese Emperor. Nov.21. 1944 / To：Mr Harold M.Vinacke / From：Lt. Commander A.H.Leighton / Subject：Annex on Treatment of Japanese Emperor. NARA, RG208 Box443.

4 ジョージ・E・テーラーは、1930 年代に太平天国の論文を書いていた中国史の研究者で、ワシントン大学の教授を長く務めた。戦前に南京の政治中央研究所、燕京大学で教鞭をとり、1939 年にワシントン大学のオリエント研究学部の学部長に就任した後、1942 年から戦時情報局の副所長に就任している。https://en.wikipedia.org/wiki/George_E._Taylor_(historian)。

5 ちなみにレイトンは、終戦後ただちにアメリカ軍の戦略爆撃が日本にいかなる効果をもたらしたかを解明するため、社会科学者を中心に戦略爆撃調査団を組織し、日本各地を回った。この調査団は、戦後初めて広島・長崎の原爆跡地に入り、カラーフイルムで映像を撮るなどの活動で知られている。

6 オッペンハイムによると、アメリカ人類学の理論の違いは、部局間対立からきており、シカゴ大学の社会人類学、ハーバード大学は社会関係、コロンビア大学は文化を焦点化して、相互に対立関係にあった（Oppenheim 2008）。

7 リーマーについては、第 4 章のミシガン大学の日本研究のところでも出てくる。リーマーについて、次の文献参照（林 2017）。

8 エンブリーに関しては、ジャーナリストの田中一彦が、須恵村に住み込み、エンブリーの

評伝を 2 冊発表し、かつエンブリーの『須恵村』の全訳を刊行している（田中 2017、2018、エンブリー 2021）。著作の 2 冊は、残念なことに出典を明示していないが、かなり文献資料を丹念に読み込んだ労作である。このほか、エンブリーについては、桑山敬己のテキスト分析があるが（桑山 2016）、泉水英計はエンブリーの研究を学説史に位置付けて分析した論考がある（泉水 2025）。

9 エンブリーとラドクリフ＝ブラウンについては、現在印刷中の泉水の論文を参考にした（泉水 2025）。

10 民事ハンドブックは、泉水英計の研究がある（泉水 2016）。

11 エンブリーは、この報告で、A Bell for Adano という小説を民政官の訓練生に勧めていたと紹介している。この小説は、1944 年に出版され、1945 年に映画化された。その内容は、アメリカ軍がイタリアのシチリアに上陸して、その村の軍政をおこなうアメリカ軍将校を主人公にした物語で、民政官の仕事をイメージできるストーリーになって居る。

12 遠隔文化の研究は、戦後も継続され、ロシア、東欧、中国の研究にも引き継がれた（Beeman 2000）。

13 これが上記タイの研究である。

14 To Mr. Vinacke From Clyde Kluckhohn, Subject : Annex on Treatment of Japanese Emperor", Nov.19,1944, NARA, RG208, Box443。クラックホーンについては、占領中の世論調査所の活動を聞くため、2003 年 8 月、および 2004 年 2 月、イシノ・イワオにインタビューした時、OWI で知り合ったクラックホーンの推薦で、戦後ハーバード大学の大学院で人類学を専攻したという話から関心を持った。

15 ラディンの研究は『ある森林インディアンの物語』（ラディン 1991）として翻訳も出版されている。この解説によると、ポール・ラディンはポーランドに生まれ、幼少期に両親とアメリカに移住してニューヨークに育った。コロンビア大学で博士号を受け、ウィネバゴ族の信仰と神話の研究をしていた。ウィネバゴ族の神話研究は、『トリックスター』にまとめられた（ラディン他 1974）。『ある森林インディアンの物語』は、ウィネバゴ族の男性の自伝と、彼の父親から聞いた記憶の 2 部構成になっているが、子供の教育＝しつけが、いかに文化の伝承に重要であったかを注視しており、日系人研究で子供のしつけが強調されていることが、こうした当時のネイティブ・アメリカンの人類学的研究に影響を受けていたことが分かる。

16 イシノによると、ポストンの調査が始まった時、ツチヤマはそれほど日本語が話せず、英語で宗教関係のインタビューをしていたと回想していた。彼女は、陸軍の日本語学校でトレーニングを受けて、短期間に日本語をマスターしたと思われる。彼女は、戦後、図書館司書としてテキサス大学に勤務していた（前山隆氏教示）。

17 ちなみにレイトンは、終戦後ただちにアメリカ軍の戦略爆撃が日本にいかなる効果をもたら
    したかという観点で、社会科学者を中心に調査団を組織し、日本各地を回った。この
    調査団は、戦後初めて広島・長崎の原爆跡地に入り、カラーフイルムで映像を撮るなど
    の活動が知られている。レイトンは、広島の原爆投下があまりに大きな被害を与えている
    ことに衝撃を受け、"That day in Hiroshima" という短い報告書で原爆投下を批判する
    文章を 1946 年末に発表している（Leighton 1946）。そのためか、これ以降レイトンは
    政府の仕事に従事しておらず、大学に戻って研究をしている。

18 https://encyclopedia.densho.org/Toshio_Yatsushiro/

19 トシオ・ヤツシロは、2006 年 12 月に筆者がホノルルへ行った時、ハワイ大学に勤務経
    験があるという情報のみで、ハワイ大学に問い合わせ、かなり時間がかかって、やっと
    探し当てた。ジョージ・ヤマグチも、ロサンゼルス在住という情報のみで、手掛かりがほ
    かになかったが、2007 年 1 月に全米日系人博物館に行き、様々な消息を尋ね、最終
    的にそこのボランティアの方から消息が分かった。ジョージ・ヤマグチは、広島県三原市
    出身の一世で、現在広島では聞くことのできない生粋の広島弁で会話をした。戦後は、
    GHQ の要員として日本に赴任し、一度食糧をもって故郷に帰ったことがあると言っていた。

20 ジョセフ・ヤマギワは、アメリカ生まれ。シアトルで育ち、1930 年に英語でミシガン大学
    の修士号、1942 年に言語でオレゴン大学の博士号を取得した。修士号を取得して以
    来、ミシガン大学で英語教師としてミシガン大学で教えている。1937 年から日本語を教
    えている。1939 年から 41 年の間、東京帝国大学に短期間滞在し、その後中国に行っ
    ている。戦後は戦略爆撃調査団として 1945 年から 46 年まで日本へ行った。その後ミ
    シガン大学の東洋言語文学専攻の育成に貢献した（Gresko 1992：17-18）。

21 パッシンの翻訳では「陸軍専門訓練隊」となっているが、原文に従って翻訳を変更した。
    ちなみに、1942 年に『野猪の年』を出版したヘレン・アミューズが、「陸軍省民政要
    員訓練所」の講師として、ミシガンとノースウェスタン大学で講師をしたという（御厨・小
    塩 1996：93）。はたしてこれが陸軍特別教育プログラムと同一のものかどうかは確証が
    持てない。

22 NARA, GR226Facalty145BoxFd12.

23 "What is Rackham", http://www.rackham.umich.edu/about_us/what_is_rackham/,
    2012 年 8 月 12 日アクセス。

24 Memorandum to Mr. George Taylor, Subject：Observations at the Military
    Government Camps for Civilians on Saipan and Tinian in August, 1945, 1945 年 11 月
    3 日、NARA, RG228Box444.

25 Office of War Information, Bureau of Overseas Intelligence Foreign Morale Analysis

Division, June 18,1945, Special Report No 4, Some Observations of Interest from the Standpoint of the Government of Occupied Japanese Areas, Based on a Visit to Gila River Relocation Center, Prepared by Lt. Comdr, George T. Lodge, H(S), USNR, With Notes by John F. Embree and an Appendix Observation on Japanese Food Habits, by Grace Lawson, Chief Dietitian, Gila River Relocation Center, War Relocation Authority, NARA, RG228Box444.

26　Memorandum to Mr. George Taylor, Subject：Comment on the Yonan Reports with Special Reference to a Consolidation Program in Occupied Areas of Japanese Population, 1945 年 5 月 23 日, NARA, RG228Box444.

27　ミシガン大学ベントリー歴史図書館に残るティティエフの経歴を残したカードによると、1944 年から 45 年にかけて、Far East Section of Office of Strategic Services に勤務したと記録がある。Bentley Historical Library Box 129 UM. News and Information Service Faculty and staff files.

28　http：//um2017.org/faculty－history/faculty/robert－b－hall/memorial, "University of Michigan Faculty History Project, Robert B. Hall"、2012 年 8 月 18 日アクセス。

29　"Biographical Information：Robert Burnett Hall", The University of Michigan News Service, Sept.1964.

30　"The Michigan Alumnus 573", http：//um2017.org/faculty－history/faculty/robert －b－hall/authority－japan－conducted－field－trips－island%E 2 %80%A 8 Robert B. Hall、2016 年 9 月 10 日アクセス。

31　渡辺は、ミシガン大学に滞在中、ホールとの共著で「日本の土地景観」という論文をまとめ、日本全体を地域ごとに山地と平野の概観について、日本語で書かれた報告書を用いて紹介している（Hall and Watnabe 1932）。

32　出雲・箱根の調査については、いずれも個別の報告書になっていないので、実際来日したのか定かでない。

33　筆者は、サンティニ・ティアナ（Tyana Santani）女史から連絡があり、ホールの遺族の情報を聞いた。彼女は「ロバート・B・ホールの日本の建造環境に対する研究アプローチ」という論文作成のため、ロバート・B・ホールの遺族を探し、ミシガン州のロバート・ホールという名前で登録している電話番号に電話をかけ、長男がたまたま同じ名前であったことから探し当てたという。その後、2017 年 12 月にミシガン大学で日本研究所に関するワークショップが開かれたので、長男に父親のことを報告するワークショップが開かれると連絡すると、ロバート・ホールの子供と孫が一堂に集まった。その時ホールの自宅にあったフィールドノートや骨とう品、地図などの遺品がミシガン大学図書館に寄贈された。

34 前述したハリス・スミスの OSS の研究では、ホールの所在を昆明と書いているが、この資料では重慶とある。アメリカの中華民国を支援する拠点が昆明であり、中華民国政府の臨時首都が重慶なので、ホールが両都市を往復していたのか、あるいは昆明管轄区の中の重慶支局にいたのかは不明である。ここでは、原資料のままに記載しておく。

35 山本武利は、この二つの手紙を引用している（山本 2002：257）。（註 32）Calling and Stelle, to Col Hall Only, 1944.8.22. , NARA, RG226 Entry 148 Box 7 Folder 103. （註 33）Colonel Robert B Hall. To David G Barrett for Captains Calling and Stelle 1944.8.24, NARA, RG 226 Entry 148 Box 7 Folder 103。手紙の原本は、山本武利氏より提供された。

36 コージ・アリヨシは、アメリカ共産党に参加した前歴もあった（山本編 2006：10）。ビルマで有吉と出会ったエマーソンは、彼がハワイで店員、コーヒー園監督、トラック運転手、道路建設労働者、沖仲仕、貨物取扱人という職業を転々とし、穏やかな話し方をするまじめな男で、アメリカの労働運動に関わっていて、日本に行ったことはないが日本語を流暢に話す二世チームのリーダーだったと記している（エマーソン 1979：123）。

37 この時アリヨシが収容されたのは、カリフォルニア東北部のマンザナー収容所だった。そこの日本語新聞を編集していたジェームス・オダは、後に野坂参三を告発する著作を出している。アリヨシがそこの収容所で出稼ぎ労働者の代表となり、当局と協力して、日系人が働きに出る地元の農家が支払う平均的賃金の支払いを監視する役割をしていたという（ジェームス・小田 132−133）。

38 サンフランシスコの OWI 日本部長のジョン・フィールズは、1945 年 7 月 23 日付けでアメリカの日本向け日本語放送に対する野坂のコメントに感謝状を出していた（和田 1996：111）。

39 ミシガン大学の資料について、次の文献参照（中生 2016）。

40 パッシンはタイプライターでローマ字の日本語を作成し、それをアシスタントに漢字かな交じりの日本語に書き直してもらった（Passin 1981：200）。彼の講演は、日本語で出版されている（Passin 1949）。

41 隣組に関して、情報教育局からは、次の報告書が出ている。A Preliminary Study of the Neighborhood Association of Japan Special report Prepared by Public Opinion and Sociological research 23 January 1948, NARA, RG331 Box 5874. これには作者の名前がないが、参考文献に鈴木栄太郎の『日本農村社会学原理』（1940）が引用されている。ここに言及されている女性研究者キャディが担当したものと思われるが、隣組の歴史から、戦時中の隣組の組織、食糧配給制度など、文献研究から行政担当者へのヒヤリングを使うなど、極めてレベルの高い報告書で、小山、関、鈴木が協力して書

いたものを英訳したと考えると、十分納得がいく。

42 この報告書は、関敬吾の論文と全く同じ事例が出てくる（関 1981a：170）。これは、関が提出した調査カードを翻訳して、マツモトが論文を書いたことをうかがわせる。この村は、農地改革の影響を調べる農村調査を準備するため、鈴木栄太郎が暮らしている村を調査したのである（鈴木勁介氏の証言）。

43 レーパーは、農村社会学者である。戦後、レーパーはアメリカに帰国して、南部の借地と小作労働に関して大胆な調査をおこない、その報告書の結果について論争を巻き起こした（Passin 1981：202）。レーパーは、日本の農地改革を終えてから、台湾の土地改革に携わった。レーパーが台湾へ行ったことを知ったのは、イシノが持っていたレーパーの回想録だった。イシノは、レーパーがミシガン州のイースト・ランシングの自宅で、隣近所に住んで、戦後も付き合いがあったことから、個人的に回想録をもらったのだという。日本時代のことが書いてあるかと期待して見ると、大半が台湾滞在中の回想であった。レーパーは、日本での農村調査の経験を携えて台湾へ赴き、台湾大学の社会学のスタッフと、日本と同じような農村調査をおこなっている。この時、台湾側のスタッフとして加わった台湾大学の陳紹馨については、別稿でまとめている（中生 2009）。

44 Arthur, F. Raper, "Current Changes in Rural Institutions and Rural Organization as Related to the Application of the land Reform law, A Field Study in May and June 1947", NARA, RG331,Box5913, File6.

45 "Observations of the Joint Family and Oyabun-Kobun（Master-Servant）Relationships as Related to the Application of the Land Reform Program", Current Changes in Rural Institutions and Rural Organization as Related to the Application of the Land Reform Law, General Headquarters Supreme Commander for the Allied Powers, Natural Resources Section, 1947, NARA, RG331, Box5913, File6.

46 民間情報教育局に提出された報告書には署名がないけれども、このプロジェクトに参加した研究者で、本家所有地を分家が小作している従属関係に言及しているのは、喜多野清一である（喜多野 1976：19）。この論文は、1949 年 11 月におこなわれた人文科学委員会総合学術大会「封建遺制」研究会の口頭発表で、その速記を加筆して発表した論文である。

47 "Some Changes since 1935 in Suye-mura, Kumamoto Prefecture", NARA, RG331, Box5913, File6.

48 農村調査の結果を踏まえて、パッシンは日本政府に被差別部落の実態調査を進めようとしたが、上司の理解が得られず、この提案は実現できなかった（渡辺 1991）。部落解放運動は、戦前から全国水平社が組織されて活動していたが、戦後、GHQ 主導

の下で民主化が推進され、1946 年 2 月に部落解放全国委員会が結成された。部落解放・人権研究所編『部落問題人権事典』https：//blhrri.org/old/nyumon/yougo/nyumon_yougo_09.htm。

49　NARA, RG311, Box5876.

50　K.Sakurada「漁村動向」NARA, RG331, Box5919. file10.

51　この島田とは島田錦蔵で、農地改革の関連で林業改革が議論されていたが、島田は林野の所有制度で総合的な専門書を出版したばかりだった（島田 1948）。このときの調査は、島田の著作を基礎にしていることは、調査項目を見ると明らかである。ベネットとイシノも、林業労働者の事例から封建的労働慣行を分析している（Bennett and Ishino 1963：130-158）。

52　2023 年に在外研修でオハイオ州立大学に滞在した加賀谷真梨によると、大学アーカイブにあるベネットファイルの中に、公文書として国立公文書館に寄贈を希望する手紙があったという。なんらかの形で森林調査の資料をベネット個人が持ち帰り、個人蔵のまま大学アーカイブに入ったようである。GHQ 資料を使った人類学者の研究は、ほぼベネットファイルを使って研究しており、公文書館に保存される他の資料を見た形跡はない。

53　NARA, RG331,Box5872 File 39.

54　岡正雄は「米軍の好意により、ウィーンから取り寄せられたもの」としているが、具体的に誰の要請で、どのように経由して返還されたのか不明である。日本民族学協会と民間情報教育局との接点は、前述した渋沢敬三、柳田國男とパッシンであるが、彼らの回想録には、この点について言及していない。この問題について、1946 年に、マッカーサー元帥に要請された 27 人の教育者からなるストッダード教育使節団が訪日し、日本の教育に関する改善点を勧告したことが関係していると考えられる。その使節団に対して、1931 年から日本に滞在しているジェラード・グロート神父（Gerard Groot、1905-1970）は、軍国主義思想のような考えを取り除く第一歩として、日本において考古学の研究を奨励することを提言し、日本で考古学を発展させるよう具申した。グロート神父は、神言会の宣教師として 1931 年に来日し滞在しているオランダ人で、考古学者を研究しており、日本古代史を書き直すときに、考古学の研究成果が古代神話の復活を阻止するための最善の保証になると考えていた（松田 2008：31）。この時、グロートは民間情報教育局に勤務しており、American Anthropologist に戦後日本の考古学の研究動向の論文を発表し、文中に岡正雄の活動も言及している（Groot 1948）。グロート神父は、戦前にも『奄美史談』（1933 年）の付録についている奄美の言語に関して，短い紹介文を書いており、言語学にも造詣があった（Groot 1940）。彼はウィルヘルム・シュミットと同じ神言会なので、シュミットが 1935 年に来日した時、岡正雄とも面談した可能性が高く、岡の博

巻末注　221

士論文のことも知っていたことが考えられる。グロート神父から民間情報教育局へ、ウィーン大学に提出した博士論文の取り寄せを働きかけた可能性があることを指摘しておく。グロート神父に関して、南山大学の宮脇千絵、高柳ふみの両氏から教示された。

55 NARA, RG331, Box5870.

56 CIE に在籍した人類学者のジョン・ペルゼルも、1962 年に東京大学に来ている。パッシンは、戦後はフォード財団の顧問として、多数の日本人学者の渡米を手助けしている。

57 谷口陽子は、ジョン・コーネルが調査をした馬繋で 2003 年から 2004 年にかけてフィールドワークをして、博士論文を執筆している（谷口 2006）。岡山理科大学で、ミシガン大学の岡山プロジェクトを共同研究していたが、戦時中を筆者、戦後を谷口と分担していた。本章で、戦後の岡山調査をまとめるにあたって、谷口論文が先行研究として多く依拠しているが、このような事情があったからである。

58 Bentley Historical Library Call Number：FImu C7 J35 A3 O15。以下のホール書簡はすべて同じ。

59 筆者が 2006 年、および 2014 年にミシガン大学に滞在したときに、戦前の日本語図書が「満鉄」「東亜研究所」「習志野士官学校」等の所蔵印を押したものばかりで、日本語資料の充実に目を見張った。接収図書の様子は、それを目撃していた神田の古本屋の店主より聞いた。ここの日本関係図書のコレクションに、前述の Japan Anthropology Project で収集された日本語書籍も含まれていると思われるが、ミシガン大学図書館で収蔵記録が残っておらず、日本語書籍が戦時中に収集されたものか戦後に配分されたものか判別できなかった。

60 「政府行政サービスのための緊急養成プログラム（Emergency Training Program for Government Administrative Service）」が 1943 年 2 月 8 日から開講され、1　公的行政、2　役所の実践と運営、3　戦争経済、4　統計初歩、5　行政的運営、6　工業の競争と独占、7　税制、8　現金と掛け売り、9　公益事業、10　政府の調達と販売、11　労務、12　政府会計、13　基本会計、14　国税返還の準備と監査、15　原価計算予測、16　アメリカ合衆国政府、17　地方自治体政府、18　戦時消費者問題、19　行政法、20　計算機の訓練、21　監査の実践訓練。これに合わせて、南イタリア、ギリシャの地域事情に関する講義が組まれていた。これは、イタリア、ギリシャ上陸作戦に合わせて、現地の行政官を養成するためのプログラムであったことが分かる。Bentley Historical Library Call Number：FImu E27 ME53 E53.

61 Asian Program に関して、プログラムのテキスト、計画書、授業風景の写真が、一括してミシガン大学日本研究センターに寄贈されていたので、2014 年に筆者がトヨタ訪問学者としてミシガン大学に滞在していた時に、その資料整理を手伝った。その後、Bentley

Historical Library に寄贈されたはずだが、資料名が別につけられたのか、図書館サイトからは検索できない。講義内容は、cats program と類似しているが、より広範にアジア全体の地理、歴史、人文、文学を、国ごとに授業しており、授業の後のテストも頻繁におこなわれていた。

62　この見解は、ロバート・ホールによっても述べられており（Hall 1951：170）、他の研究者も同様の認識を持っていた。

63　筆者が、1980 年代に中国農村慣行調査の研究会に出席していた時、メンバーのLinda Grove と Prasenjit Duara が英語で話をしていたのを聞いていると、「研究会」という単語だけは日本語を使っていた。その理由を聞くと、アメリカでは研究は一人でするもので、複数の研究者が共同ですることはないため、日本語の「研究会」に当たる単語はないのだ、と説明された。それと同じように、現在のアメリカで共同調査をしたという他の実例は知らない。

64　カードは 3 枚コピーが作られ、1 枚は作成者、1 枚は岡山ステーション、1 枚はミシガン大学へ送られていた（Hall 1951：171）。この調査は、①複数の専門家が参加し、②共同プロジェクトとして現地情報を体系的に収集、③その情報を基に、複数の研究者が草稿を作り、④草稿を日米の調査参加者に校閲してもらい、⑤同時にミシガン大学の CJS でもチェックを行い、⑥最終的に、共著者 3 人が改稿して完成稿を作成するとするプロセスを取った（桑山・中西 2016：91）。

65　石田寛の記述通り記したが、6 人のあと 1 人の名前がない。たぶん、責任者としてビアズリが参加したのであろう。また調査地にあげられている県も 9 つで、あと 1 つが不明である。この時の調査は、Village Japan に記述がない。

66　石田寛は、新池の調査が、徹底的に研究することで日本が解明できると考えたロバート・ホールの考えに基づいたものだと指摘している。日本の縮図（microcosm）というコンセプトが、際立った特徴を持たず、平凡であるがゆえに地域を代表すると考えていた（石田 1985a：48）。

67　ミシガン大学ベントリー図書館の岡山資料の中には、新池ではない地域の女子高校生が研究の参考にしてほしいと、自発的に寄贈した日記が所蔵されていた。ミシガン大学の調査は、地元の新聞でも報じられ、また学生に対しても公開講座などで研究成果を発表していたので、その波及効果だと思われる。

68　日本言語学会、日本考古学会、日本人類学会、日本地理学会、日本民俗学会、日本民族学協会、日本社会学会、日本宗教学会の合同調査だった。

69　GHQ の漁業調査では、第 3 章の図表 3 にあげたように、岡山県は日生が調査地になっていた。

70 　同行の記録をまとめたものは、次の文献（篠原 1986）。

71 　社会学では、以前、村落のことを「部落」と表記していた。そのため、ミシガン大学の民族誌では「buraku」とローマ字で表記されているが、本書では「集落」とした。

72 　スミス本人の証言として、香川県庁で通訳となる佐藤哲夫と出会い、来栖の村長が佐藤の視角・能力に感銘を受けて温かく迎え入れてもらい、協力を得たと回想している（キングスバーク 2022：76）。

73 　各班の構成員は次の通り。社会班：岡田謙、中野卓、森岡清美、居村栄。農業経済班：神谷慶治。歴史班：谷口澄夫。地理班：石田寛。

74 　2019 年 11 月に、ミシガン大学で岡山フィールドステーションの活動を報告したとき、『ヒロシマ日記』の英訳について報告したが、ミシガン大学日本研究センターの研究者や関係者の間で全く知られておらず、彼らが驚いていたのが印象的だった。

75 　以下のフェニックス・プロジェクトの資料は、次の通り。Phoenix Project, Bentry historical library call N.87278 Bmu C530 2 Michigan Memorial Phoenix Project records 1947−2003, 1950−1980.

76 　炭素 14 の年代測定は、1947 年にシカゴ大学のリビー（W.F.Libby）が自然界に存在する炭素 14 原子を検出したことを発表し、年代測定の可能性に言及した。そしてすぐに古代エジプトなどの年代が分かっている資料の測定をおこない実証し、世界各地の考古学資料を測定して、1951 年に年代値を公表し、1960 年にはノーベル化学賞を受賞している。吉田邦夫「放射性炭素（炭素 14）で年代を測る」坂村健編『デジタルミュージアム 2000』https：//umdb.um.u−tokyo.ac.jp/DPastExh/Publish_db/2000dm 2 k。

77 　上述の 2019 年 11 月のミシガン大学での報告会には、ロバート・ホールの子供、孫が一堂に会して聞いていた。その後、長男にも感想を聞いてみたが、父からはそうしたことは何も聞いていない、とのことだった。

78 　一般に ABCC 関係者への聞き取りは、守秘義務があるためか、ほとんど不可能に近い。今回は、筆者の高校の恩師経由で紹介していただき、ABCC に長く在職されていた A 氏に、2 回のヒヤリングをすることができた。本章は、その聞き書きを骨子に、全米アカデミー、アメリカ公文書館での資料調査で裏付けを取って執筆した。

79 　「放射線影響研究所調査プログラムの歴史的経緯」『RERF CR』2−96、4 ページ。

80 　"The Effectiveness of Radioactive Material as a weapon of War" RG227 / 130 / 19 / 42 / 03 Box13 Rec of the office of scientific research and Development, Folders 157−169.

81 　Sean Malloy, "A Very Pleasant Way to Die"：Radiation Effects and the Decision to Use the Atomic Bomb against Japan" Diplomatic History 36（3）.

82 　「放射線影響研究所調査プログラムの歴史的経緯」『RERF CR』2−96、7 ページ。

83 笹本征男は、呉を選んだ理由として、呉市にイギリス連邦軍が進駐していたので、呉市の選択はイギリスのABCC関与の一環ではないか、と推測している（笹本 1995：114）。しかし、日本占領期の地域区分で、中国管区の中心地を呉に設定しており、その関係で呉が選定されていたと思われる。

84 「放射線影響研究所調査プログラムの歴史的経緯」『RERF CR』2-96、8 ページ。

85 A氏と同じことを、ABCCで勤務したことのある岡田光子は書いている。岡田も、被爆者に連絡に行く職員も苦労していて、できるだけ被験者と親しくなるように努力し、親密な人間関係ができて調査がスムーズになったと述懐している（岡田 1966：22）。

86 「放射線影響研究所調査プログラムの歴史的経緯」『RERF CR』2-96、8 ページ。

87 「放射線影響研究所調査プログラムの歴史的経緯」『RERF CR』2-96、9 ページ。

88 「初期のABCC遺伝調査プログラム、1946-1954年」放射線影響研究。https://www.rerf.or.jp/about/history/psnacount/schull/.

89 OWI Bureau of Overseas Intelligence EMAD1944-45.

90 https://encyclopedia.densho.org/Toshio_Yatsushiro/。及び2006年1月5日インタビュー。

91 "Abstract of conference of Intra-SCAP Advisory Committee on Research" NARA, RG331box5870.

92 いつの時点から開始されたのか記述はないが、世論社会調査課は1946年9月から農地改革の調査プロジェクトで農村調査を準備し、1947年から調査に着手されており、その後漁村調査、森林調査などと並んで複数のプロジェクトを短期間に同時並行して進行していた。ここに挙げたプロジェクトは1949年2月時点での調査なので、農村調査は終了と書かれているが、1947年以降で、いつの時点から始められたのは不明。

93 このプロジェクトは、日本の民俗について、総合的な辞典を英語で出版することを、当時日本民族学協会が受託して、CIEから日本民族学協会に受託金が支払われていた。日本民族学協会は、機関誌を戦後すぐに復刊できたのも、CIEからの援助があった。それには、人類学が統治に必要だとする認識があった。

94 鈴木勁介は、筆者が和光大学に勤務していた時代の同僚で、彼の父、鈴木栄太郎の思い出を話しているときに出てきたエピソードであった。

95 Seymour Jablon「Darling所長時代―変化の15年間」放射線影響研究所、https://www.rerf.or.jp/about/history/psnacount/jablon/.

96 この論考は、CIEの上司であったベネットからも高く評価をされた（Bennett 1961）。

97 Exit Interviewing of Clinic Patients : A Handbook on Methods and Technique for exit interviews, pamphlet issued by ABCC 1951. このパンフレットは、スーガン、リンティが言

及している（Lindee 1944：155）。しかし広島の ABCC 図書館、およびアメリカの国立公文書館（NARA）で探したが、実物は見つからなかった。

98 矢野は、その後広島医専に編入し、卒業後 ABCC 遺伝部に勤務した。矢野は、被爆者の心臓障害についての研究を発表している（杉原 1965：23）。

99 「「きのこ会」発足呼んだメモ　原爆小頭症の被爆者と家族支える　ABCC 元職員山内さんの遺品から発見」2020 年 12 月 15 日、https：//www.hiroshimapeacemedia.jp/?p=102605。

100 西村清登氏は、1963 年に大学卒業後、マツモト部長の面接で採用され ABCC と放射線影響研究所で医療ソーシャルワーカーとして勤務した。彼は寿命調査や健康調査などの「対象者」の貧困対策を支援したり、「法外援助」という ABCC 独自の資金で成人健康調査の調査対象者に社会福祉では対応できない支援をしたりしていたことを語っている。「水のように、セメントのように、その役割を」https：//www.rerf.or.jp/uploads/2017/09/historyforum07j.pdf。

101 中国の場合、漢族を研究対象にする場合は「民俗学」、少数民族研究を「民族学」と呼んだ。

102 「経済外強制」については、すでに講座派の中心人物であった野呂栄太郎が、小作制度の封建的搾取形態「経済外強制」に基づくとして、日本の土地所有関係の特質を分析している（野呂 1983：150）。

103 渋沢敬三の石神訪問に同行したメンバーは次の通り。土屋喬雄、有賀喜左衛門、早川孝太郎（1889−1956）、今和次郎という社会経済史、民俗学、民家建築の専門家と、農林省の技術者である渡辺保治、および人類学教室に所属していた木川半之丞が撮影を担当したとある（渋沢 1992：226）。

104 一橋大学図書館に所蔵された土屋喬雄文庫には、ペン書きのノートがある。このタイトルは「岩手縣二戸郡荒沢村名子制度研究、（別タイトル：岩手縣二戸郡荒澤村石神齋藤家ヲ中心トスル名子制度ノ研究）」（土屋 1935）で、共同調査の原稿を一部執筆していたことがうかがえる。

105 赤木清は、雑誌『ひだびと』の編集をしていた江馬修のペンネーム。もともと作家で『受難者』や『黙示録の四騎士』などで知られていたが、東京から飛騨高山に帰ってから、妻の江馬三枝子と民俗や考古学を研究していた（宮本 1968：277）。

106 例えば、刈分小作を西洋流の分益小作とする見解について、全くちがった性格の慣行としている（有賀 1966b：661）。

107 多摩美術大学の芸術人類学研究所主催で、2006 年 6 月 3 日に「石田英一郎の夢：芸術人類学研究所の旅立ち」というシンポジウムが開催された。

108　北京の満鉄事務所に勤務していた伊藤武雄は、北京大学の学連と連絡を取るため、石田が北京に来たことを書いている（伊藤 1964：64、100）。

109　有賀のところで述べた日本資本主義論争でも、石田の名前が出ている。それは 1930 年に企画された『日本通史』の編纂に、野呂栄太郎は執筆者の候補を挙げたが、その中に石田英一郎の名前もあり、執筆を承諾したとある（大石 1982：20）。

110　『民族学研究』、13 巻 4 号、1949 年。

111　石田英一郎は、西北研究所に関連する文章を、前述した西川一三の『秘境西域八年の潜行』の、前書き以外は、百霊廟での短いエッセイ「蒙古草原に憶ふ」しか残していない（石田 1970b：316-320）ただし、石田英一郎の夫人が、ウィーンと張家口時代の思い出を随筆に書いている。その内容は、張家口での日常生活で、西北研究所についての言及はない（石田 1995）。

112　前書きによると蒙古善隣協会が 1940 年 11 月に駐蒙軍の委嘱により研究し、軍司令部の内部関係者のみ配布されたものである。

113　この報告書を作成した意図は、どこにも書かれていない。西スニトの特務機関に勤務していた小中勝利氏によると、シルクロードを通ってソ連領から張家口までラクダによる交易が戦時中も続いており、彼らと四方山話をしながら、どのあたりでロシア軍の移動にぶつかって足止めをされたかという情報を得ていた。北支那方面軍司令部の報告では、厚和特務機関が包頭の駱駝運送に従事する商人の個人名をすべて調べており、この証言を裏付けている（北支那方面軍司令部 1939）。ロシア軍の動きを察知するため、駱駝商人の通行ルートを歴史資料で復元する必要があったと思われる。

114　『民族学研究』13 巻 3 号、1949 年。

115　NARA, RG331,Box5870.

116　Department Army Civilian のことだと思われる。

117　政治犯の裁判資料には、次のように石田の裁判の流れを記録している。石田は別名を「花房一郎」と名乗り、予審終結決定は 1926 年 9 月 12 日、地裁判決が 1927 年 5 月 30 日、そして再逮捕の時は予審終結決定が 1928 年 8 月 31 日、控訴院判決が 1929 年 12 月 12 日だった（小森編 1981：661）。GHQ に提出した政治活動の判決で、1929 年 12 月 12 日の治安維持法の判決日のみが一致している。その点からも、民間情報教育局から提出された石田の政治活動履歴は、もっとも詳細な資料である。

118　原文は SCAPIN（Supreme Command for Allied Powers Instruction Note）で、本章は連合国最高司令部の「訓令」と訳しておくが、それ以外に「覚書」、「指令」と呼称されることがある。

119　岡千曲によると、父の岡正雄は、石田英一郎のことを、いつも師がいなければ研究でき

巻末注　227

ない人類学者という批判をよく聞かされたという。山口昌男の石田評価は、大学院時代に人類学の師であった岡正雄が口にしていた石田批判が脳裏にあるのだろう。

120　NARA, RG331, Box5872（17）.

121　1964年に石田が東京大学を定年退官し、東北大学に移った年、東京大学の大学院生・研究生が自主的に何回か「石田英一郎先生を囲む会」を開いた。この会は院生と石田の座談会で、よく文化人類学とは何かという問題について議論をしていた。この会に出席していた河野本道（1939–2015）と小西正捷（1938–2020）の両氏からそのときの話を聞いた。両氏の記憶に若干の違いがあるが、2人の記憶の共通点として、社会思想の話から、石田は治安維持法では非転向を貫いたけれど、GHQでは転向をしてしまったとふいに涙ぐんだことがあったという。その後、小西は石田から手紙を受け取り、石田はそこで、戦後の文化人類学の復興を、仮面をかぶってやっていたとの自責の念を吐露していた。これは、石田が民間情報教育局に採用されたとき、共産主義者ではないと誓約したことの屈辱感から出た言葉ではないだろうか。

122　戸谷敏之の経歴について、戦後、戸谷の遺稿をまとめた宇佐美の紹介がある（宇佐美1951）。戸谷は日本常民文化研究所で肥料史（戸谷1941、1943a）、経済史（戸谷1943b）と農業経営（戸谷1949）の論文を書いていた。大塚久雄の指導で経済史の基本を学び、イギリスのヨーマンの研究をまとめたが（戸谷1952）、大塚自身は、戸谷との議論が大塚史学の輪郭を形成したことを認めている（大塚1951：137）。

123　宮本常一は、戸谷敏之から深い影響を受けたという（住谷・坪井・山口・村武1987：297）。

事項索引

アチック・ミューゼアム　　143・147〜149・158・160・165・187・188

アメリカ学術団体連合会（The American Council of Learned Societies）　　92

アンダマン諸島　　21

インディアン局　　15・16・37

ウィーン大学　　13・31・147・177・182

馬繋　　96・107〜110・113・116

延安　　58〜63・65・66

遠隔文化の研究（The Study the Cultures at a Distance＝TSCD）　　24・26・27・28

燕京大学　　21・22

オーラル・ヒストリー　　4・6・125

岡山フィールドステーション　　94・96・100・110・111・121

オヤカタ・コカタ　　165

オヤブン・コブン関係　　74・77

恩　　103・113

カーネギー財団　　92・94〜96・122

海外戦意分析課（Foreign Moral Analysis Division）　　29・30・31・35・130

『菊と刀』　　2・3・6・12・17・26・28・31・38・45・103・104・113・114・130

祈禱師　　106

義理　　103・113・114

九学会連合　　105・112

漁業権　　79・80・81

組　　103・109・110

軍事情報局（Military Intelligent Service）　　29・30・34

形質人類学　　10・177

現代文化調査（Columbia University Research in Contemporary Culture＝RCC）　　27

原爆傷害調査委員会（Atomic Bomb Casualty Commission、通称ABCC）　　124

講座派　　148〜151・153・155・156・158・162〜165・167

国勢調査　　83・127・134

国立世論調査所　　122

五・四運動　　146

事項索引　229

コロンビア大学　　19・23・27・49・92

コミンテルン　　64・142・143・150・151・155・166・167・173

寿命調査　127・128・135

情報調整局（The Coordinator of Information：COI）　　19・58

シャーマニズム　　15

社会科学研究会議（Social Science Research Council）　　92〜94

食糧習慣委員会　　23

シンルイ　　108〜110

森林法　　82

『須恵村』　　2・5・20〜22・76・79・113・114

スミソニアン学術協会（Smithsonian Institute）　　92

瀬戸内海総合研究会　　96

西北研究所　　86・170・174〜177・186

西洋化　　98・107・110・111・116

戦時情報局（United States Office of War Information：OWI）　　5・15〜17・20・25・26・
28〜31・33〜35・38・45・51・58・130・131

戦略情報局（Office of Strategic Services：OSS）　　16・17・20・45・51

戦略爆撃調査団　　16

高島　　96・105〜107

治安維持法　　72・87・142・144・146・155・168〜170・173・178・181・186〜188

地域研究　　13・18・20・67・92〜94・96・98・103

地理調査所　　112

中国OSS総局　　52・62

打通作戦　　59

通文化研究所　　25

豆酘　　114

ディキシー・ミッション（Dixie Mission）　　58〜63・65・67

帝国学士院東亜諸民族調査室　　169

転向　　22・72・143・146・147・169・185・187・188

天皇制　　3・17・28・30・31・63〜65・151・178

天然資源局　　74・75・77・79・80・82・98・105・112・113

東大新人会　　171

隣組　　73・81

トレース海峡調査　21

奈良平野　53・54

ナバホ族　15・17・31・33・34

日本共産党　60・64〜66・87・150・152・156・166・170・173・178

日本研究センター（Center for Japanese Studies）　6・50・57・66・92〜96・115〜117・120・121

日本資本主義論争　142・147・148・150・156・160・162・164〜168

日本民俗社会辞典　84・133

日本民族起源論　178

『人間のための鏡』　13・15・31

ネイティブ・アメリカン　10・12・18

農業機械化　102・111・115

農地改革　74〜79・112・113・134・179・184

被差別民　76・79

フェニックス・プロジェクト（Phoenix Project）　116・117・120・121

フランクフルト学派　66・143

フランシス委員会（Francis）　126・127・129

プロレタリア科学研究所　151〜153

文化交流会議（Council of Intercultural Relations）　28

文化とパーソナリティ　11・12・17・25・29・116

米国学士院－学術会議（National Academy of Sciences－National Research Council：NAS-NRC）　124

米国学術研究会議（National Research Council）　92

米国人文科学顧問団　86

ボストン収容所　5・23・29・30・33・35・37・38・130

連合国救済復興機関（United Nations Relief and Rehabilitation Administration）　28

満洲　58・60・143・146

マンハッタン計画　119・125

南満洲鉄道株式会社　94・143・146

ミシガン大学　2・6・20・42・45〜51・53・54・57・65・66・70・92〜100・102〜104・107・111〜122

民間情報教育局　3・17・20・45・70〜80・82〜88・112・122・130・131・133・170・178〜181・184・185

事項索引　231

民間情報教育局世論社会調査課　　105・107・108

民事手冊　　23

民政官　　20・23・95

民族研究所　　87・170

陸軍情報調査局（Pacific Military Intelligence Research Section）　　38

労農派　　148〜152・154〜156・158・163〜167

ロックフェラー財団　　92・95・116・122

ワシントン人類学者　　17

人名索引

①本文で、人名の初出には生没年を付け、外国人場合、原語表記をした。生没年が不明な場合は、表記していない。
②柳田國男に関しては、2000年代より旧字体で表記するようになり、現在では旧字体が一般的である。しかし、柳田国男として出版されている書名に関しては、そのままにして、本文中は柳田國男と表記した。

赤松啓介　　144・147

有賀喜左衛門　　104・142・144・147・148〜150・154・156〜169・188

石田英一郎　　3・71・72・84〜88・105・112・142・144・147・168〜188

イシノ・イワオ　　3〜5・29・33・38・70・79・83・108・112・130・131・133

磯野誠一　　86

今西錦司　　174

岩本由輝　　157・160

ウィートリ、デヴィッド（David Wheatley）　　101

ウォード、ロバート（Robert E. Ward）　　100・117・121

江上波夫　　85・177

エリクソン（Erik Homburger Erikson）　　26

エモリー、ケネス（Kenneth P. Emory）　　22

エンブリー（John Fee Embree）　　2・5・6・20〜24・27・49・76・79・106・107・110・113・114・130

及川宏　　159

大藤時彦　　71

大間知篤三　　72・146

賀川豊彦　　77

河上肇　　148・171〜175

川島武宜　　78・79

川田順三　　3

キージング、フェリックス（Felix M. Keesing）　　23

喜多野清一　　71・72・74・75・77・78・86

人名索引　233

櫛田民蔵　　153・154・171〜173

クローバー（Alfred Louis Kroeber）　　11・13・35・88

クロポトキン（Kropotkin, Petr Alekseevich）　　145・146・148

コーネル、ジョン（John B. Cornell）　　96・97・107〜110・112・113・131

ゴーラー、ジェフリー（Gorer Geoffrey）　　25〜27・29

ココリス、ジェームス（James A. Kokoris）　　101

コッパーズ、ヴィルヘルム（Wilhelm Koppers）　　14・182

ゴドリエ、モーリス（Maurice Godelier）　　145

小山隆　　71・72・73〜75・77・83・86・133

今和次郎　　159

桜田勝徳　　71・74・77・79〜82・105・106・112

サタン、ジョセフ（Joseph L. Sutton）　　101

サピア、エドワード（Edward Sapir）　　12・23

渋沢栄一　　70

渋沢敬三　　70・71・84・143・147〜149・158・159・165・182・187

シガー、ガストン（Gaston J. Sigur）　　100・103

清水昭俊　　2・177

シュテルンベルグ（Sternberg）　　145

杉山晃一　　3・4・168

鈴木栄太郎　　71〜75・77・85・86・133・134

スミス、ロバート（Robert John Smith）　　96・97・107・110・111

関敬吾　　71〜75・83・133・144・146

ゾルゲ、リヒャルト（Richard Sorge）　　143

タウト、ブルーノ（Bruno Julius Florian Taut）　　163

田辺寿利　　149・159

田辺勝正　　77

土屋喬雄　　154〜156・159・160・162〜165

ツチヤマ、タミエ（Tamie Tsuchiyama）　　29・35〜39

ティティエフ、ミッシャ（Mischa Titiev）　　49・50・96・117

デヴォス（George A.DeVos）　　116

トーマス、ドロシー（Dorothy Swaine Thomas）　　35・36

東畑精一　　74・77

ドノヴァン、ウィリアム（William Joseph Donovan）　　58

戸谷敏之　　187・188

那須皓　　77

直江広治　　176

ネヴィル、エドウィン（Edwin L. Neville）　　103

ニコライ・ネフスキー（Николай Александрович Невский, Nikolai）　　169

ノーベック、エドワード（Norbeck, Edward）　　96・97・105〜107・110・112

野坂参三　　60〜67・151

野呂栄太郎　　151〜154

パーソンズ、トルコット（Talcott Parsons）　　14

蜂谷道彦　　117

ビアズリ、リチャード（Richard K. Beardsley）　　96・98・100・105・112・114・116・117・120・121

ピッツ、フォレスト（Forest Ptts）　　101・110・111

平野義太郎　　154・163・166

福本和夫　　144・171〜175・186・187

藤枝晃　　175〜177

布施辰治　　155

フレイザー（James George Frazer）　　14

フロイト、ジークムント（Sigmund Freud）　　14

ブロック、モーリス（Maurice Bloch）　　145

ベイトソン、グレゴリー（Gregory Bateson）　　24・29

ベネット、ジョン（John W. Bennett）　　70・79・83・108・131・178

ベネディクト、ルース（（Ruth Benedict）　　2・3・5・6・12・17・24〜32・38・45・103・113・114・130

ベフ、ハルミ（Harumi Befu）　　138・139

ペルゼル、ジョン（John Campbell Pelzel）　　5

ホール、ジョン（John W. Hall）　　98・100・111・117

ホール、ロバート（Robert Burnett Hall）　　6・50〜58・60〜63・65〜67・93〜96・98・99・112・113・115〜117・120・121

ボアズ、フランツ（Franz Boas）　　11・13・21・23・24・49

マートン（Robert King Merton）　　14

前田多門　　98

マッカーサー（Douglas MacArthur）　　32・94・111

人名索引　235

マツモト・ヨシハル（Yoshiharu Scott Matsumoto）　29・72・73・84・125〜127・130〜135・137〜139

馬淵東一　71・85

マリノフスキー（Bronislaw Kasper Malinowski）　12・160

丸山眞男　142〜144・150・155・156・187・188

ミード、マーガレット（Margaret Mead）　12・23〜25・27〜29・32・49

南原繁　88

宮本常一　105・112

ラドクリフ＝ブラウン（Alfred Reginald Radcliffeda－Brown）　20〜22・49・104・113・145・160

ラディン、ポール（Paul Radin）　35

ランガー、ウィリアム・L（William L. Langer）　20・46・48・58

リントン、ラルフ（Ralph Linton）　23

レーパー（A.F.Raper）　75・77

レイトン、アレキサンダー（Alexander H. Leighton）　5・17・26・29〜31・33〜35・37・38・130・131

レッドフィールド（Robert Redfield）　20・99

ローウィ（Robert Henry Lowie）　35

ヤツシロ・トシオ（Toshio Yatsushiro）　29・38・131

柳宗悦　148

柳田國男　6・52・57・70〜72・77・78・81・85・142・146〜149・157〜160・166・167・169・176・182・183・185・186

八幡一郎　85

山口昌男　173・184

山田盛太郎　154・163・164・167

渡辺光　53・54・98・112

◎桜美林大学叢書の刊行にあたって

「隣人に寄り添える心を持つ国際人を育てたい」と希求した創立者・清水安三が一九二一年に本学を開校して、一〇〇周年の佳節を迎えようとしている。

この間、本学は時代の要請に応えて一万人の生徒・学生を擁する規模の発展を成し遂げた。一方で、哲学不在といわれる現代にあって次なる一〇〇年を展望するとき、創立者が好んで口にした「学而事人」（学びて人に仕える）の精神は今なお光を放ち、次代に繋いでいくことも急務だと考える。

一粒の種が万花を咲かせるように、一冊の書は万人の心を打つ。願わくば、高度な知性と見識を有する教育者・研究者の発信源として、現代教養の宝庫として、さらには若き学生達が困難に遇ってなお希望を失わないための指針として、新たな地平を拓きたい。

この目的を果たすため、満を持して桜美林大学叢書を刊行する次第である。

二〇二〇年七月　学校法人桜美林学園理事長　佐藤　東洋士

中生勝美
（なかお・かつみ）

1956年広島生まれ、中央大学法学部卒業、上智大学文学研究科博士後期単位取得退学、京都大学にて博士（人間・環境学）。
現在、桜美林大学リベラルアーツ学群教授。
専門分野は社会人類学、歴史人類学、植民地研究。中国、香港、台湾、沖縄をフィールドに社会構造、歴史変化、植民地文化について調査研究を進めている。

アメリカの日本（にほん）研究（けんきゅう）　その戦略（せんりゃく）と学知（がくち）の遺産（いさん）

2025年3月10日　初版第1刷発行

著　者	中生勝美
発行所	桜美林大学出版会
	〒194-0294　東京都町田市常盤町3758
発売元	論創社
	〒101-0051　東京都千代田区神田神保町2-23　北井ビル
	tel. 03(3264) 5254　fax. 03(3264) 5232　https://ronso.co.jp
	振替口座　00160-1-155266
装釘	宗利淳一
組版	桃青社
印刷・製本	中央精版印刷

© 2025 NAKAO Katsumi, printed in Japan
ISBN978-4-8460-2441-3
落丁・乱丁本はお取り替えいたします。